台灣和中國大陸往何處去
國族認同、國家和知識份子

Whither Taiwan and Mainland China:
National Identity, the State, and Intellectuals

郝志東——著‧譯

海峽兩岸劍拔弩張，國際社會憂心忡忡。
如何理解這種緊張關係，如何化解目前的困境，
本書從歷史社會學和知識份子社會學的角度，
提供了一些想法，
供關注兩岸和平發展的讀者參考！

秀威文創

獻　辭

謹將此書獻給那些仍然在努力理解國族認同問題、促進台海兩岸以及整個中國的和平與發展的人們。

緒 論

目　次

獻　辭 …………………………………………………………… i

中文版專家推薦語 ……………………………………………… i

英文版專家推薦語 ……………………………………………… i

著‧譯者序 ……………………………………………………… i

林恩‧懷特（白霖）序 ………………………………………… i

鳴　謝 …………………………………………………………… i

前　言 …………………………………………………………… 1

第一章　國族認同、民族主義、國家、知識份子 ………… 15

第二章　想像台灣（1）——日本化、再中國化與知識份子的作用
　　　　 ………………………………………………………… 37

第三章　想像台灣（2）——李登輝和陳水扁治下的去中國化與
　　　　知識份子的作用 …………………………… 65

第四章　想像中國（1）——從文化主義到三民主義 …………… 99

第五章　想像中國（2）——中共的中國民族主義和 1949 年後
　　　　知識份子的作用 …………… 125

第六章　想像一個聯邦和邦聯的混合體 …………… 155

第七章　整合的障礙——兩岸如何才能和解？ …………… 181

第八章　結論：台灣和大陸中國往哪裡去？——國家和知識份子
　　　　在塑造兩岸的國族認同中能做什麼 …………… 225

參考文獻 …………… 237

索　引 …………… 269

中文版專家推薦語

對台灣過去的同情認識、對台灣現在的開明理解、對兩岸未來的自由想像。

　　　　　　——施正鋒（曾任淡江大學公共行政學系暨研究所教授、國立東華大學原住民民族學院院長、台灣獨立建國聯盟秘書長等職）

作者從個人自由主義抽象化上升到世界主義，讓我們回到人類文明的軸心時代汲取智慧：以蘇格拉底的世界公民、社會牛虻的公共知識份子態度，建構出現時代實現墨子理想的可能：個人層面的兼愛、政體之間的非攻與符合天志的世界和平。

　　　　　　——夏明（紐約市立大學研究生中心政治學教授）

作者呼籲兩岸知識份子應扮演促進雙方演變的重要角色，這角色可能是反歧視的、批判現實的、願意實踐的，或者是進行客觀、專業的研究。值得深思的期許。

　　　　　　——張茂桂（中央研究院社會學研究所兼任研究員）

郝教授的書從較完整的視野來探討民族主義和國族認同及兩岸未來的發展，給予讀者許多啟發，值得大家一讀思考。但兩岸的國族認同與整合，受國際、兩岸及其內部的諸多因素交互影響，確實還有很長的路要走，也需要兩岸及國際上相關的領導人能以更多的耐心及智慧處理此事。

　　　　　　——葛永光（曾任台灣大學政治系教授、國家發展研究所所長、監察院監察委員等職）

這本書的主軸是民族主義，除了理論與歷史的章節之外，最重要的是分章探討中國大陸與台灣的民族主義發展，從中尋找兩岸未來政治安排的雛形。作者對兩岸均有深入而且善意的了解，對前景則維持一種審慎的樂觀。這是一本極其重要的著作，值得重視。

　　　　——錢永祥（中央研究院人文社會科學研究中心兼任研究員、
　　　　　　　　　　《思想》雜誌總編）

我佩服郝志東教授期待台灣和中國在未來共同組成一個邦聯的用心和理想主義。我對邦聯的構想並不陌生，但主張它必須建立在雙方都是民主體制的前提下，否則不但不可能談判成功，更難以和平運作。讓我們對它的前途採取審慎的務實主義態度，請雙方有心又有識之士，集中精神設法先建構出一個和平、穩定，而且可以預測的互動關係模式。

　　　　——蕭新煌（中央研究院社會所兼任研究員、
　　　　　　　　台灣亞洲交流基金會董事長、總統府資政）

——以上依姓氏筆畫順序

英文版專家推薦語

這是一本理智的、思維周到縝密的、紮紮實實的研究報告，探討了知識份子們正在做什麼——以及可以做些什麼——來協調中國大陸和台灣有爭議的愛國主義。郝將大陸和台灣本土人的敏感性帶到了對涉及其中的國家和知識份子的嚴謹的社會學比較分析中，並討論了如何才能處理好兩者之間這一重要的關係。

——Timothy Cheek，不列顛哥倫比亞大學

這是一個對華語世界知識份子和政策制定者們在用中國民族主義的視角處理台灣問題時所面臨的各種困境和可能性的精彩考察。

——Christopher R Hughes，倫敦政治經濟學院

郝志東提出了一個可以整合海峽兩岸關係的政體模式，並為我們描述了這個模式背後各種重要的思想方法。北京和台北的政要們是否願意為構建這一模式而作出一些必要的、象徵性的犧牲，以便為他們的人民帶來和平與繁榮？郝在本書中分析的專家學者們可以向他們展示如何才能做到這一點。

——Lynn White，普林斯頓大學

這本書對理解民族主義發展和國族分裂的複雜性、身份政治以及國家和知識份子的作用做出了非常重要的貢獻。這些問題不光是在台海兩岸，其實在全世界都是如此。郝志東教授提出的整合兩岸關係的政體方案極其周到與縝密，極富啟發性，值得關注這個問題的各方人士認真思考。

——Timothy Ka Ying Wong，香港中文大學

——以上依姓氏字母順序

著・譯者序

　　《義勇軍進行曲》（中華人民共和國國歌）的歌詞裡有一句話，「中華民族到了最危險的時候」。我們不知道兩岸關係現在是不是最危險的時候，但是似乎離「最危險」也只有一步之遙了。中國人民解放軍的飛機和軍艦隔三岔五在台島周圍飛行、巡弋，中國政府三天兩頭宣示台灣一旦獨立，中國軍隊會馬上出擊，收復台灣，且不費吹灰之力。

　　美國前總統拜登幾次宣稱一旦台灣被入侵，美國會出兵護台。但這是民主黨，是拜登。如果換成共和黨，或者其他一個什麼總統，比如現任總統川普，美國是否出兵護台則仍未可知。至少川普在台上的時候，出兵的機會微乎其微。川普說要像黑社會那樣向台灣收取保護費，並且說台灣偷走了美國的芯片工業。這種對台灣的不屑與反感，再加上美國選民的厭戰情緒，使得川普政府出兵護台的可能性極小。

　　無論如何，台灣海峽被國際社會看作是一個極為危險的可能爆發戰爭的地區之一，是不爭的事實。屆時世界民主國家聯盟在如何處理這個危機的問題上會舉棋不定，台灣也有很大機會被中國大陸吞併。當然台灣很多人也會拚死抵抗，就像本書描述的日據／日治時期、國民黨的白色恐怖時期那樣。但是雙方的代價都會非常高昂。或許本書所提出來的邦聯式的聯邦，或者說歐盟模式，是兩岸避免流血戰爭、和平發展的最佳方案。

　　所謂歐盟模式，或者類似的什麼方式，如本書所顯示，其實多年來就是很多不同政黨的、理想主義的人士們的共同主張。現在說起來也像是老調重彈，甚至會被民進黨的主流認為有點可笑。不過我總覺得除此之外並沒有更好的辦法。

　　但是這個辦法最終有沒有被大家接受的可能呢？多年前我曾經利用兩

岸關係研討會的機會，分別問過李登輝先生（當時他已卸任總統）和蔡英文女士（當年她是陸委會主委）。我說兩岸有沒有可能在文化與歷史中國的基礎上，用一個邦聯式的聯邦，或者歐盟方式，統一起來呢？兩位的回答都是，有那個必要嗎？我是認為有必要，對大陸的民主、對台灣的安全來講都有必要。但是從台灣人的角度來看，為什麼要去找這個麻煩，自己過自己的，井水不犯河水，不是很好嗎？

這就回到了本書要集中討論的民族主義的問題。正如本書所試圖論證的，如果民族主義的問題解決不了，兩岸之間的麻煩就避免不了。井水和河水就老是要相互侵犯。一旦矛盾無法調和，真的馬上就要打起來了，真的兵臨城下了，或許兩岸領導人都會覺得能夠互讓一步，協調出來一個和平解決的辦法。其實即使現在，如果（當然僅僅是如果）大陸政府真的願意以歐盟的方式統一中國，台灣方面隨之響應，也不是不可能的事情。我和一些傾向台獨的學者們也交流過，他們對此樂觀其成，擔心的是大陸對此沒有興趣。

但是這個辦法，也不可能憑空而來，如想讓兩岸的領導人和老百姓都能接受，需要思想的積累、觀念的協調。在本書英文版出版約 15 年之後，兩岸的民族主義情緒並沒有絲毫消減，反而更加膨脹。這和多年來兩岸都不能平心靜氣地討論這個問題、使其不斷地發酵有關。

本書對兩岸關係歷史的基本發展的描述與兩岸關係的基本走向的看法，仍然是當前兩岸關係研究必須關注並繼續探討的問題。繼續深入了解兩岸民族主義的發展，並探討一個和平發展的出路，是當務之急。這既是國家的責任，也是知識份子們的責任。這正是本書寫作的目的，也是這個譯本出版的目的。

本書也可以說是我關於知識份子政治社會學三部曲中的一部。其他兩部是《十字路口的知識份子：中國知識工作者的政治變遷》和我主持合著的《知識份子與農村發展》。除了幫助理解台灣和大陸中國往哪裡去的問題之外，也希望本書能夠進一步推動對知識份子政治角色的研究。

下面是對幾個技術問題的說明。

本書英文版刊發於 2010 年。在江澤民和胡錦濤時代，兩岸和平與合作的氛圍相對而言比較濃厚，尤其是從大陸政府的言行來看。在習近平時代，各自的民族主義立場基本沒有改變，民族主義的基本生成理念和環境並沒有太大變化。不過如果當年的情況和現在的情況在某些方面已有很大不同，我會在譯註中說明這些變化，並提出自己現在的看法。

原書中個別地方行文不確切，或文字有重複的地方，我會在文中或譯註中修正。一些譯註或修正，為了閱讀的方便，會直接放在正文的括號【】裡面。所有這些修改的數目都很少。除此之外，翻譯保持了英文書的原貌。

我在腳註中註明了撰寫本書時參考的很多當時的互聯網上的資料。但是這些網頁很多早已消失，我在這個譯本腳註中沒有再就此作任何說明。希望讀者明鑑。

另外 nationalism 有時被翻譯成「民族主義」，有時被翻譯為「國族主義」。在多數情況下，後者可能更合適一些，因為這個詞的確有民族國家建構的含義在裡面，不光是一種文化和歷史的認同。於是，national identity 也通常被翻譯為「國族認同」，實際上等同於人們常說的「國家認同」或者「民族認同」。這幾個詞語雖然也經常被混用，但是其含義應該是包括國家和民族的認同的。

中國、大陸中國、台灣、起義、叛變、暴動、平叛、平暴、日據、日治等詞語被不同意識形態的人們所使用，且有了不同的內涵，這些內涵也都有其本身的邏輯。我的原文以及翻譯有時用此，有時用彼。但是無論如何，在這裡所有這些詞語都應該被看作是中性的、僅僅是描述一個地方、一個事件或一個時期的用詞，沒有厚此薄彼的意思。即使從其內涵來講，不同的話語有不同的邏輯，那也不是對錯問題，只是看問題的角度不同而已。這些是我們在閱讀時需要注意的問題。

原英文書的頁碼被標註在本書的頁邊空白處。書後附有原英文書的索引並翻譯。如果讀者需要查閱人名、地名、事件、專業術語等，需要使用英文索引，找到該詞條在英文原書中的頁碼，再到書中找到該頁碼，再找該詞條。稍有繁瑣，特此致歉。中文的索引條目也稍有增加，以方便更多內容的查閱。

另外在索引中如果詞條的頁碼是第 179-199 頁，那麼這個詞條應該是在英文書的尾註中。但是此中譯本為了閱讀方便而用了腳註。所以如果需要查找這 20 頁中出現的詞條，就需要先找到英文版中詞條的頁碼，再找到該詞條在哪一章，是第幾個註釋。然後再到此中譯本中去找到該註釋。由於加了譯註的原因，本書中腳註的編號可能比英文版的編號要錯後幾個。比如「莊國榮」的詞條，在英文版中是第 188 頁，是第三章的第 28 個註釋。那麼在中文版中，由於加了譯註的原因，是第三章的第 31 個註釋。有點繁瑣，再次致歉。好在第 179 頁後面的索引詞條只有少數幾個而已。

無論如何，希望大家喜歡這本書。

郝志東

林恩‧懷特（白霖）序

　　長期以來，知識份子一直在試圖協調台灣和中國的愛國主義。郝志東的書探討了他們不同的話語以及他們不同的民族主義的演進歷程。他把知識份子們這些想法與他們的歷史經驗（特別是他們和政府互動的經驗）聯繫起來，與台灣島和中國大陸可能的未來聯繫起來。

　　正如郝在談到這些知識份子時所說，「沒有人對現在正在建立的國家感到非常滿意，他們對兩岸關係也不滿意」。馬英九 2008 年在島上的總統選舉獲勝暫時平息了局勢。但他的大陸同行胡錦濤可能不願意、或也無法排除中國對他聲稱為中國同胞的島民發動戰爭的選擇。如果胡錦濤想解決問題而不是推遲這個問題的解決，他將不得不承諾達成某種聯邦或邦聯的協定，而且對任何妥協，馬也需要獲得島上人民足夠的認同。[1]

　　郝志東是澳門大學傑出的政治社會學家。他以中道的立場討論了中華愛國主義和台灣愛國主義的演進。他使用了廣泛的研究和訪談資料以及經典的社會學分析。郝小心翼翼地避免聲稱自己知道會發生什麼，但他和許多其他人一樣，相信有可能不用戰爭而將兩岸整合在一起。他在書中表明，幾個世紀以來，國家主義知識份子和批判型知識份子都被制定政策的東亞領導人認為是通過實踐證明扮演著非常重要的角色的。從傳統上講，世界這一地區領導人的政治技巧會既注重文也注重武。郝討論的多是前者，但是對兩者的重要性都有充分的體認。

---

[1] 譯註：這是 Lynn White 教授十多年前的評估。現在看來，由於雙方政治的制約，胡錦濤和馬英九當時失去了這樣一個機會，從而導致了今天兩岸面臨的危機。當然國共歷史上失去的機會已經多不勝數了。本書所討論的邦聯與聯邦的混合體或許是最後一個和平解決問題的機會了。

一個整合起來的中國的主權長什麼樣子，是決定雙方的老百姓能否認可這個中國的關鍵。在闡述了民族主義的類型之後，郝表明，島內和大陸當局——無論是國民黨、民進黨（親台）還是共產黨——通常擁護的是一種「集體族群」愛國主義。但是也有人注重「個人族群」愛國主義，既認可公民天生的個人權利，也認可族群自己的權利。

在提出並分析了所有最重要的學者、專家、政治人物在這個問題上的想法之後，郝認為海峽兩岸的政府或許都會同意他們可以有一個單一的主權國家。它可以是「聯邦」或「邦聯」；這個名稱上的區別或許並不重要，重要的是雙方都被視為「平等的實體」。具體怎樣才是平等，雙方可以協商。

這樣的一個變革，會是許多甚至是大多數台灣人以及實際上所有中國人的生死存亡的利益所在。然而，能讓北京的政治家和軍事謀略人員們同意可能會有些困難，因為他們中有太多人因為自己的利益會有興趣延長兩岸的緊張局勢（這不同於戰爭）。[2] 對台灣的存在主義者們來說，與海峽對岸一個強大且讓人恐懼的鄰居達成任何長期的協議，是一件可怕的事情。他們也可能有足夠的力量來阻止任何一個北京會同意的協議。這些團體有足夠的能力來否決任何可能會帶來和平的方案。

國家統一符合中國的利益，但如果中華人民共和國（PRC）試圖用武力統一中國，而且是在該島民主的中華民國（ROC）並沒有否認自己目前的中國人地位並從中國分離出去的情況下的話，美國可能會介入戰鬥，而中國人民解放軍可能會在愛國榮耀的火焰中失敗。這個可能性會說服更多的台灣人不要行使他們顯而易見的中國人選擇。然後，北京相關政治家們可能會發現自己處於馬維納斯／福克蘭群島戰爭後阿根廷將軍們的境

---

[2] 譯註：即使戰爭或許也是一些人的利益所在。就現在的局勢來看，戰爭的可能性在改革開放以來是最高的。

地。³ 武力統一對所有參與者來說代價都是極其昂貴的。⁴

和平統一顯然更符合中國的國家利益，但是由此帶來的改變是否符合中國共產黨的利益則並不是那麼清楚。北京人民大學的一位教授曾說如果這樣的話，中國其他省份可能會要求同樣的自由。雖然這個可能性的確存在，但更有可能的是，那些已經習慣於生活在一個地方省市實際上以不同方式與中央相聯繫的狀態之中的中國人，會在很長的一個時期內繼續忍受這種形式上的不一致。

那些預測台海最終無法避免一戰的悲觀主義者認為目前的整合障礙不可能不用暴力來清除。然而，前國家主席江澤民在 1995 年曾提出的一系列主張或許可以緩和一下目前的緊張平衡。他說統一後台灣可以保留其武裝力量、管理自己的政黨、政府和軍事系統。中央政府不會在那裡駐軍或派遣行政人員。⁵ 這可以為進一步討論提供一個基礎，儘管中國有些人認

---

³ 譯註：這是一場阿根廷為爭奪福克蘭群島主權而向英國發起的一場為時約三個月的戰爭。最後阿根廷失敗，英國重新控制了福克蘭群島，儘管阿根廷戰後仍未放棄對福島主權的訴求。

⁴ 譯註：戰爭的風險越來越高，所以和平的建構便顯得越來越重要。關於美國參與台海戰爭的可能性，可見北京大學教授王立新（著）「如果中國大陸武力統一台灣，美國會袖手旁觀嗎？」，載於中國網，《燕京書評》，2022 年 8 月 2 日。王教授的答案是美國不會袖手旁觀。那麼海峽戰爭一旦爆發，必將導致生靈塗炭、哀鴻遍野。

⁵ 譯註：當時有所謂「江八點」，出現在江澤民 1995 年 1 月 31 日發表在《人民日報》第一版的的講話中，題目是「為促進祖國統一大業的完成而繼續奮鬥」。這裡談到問題雖然沒有包括在「江八點」中，但是出現在該講話的前面部分：「統一以後實行『一國兩制』，國家的主體堅持社會主義制度，台灣保持原有的制度。『不是我吃掉你，也不是你吃掉我』。統一後，台灣的社會經濟制度不變，生活方式不變，台灣同外國的民間關係不變，包括外國在台灣的投資及民間交往不變。台灣作為特別行政區有高度的自治權，擁有立法權和司法權（包括終審權），可以有自己的軍隊，黨、政、軍等系統都由自己管理。中央政府不派軍隊、行政人員駐台，而且在中央政府裡還要給台灣留出名額」。這裡把中華民國視為一個地方政府顯然是台灣所不能接受的。不過在同一個講話中，江澤民強調了中共當時的主張，即「在一個中國的前提下，什麼問題都可以談」。所以歐盟模式也應該可以談。但是在習近平時代，在 2022 年的台灣問題白皮書中，上述寬鬆的統一條件已經不復存在。新的香港模式成為主流思考。見 Suisheng Zhao, "Is Beijing's Long Game on Taiwan About to End? Peaceful Unification, Brinkmanship, and Military Takeover," *Journal of Contemporary China,* 2023, Vol. 32, No. 143, p. 718.

為這走得太遠了。江沒有詳細說明他的「中央」一詞在實踐中意味著什麼；因此，這個問題還可以繼續討論。他還斷言台灣將可以行使高度自治權，享有立法權和獨立的司法權，包括終審權。後來在香港發生的事情，即北京聲稱自己有權解釋香港基本法（這只是一部中國法律），使得人們對江澤民的一些保證的可信度產生了懷疑，儘管江澤民可能認為他真的是想做一些重要的讓步。

頁ix　　台灣軍隊的獨立存在，儘管與大陸人民解放軍（PLA）相比逐年變弱，卻是雙方談判時的一個重要籌碼。[6] 江顯然很明白這一點。他知道——也許他的繼任者們也知道——台灣人不會放棄對他們目前自由的實際軍事保障。任何想要統一的愛國的中國人、任何真誠地把島民當作同胞的中國人，也可能會認真地考慮台灣人對各種自由的真誠嚮往與維護。

另外，江澤民雖然沒有提到，但是也沒有排除，卻是隱含在他的邏輯中的、可以明確一點的是，台灣的三軍總司令以及該省其他的內部構成將保持目前的形式。這樣的安排就是一個聯邦的安排，儘管給它貼上這樣一個正式的標籤可能會阻礙這種模式的採用。江澤民說：「國家的主體堅持社會主義制度，台灣將保持原有的制度」。他沒有說將來中國政府是否會反悔並取消這一承諾，不過台灣人幾乎沒有可能會放棄他們目前擁有的尋常的自由，他們很可能會要求有一些確保這些承諾可以執行的具體措施，以防大陸後來會否認一個統一協議的某些方面。

很少有中國人意識到「聯盟」可以有多種不同的合法存在形式（可以使用「聯盟」這個詞，因為一些中國政客對「聯邦」過敏）。在一些這樣的國家（例如美國），次主權級別的政府可以通過並解釋自己的憲法。大多數中國人也沒有意識到某些聯邦國家的憲法（例如現在不復存在的龐大的蘇維埃社會主義共和國聯盟）明確允許組成部分的分離。還有一些國家

---

[6] 譯註：台灣和中國大陸的軍力差距巨大。儘管在最近這些年來台灣軍力有所提高，但是在後者可能的入侵情況下，台灣能否堅持一到兩週以待美援來到還是未知數。

（例如美國）沒有關於分離的法律，無論是容忍所屬成員獨立還是禁止它們獨立。從邏輯上講，沒有什麼能阻止聯邦憲法不允許分裂——事實上，印度共和國憲法有效地做到了這一點。未來中國憲法也可以拒絕一個省離開聯盟的選擇，同時也肯定地方可以立憲也可以釋憲。聯邦的唯一要求是，一些（任何）特定權力只屬於那個較大的國家或者說國家政體，而另一些權力則分配給較小的政體和／或個人。哪些權力歸哪些實體？這完全取決於憲法的規定。因此，研究政治思想家的想法——這正是郝志東要做的事情——具有重要的現實意義。

也可以在聯盟的憲章中列入禁止以後修改特定條款的規定。（美國憲法只有一個這樣的條款，禁止修改每個州的「參議院平等選舉權」。[7] 印度的憲法規定了中央權力在德里，其他權力歸印度各邦所有，並列出了可以履行的中央和地方的並行職能清單。中國現行憲法確立了單一制國家，但中國幅員遼闊，在實踐中，各地往往有不同的地方政策。

「聯邦」、「邦聯」或「聯盟」之類的詞語本身意義不大，關鍵要看細節，要看它們在實際上是怎麼詮釋的。「聯盟」有多種形式，比如歐盟、蘇聯、內戰期間的美國聯盟、南非聯盟或緬甸聯盟就很不相同。

合法的非聯邦體制也很不一樣。英國（大不列顛與北愛爾蘭聯合王國）名義上是一個單一制國家。但是，重要的權力被下放給蘇格蘭議會或單獨的威爾士和阿爾斯特（不是英格蘭！）議會，而且下放情況各不相同。其他一些相關的地方比如馬恩島不是英國的正式組成部分，但有一些政府職能比如外交關係則由英國來負責處理。因此，單一制國家的構建方式實際上與聯邦制國家一樣可以非常不同，而中國類似聯邦的主權統一方式和上面這些國家形式相比，應該一點都不會令人吃驚。

中國在大陸可能是威權主義的，在香港和澳門是半威權主義的，在台

---

[7] 譯註：即每個州都有相同數量的聯邦參議員，除非一個州願意減少自己聯邦參議員的數目。現在每州有兩個聯邦參議員。

灣則是選舉式民主的。其他國家在政治行為多樣性巨大的情況下仍能夠設法維繫在一起。中國現在在很大程度上也正在這樣做。許多北京的國家主義知識份子喜歡強調國家分崩離析的危險，但這種強調的原因也許是他們希望繼續他們的技術官僚主義統治。

在中國，部分的問題可能在於其國名。「中國」（字面意思是「中央國家」）通常被認為是自然的、固有的、現實存在的中央集權體制。然而，正如鄭永年和其他人所表明的那樣，中華人民共和國是一個「事實上」的準聯邦制國家。例如，香港是中國的一部分；但中國無數的國家法律中只有一部適用於香港，即香港的「基本法」。該地方憲法中的許多條款保留了英國殖民時代的做法，與中國其他地方適用的規則大不相同（兩個例子，一個是理想中的無黨籍行政主管，而不是理想中的共產黨員領導；另一個是立法會的構成大多是商界大亨們領導的功能界別）。[8] 因此，香港可以被更準確地稱為一個「憲政特區」，而不是現在的官方名稱「特別行政區」（SAR）。香港法律有許多自由主義和個人主義的條款，它們的執行方式也有別於與大陸更社群主義的法律。[9]

澳門特別行政區與香港不同（比如在選擇未來行政長官的憲制計劃方面），它維持著葡萄牙人近五百年前在那裡建立的小團體式、有點漫不經心的治理結構。中華人民共和國的常規省份也並非都以相同的方式與國家政體相連接。黑龍江或甘肅與石油部或國防部的關係自然比湖南或河北等省密切。天津和重慶都被稱為省級「直轄市」，但天津的接近北京和重慶的遠離北京使得中央政府對它們監管的有效性也會很不相同。看似和其他

---

[8] 譯註：根據香港中通社 2023 年 8 月 19 日電，香港特區政府正在研究是否要在公務員守則中刪除公務員「政治中立」字眼。香港已經發生了一些實質性的變化，在政治方面更像一國一制而不是一國兩制，未來行政長官的普選也已經不可能。但是對香港和澳門來說，真正的一國兩制仍然是一個值得追求的模式。

[9] 譯註：2019 年以後香港法律的變化很大，但是即使中央「全面管治」香港，其自由主義傳統也不太可能全面消失。

直轄市沒有多大區別的上海就更不用說了：上海的財富幫助了一些「地方」領導人成為國家主席或總理。我們還沒有討論廣州、廈門或溫州等地的案例：它們遠離中國政體的中心，因此理所當然地被認為在政策習慣上有些獨特性——不僅僅是因為他們的人民會說中國北方人聽不懂的語言。省級少數民族「自治」地區只有在不危及少數民族與中國其他地區融合的政策方面才可以說是獨立自治的。不管那些有機於政府的知識份子們是不是將中華人民共和國想像成一個單一制國家，實際上它並不是一個單一制國家。如果是的話，這個國家是無法管理的。

　　一個有可能統一的中國國家的正式名稱會激起一些本體論者的興趣，但我們也可以說這其實並不能激起多麼實質性的興趣。對於台灣島上的人們來說，如果「台灣」這個名稱【作為國名】從長遠來看並不可行，許多島民可能更喜歡「中國」而不是「中華人民共和國」，但他們在這種名稱差異中得到的具體好處很難看出。北京可以注意到，儘管許多國家（包括中國）在其官方名稱中有「共和國」、「王國」、「【英】聯邦」或「聯盟」等詞，但日本等其他國家則只用了一個簡單的名稱，沒有指定國家的形式，過得也很好。

　　外交與主權象徵之間的聯繫比任何其他政府職能都更緊密。因此，從兩岸緊張局勢中受益的知識份子、軍人和政治家強調更多的是外交困難，而不是解決這些困難的可用手段。例如，中華人民共和國發言人聲稱，在世界衛生組織中，台灣不能享受香港目前享有的地位，這是自相矛盾的——特別是北京政府仍然不時地說「一國兩制」模式是與台灣統一的理想模式。在北京的政治家們無法同意什麼才是統一國家的最佳戰略時，這個問題就會出現。無論他們中哪一個是對的，反正其他人都不愛國，儘管是無意的不愛國。有時候，台灣的官方發言人也會做類似表態，說其既是官方也是非官方的海基會不應與大陸同行就「政治」問題打交道。但在實踐中，它已經在這樣做了，無論人們如何定義「政治」，官方可以授權它做更多的事情。外交可以是務實的，而不僅僅是形式主義的。

北京目前在各國的大使館當然可能會包括一個台灣事務辦公室，台北現有的少數大使館也可能包括大陸事務辦公室。雖然台灣有理由爭辯說自己可能比幾十個實際的小會員國更具有成為聯合國正式成員的「權利」，雖然蘇聯在 1945 年看到了讓其聯盟的組成部分白俄羅斯和烏克蘭成為正式成員的優勢，但台灣在聯合國擁有一個席位將更具象徵性而沒有什麼實際用途。如果提出來這樣一個要求會導致台島與大陸無法達成一個對台灣來說更重要、更實惠的協議，那麼台北的領導人可能會為了台灣人民的整體利益而決定推遲或乾脆省略掉這樣一個要求。

更重要的是現在仍然有效的《台灣關係法》（TRA）的軍事保護條款，即國會允許美國總統對中國宣戰，假如中華人民共和國攻擊或封鎖在法律上仍然確認自己中國身份的、在島上的中華民國。《台灣關係法》是美國國內法，北京和台北都不能廢除。我們無法想像一個美國總統會希望使用這個軍事條款，因為成本太過高昂。美國總統也有憲法權力選擇不去使用這個條款，假如他或她對未來情況全面審視後，發現不使用這個權力對美國最有利。《台灣關係法》顯然是新帝國主義的產物，但是這個法案也應該能夠提高台北的信心，即北京會遵守雙方未來可能達成的任何協議及其條款。這是某種形式的帝國主義，但是具有諷刺意味的是，它既可以服務於中國國家統一的愛國主義利益，又可以服務於台灣實現真正的、實際的、自治的利益。

幾十年來，無論是民主黨還是共和黨總統所支持的華盛頓官方政策是維護和平的。就美國而言，亞洲這兩個政體之間能夠達成的任何非暴力解決方案都符合美國的利益。在行政部門之外有一些聲音（個別學者以及國會和保守派智庫中的一些人），認為將台灣和中國永遠分開符合美國的戰略利益。這種觀點不僅與美國政府的政策背道而馳，也違背了許多美國人希望能夠支持台灣島上中國人民主、同時也與一個基本上是威權主義的中國和諧相處的意願。美國無意侮辱中國的這些愛國者，但自由主義卻是它的實際利益，因為它的正式盟友（不包括台灣）都是民主國家。任何基於

戰略理由而反對兩岸和平協議的人，也忽略了最近軍事技術的相關變化。台灣作為「不沉的航空母艦」（日本帝國主義者的話語），實際上無論對美國還是中國的安全來說，都不是像美國、中國、台灣的鷹派們通常假裝的那樣有用。美國在島上沒有軍事基地，其整體國家利益也不需要在那裡建立基地。江澤民在 1995 年說，統一後不需要解放軍駐守台灣。如果中國和台灣的智囊們能夠說服他們的政客達成一個雙方都能滿意的協定，大多數美國人會很高興。

台灣人如果擔心在遙遠未來的某一天美國人可能會告訴他們需要靠自己的力量來捍衛自己的自由，因為中國的軍事和經濟變化重塑了美國的根本國家利益，那麼他們可能會同意與北京達成一項有適當措辭的協定。很難估計這種討價還價成功的機率。這既不是百分之百的機率，也不是零機率。長期的變化會對這些機率有所影響，但歷史的變化對這些機率的影響會很慢，遠遠慢於任何地方不耐煩的民族主義者通常會強調的那種速度。

像台海爭端這樣複雜的問題不太可能很快或簡單地得到解決。一系列相互作用的因素將決定是用暴力還是用和平來解決問題。許多學者（尤其是那些在任何政府裡工作的學者）會根據自己所崇尚的現實主義政治論述，用「坦克和槍支」來做預測。[10] 海峽兩岸各方的力量是否平衡？在將來的什麼時候，一個美國總統才會命令美國海軍加入戰爭來保護該島的民主，以應對大陸完美的威權主義（假設該島沒有從法律上宣佈自己不是

頁viii

---

[10] 譯註：美國企業研究所研究員 Oriana Skylar Mastro 教授於 2023 年 4 月 26 日在美國眾議院的一個聽證會上歷數了中美雙方在軍力上的差距，認為在五到十年之內，中國就可以趕上甚至超過美國在亞太地區的軍力。與此同時，美國在本地區的軍力需要大幅度提高，否則便無法遏制中國領導人武力奪取台灣的企圖或行為。她在聽證會上發言的標題為「The Challenges of Deterrence in the Taiwan Strait: Recommendations for U.S. Policy」（台灣海峽威懾力的挑戰：對美國政策的建議）。見 https://www.aei.org/research-products/testimony/the-challenges-of-deterrence-in-the-taiwan-strait/ 上網日期：2023 年 8 月 20 日。趙穗生則認為習近平在台灣越過他自己公開制定的紅線之後，就會武力攻台，無論是否已經準備充分，無論多大代價（見腳註 5 所引趙穗生文章的第 726 頁）。其實紅線是可以經常變化的，藉口總是可以找到的。所以說，危險是與日俱增的。

中國人從而扼殺了美國的政策)？然而，在這個問題上單獨擁有憲法賦予的權威的美國三軍總司令，極不可能容忍以下任何一種結果：消滅一個美國有實力拯救的中國自由主義政權，或者和一個擁有六十倍於該島人口的中國打仗。

　　主觀意圖和身份，而不僅僅是客觀情況，在決定著人們的行為。台灣人會在多大程度上傾向於認為自己不是中國人？大陸上的各種中國人在多大程度上認為他們與島上的所謂中國兄弟姐妹是同胞，並且相互有基本的信任？郝是社會學現實主義者，他不會把思想者們當作純粹的哲學家來寫。他的方法的一個主要優點是，他追蹤了他們隨著時間的變化而變化的思路，展示了他們的思想在自己時代的活躍政治中是如何演變的。他們的抽象思維來自對具體問題的思考，不是憑空而來，也不拘泥於和現實無關的固定傳統。郝自己的分析當然也是在一個政治背景下的分析，他的思考是一個非常積極的、現實的貢獻。這本書是用英文寫的，但在未來出一個中文版則更加重要。

　　郝志東提供了如何在政治上整合台灣和大陸的各種思路及其基本背景。北京和台北的政治家們會願意為了兩岸人民的和平與繁榮而做出一些象徵性的犧牲，從而建立一個這樣的政體嗎？郝在本書中分析的專家與學者們會告訴他們如何才能做到這一點。

Lynn T. White III
普林斯頓大學
2009 年 2 月

鳴　謝

　　就和其他任何成果一樣，如果沒有許多人的幫助，任何有價值的工作便是無法完成的。在此，我向以下組織和個人謹致謝忱。

　　首先，我要感謝美國富布萊特學者計劃為我在 2002 年至 2003 年在台灣的研究提供了慷慨的資助。感謝台灣富布萊特學術交流基金會對所有富布萊特學者和學生無微不至的關懷與照顧，使我在台灣的研究能夠順利進行。我要特別感謝當時該基金會的執行長吳靜吉博士及其團隊，他們的出色工作是成功完成我們的學習與研究的保障。

　　其次，如果沒有台灣中央研究院社會學研究所的支持，這項研究也不可能成功。社會學所為我提供了辦公室、電腦，以及使用中研院各個圖書館的便利。我所拜訪到的社會學所以及其他所的同事們對我正在研究的問題提出了各種批評意見，使我受到了很多啟發。我要特別感謝張茂桂、瞿海源、蕭新煌、林滿紅、王甫昌、吳乃德、錢永祥、沈松僑、蕭阿勤、汪宏倫等學者朋友。

　　第三，書中的一些想法已發表在兩篇期刊論文和一本編書的章節中。我要感謝以下期刊和書籍允許我在本書中使用其中的部分內容：*Pacific Affairs*（《太平洋事務》），我在那裡發表了 Between War and Peace：Ethical Dilemmas of Intellectuals and Nationalist Movements in Taiwan（〈戰爭與和平之間：台灣知識份子的倫理困境與台灣的民族主義運動〉）（2005），78(2)：237-256; *Issues and Studies*（《問題與研究》），在那裡我發表了 Obstacles to Integration：What Would It Take to Reconcile People on the Two Sides of the Taiwan Strait?（〈整合的障礙：台灣海峽兩岸的人們如何才能協調各自的看法？〉），2006 年 3 月第 1 期，47-80。還有

一些觀點發表在 Between War and Peace： The Role of Nationalism in China's U.S. Policy-Making with Regard to Taiwan（〈戰爭與和平之間：民族主義在中國涉及到台灣問題上的對美政策制定中的作用〉）一文中，載於郝雨凡、林蘇（主編）的 China's Foreign Policy Making： Societal Force and Chinese American Policy（《中國的外交政策制定：社會力量與中國的對美政策》）一書，倫敦：阿什蓋特出版社，2005 年，第 139-168 頁。我要感謝這些論文的編輯和匿名審稿人，感謝他們幫助，使我的想法更加清晰。

第四，普林斯頓大學的林恩·懷特三世（Lynn T. White III）（白霖）教授閱讀了整個手稿，並提出了廣泛的修改意見。我非常感謝他的意見與建議，使本書的立論得到了極大的完善。更重要的是，他為這本書寫了一篇序言，進一步揭開了聯邦、邦聯、聯盟等概念的神秘面紗，尤其是闡明了許多人認為的像中國這樣的「單一制國家」以及其他口號、修辭和宣傳的真實含義。我相信懷特教授的序言將進一步激發人們的思考，以尋找一個對海峽兩岸都有利的折衷解決方案。

第五，在本書的修訂過程中，我也從匿名審稿人的意見中受益匪淺，我誠摯地感謝他（她）們。

第六，我要特別感謝為本書的英文版和中文版寫了推薦語的專家和學者（以姓氏字母或筆劃為序）：Timothy Cheek, Christopher Hughes, Lynn White, Timothy Wong, 施正鋒、夏明、張茂桂、葛永光、錢永祥、蕭新煌。他們中的很多人不光寫了推薦語，還糾正了一些名字的誤植或觀點的疏漏，提出了不少中肯的意見，我在書中也做了相應的調整。他們的政治光譜不同、專業領域各異，但都在關注本書討論的主題。他們在百忙之中閱讀了書稿，並提出了難能可貴的意見和建議。我向他們表示誠摯的謝意！

最後，我衷心感謝香港大學出版社的發行人 Colin Day 先生、執行編輯 Dennis Cheung 先生和文案編輯 Felicity Shaw 女士在英文版出版過程中

給予的一切幫助。沒有他們的專業監督和協助，這本書就不會達到我們現在的水準。

在中文版發行之際，我也特別感謝元華文創李欣芳主編、陳欣欣編輯的辛勤工作，才有了本譯著的問世。

這本書使我能夠彙集我多年來對兩岸關係，特別是對整個中國未來的思考，促使我提出一個對國家和知識份子在塑造國家認同中的作用的更完整的思考。當然，書中仍然可能存在的所有缺點都是我自己的責任。我期待讀者的更多批評和未來對本書的進一步修訂。

前　言

在世界事務中，中國正在扮演著一個越來越重要的角色。「它是世界上最大的國家、增長最快的主要經濟體、擁有最大的製造業、是全球第二大消費者、最大的儲蓄者，以及（幾乎可以肯定是）第二大軍費開支國」，儘管其排名還是遠遠落後於美國（Zakaria 2008：92）。因此，在全球處理區域衝突的努力中，中國正在扮演著也是人們期待她所扮演的越來越重要的角色，如在朝鮮與蘇丹的達爾富爾事務中那樣。[1]在中美關係中，中國既是美國某種意義上的「戰略夥伴」，也是美國的「競爭對手」。它多年來一直是美國最大的債權國，是美國政府債券的最大買家，但是中國同時也需要美國市場來出售其商品。中美兩國的相互依存度很高。但同時在政治影響上中國又是美國在亞洲、非洲、拉丁美洲的主要競爭對手。

然而，儘管中國在世界事務中發揮著舉足輕重的作用，在兩岸關係中中國政府卻依然陷入了一個僵局。中國和台灣最終能夠在政治上整合在一起嗎？如果可以的話，如何整合呢？抑或他們可以力圖做到「分開但平等」（separate but equal）？從現狀上講，它們基本上是分開的，但並不是真正平等的。雙方如何做才能維護兩岸和平、促進地區繁榮？本書試圖分析兩岸民族主義的發展並論證一個可以解決兩岸問題的妥協方案。我們可以看到國家和知識份子在這些發展中都扮演著重要的角色。本書呼籲在兩岸建立一個聯邦和邦聯的混合體。中國能否在政治改革上向前走一大

---

[1] 譯註：但是中國政府在近年的俄烏戰爭中的立場，使得人們懷疑中國是否可以在國際事務中扮演一個公正的角色。所以說儘管中國仍然在扮演一個重要角色，但是這個角色是否正面還是一個問題。

2 台灣和中國大陸往何處去
國族認同、國家和知識份子

步，正如它在太空計劃中所做的那樣，從而在硬實力和軟實力方面都成為一個真正的世界領袖，還是一個未知數。台灣問題如何解決就是中國前途的一個風向標。台灣是否有意願在中國民主轉型中扮演一個關鍵角色，也會在很大程度上決定著兩岸關係的未來。我在書中將重點討論各種可能性。

具體說來，我考察了海峽兩岸不同的而且常常是相互衝突的民族主義話語和國族建構的話語。我關注的重點是國家和知識份子在民族主義運動中的角色及其所面臨的困境。我認為，儘管海峽兩岸和國際上各種力量在向不同的方向拉扯，但是論辯的基調仍然還是從集體主義和專制主義轉向個人主義和自由主義。[2] 人們逐漸有興趣來討論未來的中華國族認同的模樣，這個認同或許可以體現在一種新的政治安排中，如聯邦和邦聯的混合體。[3] 和平獨立對有些人來說可能是理想的，但冷靜的分析可以告訴我們這似乎是不太可能的。

然而，政治現實主義者和政治理想主義者對未來什麼可行、什麼不可行會有不同的看法。但正如我想進一步說明的，知識份子所扮演的無論是有機、專業還是批判的角色，在權衡所有的可能性時，在型塑海峽兩岸的國族認同時，在為此與國家協調或者發生衝突時，都是至關重要的。他們

---

[2] 譯註：如果說在十年前這樣估計還能講得過去的話，現在兩岸關係已經從江澤民時代的比較寬鬆與寬容（見〈白霖序〉中的譯註5）發展到了習近平時代的劍拔弩張的地步，儘管這個估計在某種程度上還是正確的，且仍然不失為熱愛和平的人們應該繼續努力的方向。

[3] 譯註：一個最新的努力是台灣民進黨的元老之一、前副總統呂秀蓮所提倡的「一個中華」，使中國大陸和台灣形成一個經濟融合的共同體，和歐盟那樣，但在政治上保持獨立。但是此一建議頓時遭到很多民進黨人的反對。民進黨籍的前總統蔡英文和現任總統賴清德等堅持不和大陸保持任何聯盟。太陽花運動的領袖人物、曾任民進黨副秘書長的林飛帆認為此議已經過時。另一活動人士邱琦欣則希望中華民族主義者及中華民族主義的辯護者請閉嘴，不要再說什麼中華了。按照這個邏輯，台灣現在的國名「中華民國」當然也要修改，如果可能的話。兩岸整合顯然困難重重。見 Farah Stockman,〈『一個中華』能解決台灣的困境嗎？〉《紐約時報中文網》2023 年 3 月 13 日。英文原標題為 A Chinese Commonwealth? An Unpopular Idea Resurfaces in Taiwan.

可以在海峽兩岸塑造並促成一種政治整合與和平發展的可能性，而不是完全分離和戰爭的可能性，因為和平獨立是不可能的。[4] 我還分析了知識份子在扮演這些角色時面臨的諸多困境。知識份子們在努力解決這些困境的過程中，會發現他們在多大程度上能夠影響歷史的進程。

在前言中，我將首先討論民族主義的重要性，因為它將是本書的關鍵詞。民族主義將在很大程度上決定台灣和大陸中國何去何從。然後我將介紹每一章的內容和我的研究方法。

一、民族主義在政治、經濟和社會上的重要性

在過去的幾個世紀裡，民族主義一直是全球政治和社會變革的最重要推動力之一。不同的國家逐漸對自己的歷史命運有了更多的自覺。從法國大革命到蘇聯和南斯拉夫的解體，人們一直要求政治自決及對自己國家【未來】的控制。過去幾個世紀的歷史確實可以在很大程度上被視為國族建構的歷史（見 Hobsbawm 1992）。這種分裂過程常常是暴力和血腥的，就像國家希望將不同的文化群體整合到一個民族國家中一樣。「戰爭造就了國家，國家造就了戰爭」（Huntington 2004：16，轉引自 Charles Tilly）。正如 Huntington（2004：28-29）所說，從十五世紀到十九世紀，許多歐洲國家「在戰爭的熔爐中鑄就了他們的民族身份」。在亞洲也同樣如此：自從葡萄牙人在十六世紀踏上了這片大陸，接踵而來的西班牙人、荷蘭人、英國人、法國人和美國人都【以暴力和非暴力的方式】介入了亞洲國族的形成。

如果我們快進到當代，就會發現，中華人民共和國自 1949 年建立以來，一直有自己的國族問題。1950 年代將西藏納入中國的十多年的過程

---

[4] 譯註：至少現在看來是如此。

便充滿了暴力。現在的問題仍然層出不窮。這些年來不僅在西藏，而且在新疆和內蒙，都不同程度地面臨著獨立運動的挑戰。因此，民族主義是對國家的嚴重威脅【包括國家自己的民族主義】。但它也是一股將中國凝聚在一起的力量。2008 年奧運會、太空計劃的發展以及過去三十多年來的經濟發展都讓中國人感到自豪。中國政府在利用民族主義抵禦別人對其在西藏或其他地方的人權記錄的批評方面是比較成功的。正是中華民族主義動員了海外華人，來對抗 2008 年奧運會火炬在世界各地傳遞期間的抗議活動。

在台灣，相當多的人仍然要求法理台獨。台灣民族主義仍然是一股如此強大的力量，使得台灣的法律和政治都塗上了民族主義的色彩。前總統陳水扁自 2006 年【當時他還在掌權】以來就一直深陷腐敗醜聞。但他仍然能夠為自己辯護並贏得相當多的人的支持：他將有關其家族和內閣腐敗的調查描述為以 2008 年上台的國民黨政府為代表的中國人對台灣人民的迫害。[5] 在撰寫本書時，法律制度和馬政權正面臨著堅持公平正義，同時又不激怒台灣民族主義的挑戰。正如在中國大陸一樣，民族主義在政治和社會發展中起著關鍵作用。

國民黨在 2008 年重新掌權，似乎預示著兩岸關係的升溫。經濟上可能是這樣，但在政治上，情況並不清楚。台灣國民黨政府的立場是「不統、不獨、不武」。那麼，你如何定義台灣或中華民國在聯合國的地位？例如，多年來，中華民國一直希望成為聯合國世界衛生組織的成員或觀察員。但中國政府堅持認為台灣是中國的一部分，所以中國政府已經代表了台灣。因此，根據聯合國憲章，台灣不能成為會員國，因為它不是一個主權國家（吳儀 2003）。台灣政府則堅持認為中華民國是一個主權國家，應該得到主權國家的地位。如果大多數國家不能就此達成一致，它們至少

---

[5] 譯註：這一點很像美國總統川普的策略，即把民主黨政府對自己各種腐敗和違法的調查看作是民主黨對他的、以基督教國家主義為主的共和黨選民的攻擊。他是在為這些選民受難。

可以給予台灣一個觀察員地位。但大陸政府擔心如果給予台灣觀察員地位，似乎就是在支持台獨了，更不用說成員身份了。但是，如果不能在國際組織中給中華民國以某種地位，那就更有效地將台灣推向獨立。這是中國面臨的兩難境地。現在國民黨掌權了，看來雙方在這個問題上會找到某種妥協。但無論這種妥協採取何種形式，從民族主義的角度來看，它都必須在很大程度上為雙方所接受。而且，這僅僅是一個開始。其他會員問題會接踵而來，包括台灣在亞太經合組織（APEC）年度首腦會中的地位，以及台灣在聯合國各個機構中的地位等。

　　即使在更成熟的民主國家美國，民族主義也會爆發並影響人們的判斷。（我在這裡提到美國，特別是因為它在扮演著兩岸關係中的關鍵角色）。2003 年，美國政府認為伊拉克擁有大規模殺傷性武器，是恐怖主義的來源之一。這就是戰爭的全部意義，即消除伊拉克的大規模殺傷性武器並遏制恐怖主義，這也是當時的白宮發言人阿裡・弗萊舍的說法（Kristof 2003）。但沒有確鑿的證據來證實這兩種說法。然而，大多數美國人仍然支持這場戰爭。能否找到大規模殺傷性武器似乎並不重要（也見 Stolberg 和 Nagourney，2003）。他們的國家於 2001 年 9 月 11 日遭到伊斯蘭國恐怖分子的襲擊。人們很害怕，因此可能認為在世界「其他」地區對這些「其他」人的報復是合理的。

　　有人可能會說，正是愛國主義指導著美國人對伊拉克戰爭的支持，愛國主義也指導著中國人對中國共產黨政權的支持。但是，這個愛國主義，即通常意味著對自己國家的熱愛和奉獻，無論它是正義的還是不正義的，是對的還是錯的，這樣一個愛國主義，是根基於民族主義的意識形態，即一種嚴格區分「我們」與「他們」的意識形態。因為我們是一個民族（民族主義），所以我們需要愛它，就像一個人愛自己的家人一樣。我們需要保護自己免受他人的侵害（愛國主義）。如果民族主義為一個民族團體發起建國的政治運動提供了紐帶和約束力，那麼愛國主義則為該運動提供了動力。一個人必須參與這場運動，不管你喜不喜歡。「我們熱愛我們的國

家、我們的土地、我們的文化和我們的人民，因此，我們需要支持我們的政府反對外國勢力」。於是，我們一次又一次地看到世界許多地方的愛國者被他們的領導人牽著鼻子一步一步地走入了戰爭。

美國國會議員們 2001 年通過的名實合一的「美國愛國者法案」正是這種美國的愛國主義或民族主義的反映，正如中國的愛國主義反映在對 2008 年奧運會及其太空計劃的熱情中一樣。這個法案賦予總統和司法部長廣泛的權力，並放寬了許多用於保護人們免受不公平調查和起訴的規則。總統可以自行決定命令任何非美國公民犯罪後由軍事法庭而不是普通刑事法庭審判。然而，參議院 100 名參議員中只有一票反對該法案，眾議院 400 多名代表中也只有 66 票反對，從而使該法案在國會得以通過（見 Dworkin 2002）。

愛國主義和民族主義的視角是要將自己的國家和其他國家區別對待，支持或者反對。因此，美國對伊拉克的戰爭對政府和大多數美國人來說，是保護自己免受外國人侵害的愛國戰爭。所有美國公民如果愛國，都必須支持這個戰爭。這種意識形態是如此強大，以至於很少有人願意被視為懷疑這場戰爭。誠然，也有許多其他美國人認為這場戰爭是不明智、不公正的。對他們來說，公開反對政府從事錯誤和不公正的事情才是真正的愛國。但這種對愛國主義的解釋，在美國、在「六四」後的中國或其他地方，往往並不構成主流。[6] 對於中國人來說，少數對 2008 年奧運會不感興趣甚至持批評態度的人被視為同樣不愛國。

政府並不總是在做明智和公正的事情，但無論如何，愛國者都會支持政府。政府設想的那種國家可能沒有必要，但愛國者無論如何都會支持它的建構。這種支持對愛國者來說是無條件的，他或她願意為此而死。「人們不會允許自己為自己的利益而死，但他們會允許自己為自己的激情而

---

[6] 關於中國政府宣傳的、「六四」後的中國愛國主義，見 Baogang He and Yingjie Guo（2000）。

死」；或者說「人們不會自願為理性的事情而死」（Smith 1998：162，引用 Chateaubriand and Walker Connor 的話說）。安德森（1991：141）提醒我們，「國族激發愛，而且往往是充滿了自我犧牲精神的愛」。許多進步主義和世界主義的知識份子也「堅持民族主義近乎病態的特徵，這種根源於對他人的恐懼和仇恨的特徵，與種族主義極具親和力的特徵」（Anderson 1991：141），或極具「殺人毒力」的特徵（Gellner 1997：58）。[7]

這種自我犧牲精神，這種有時近乎病態的激情，來自愛國主義，而愛國主義又來自民族主義。民族主義是根，愛國主義是果實。民族主義提供了一個基礎，愛國主義提供了一種奉獻精神。沒有民族主義，愛國主義就不存在，因此它是民族主義的一部分。[8]

誠然，愛國主義常常有助於在緊急情況下動員群眾做好事，例如發生意外的自然災害時，像 2008 年四川地震那樣。但在其他時候，愛國主義和民族主義的行動會導致普通人、士兵或平民的死亡。很少有將軍或政治家在愛國主義和民族主義戰爭中喪生。愛國主義或民族主義是一種強大的力量，可以影響數百萬人的生命，可以用於正義或非正義的事業。當然正義和非正義要看人們如何定義。所有國家都是如此。

我想強調的是，我並不是說民族主義都是壞的。事實上，正如安東尼‧史密斯（Anthony Smith，1995：153-160）所指出的，以及我上面也提到的，從歷史上看，國族和民族主義在政治上是必要的，是有其社會功

---

[7] 關於族際民族主義的更多討論，見王甫昌，2001。譯註：這個問題，在海峽兩岸的世界主義知識份子中也很常見。

[8] 也見鄭永年 2001a：29-30。蓋爾納（Gellner 1983：138）認為民族主義是一種非常獨特的愛國主義，它基於文化同質性，基於努力保持自己的識字文化的群體，以及基於匿名的、流體的、移動的、無仲介的人口。因此，他將民族主義等同於愛國主義。我同意他的觀點，但也可以說愛國主義源於民族主義，儘管涉及到感情和意識形態的時候，並不總是清楚誰先誰後。

能的。在政治上，它們可以「在世界的民族國家之林，為被淹沒和未被承認的文化社區騰出一個生存空間」（第 154 頁）。在社會上，「民族主義的神話、記憶、象徵和儀式是……社會凝聚力和政治行動的唯一基礎」（第 155 頁）。我的觀點是，民族主義是一把雙刃劍。它使個別群體有可能團結起來以維護自己的利益，但它也為群體和國家設定了界限，阻礙了溝通、損害了關係，導致雙方都受到傷害。因此，我們必須了解民族主義是如何運作的，以及如何利用它來加強而不是損害國家間關係和人民的生活。

|頁6| 我們越了解民族主義是如何運作的，以及國家和知識份子在民族主義運動中扮演的角色，我們就越能看到中國大陸與台灣之間，或者就此而言，美國與伊斯蘭國家之間的關係將走向何方。[9] 我們將更清楚地看到雙方正在塑造或能夠為自己塑造什麼樣的民族國家。

二、各章簡介

第一章定義了民族認同：對民族、國家和民族國家的認同。對民族的認同主要是對文化的認同，涉及到個人的文化權利和義務。對國家的認同主要是指對政治的認同，涉及到政治權利和義務，例如保護自己的自由和參加選舉的權利。對一個民族國家的認同，無論是單一民族還是多民族的

---

[9] Lieven（2002）哀歎說，通過入侵伊拉克，美國失去了一個在責任方面、在地緣政治上有所克制方面、在正如美國《獨立宣言》所說的那樣「體面地尊重人類意見」方面以身作則並領導世界其他國家的機會。「我們現在看到的是一個偉大國家的悲劇，它有著崇高的衝動、成功的制度、宏偉的歷史成就和巨大的能量，但是它卻成了對自己和人類的威脅」。許多人期望 2009 年上台的新政府能夠幫助美國在自我流放八年後重新加入世界，並再次成為世界的真正領導者（見 Kristof 2008）。我們已經看到了歐巴馬總統的許多成功。譯註：不過在 2024 年的今天，我們好像又看到了歷史的重演。拜登和川普分別代表了世界主義還是孤立主義、世界領袖還是對世界和美國自己的威脅。民族主義仍然在扮演著重要的角色。

國家的認同,則既是對文化的認同,也是對政治的認同。由於民族國家的具體內容不同,這種身份的具體內容也有所不同;例如,它可以是中華民族【主要指漢族】的民主,大中華區的多民族的民主,或者其他什麼。

我還將對民族主義、國家和知識份子進行定義和分類,特別是後兩者的作用。我將定義個人主義的、集體主義的、公民主義的和族群主義的民族主義及其組合。每種不同的民族主義都有不同的重點,但這些民族主義涵蓋了民族主義話語的大部分領域。此外,我定義了不同國家所實行的不同的民族主義。自由民主的、多元民主的以及威權或極權主義的國家傾向於採用不同的民族主義。我還定義了有機的、批判的和專業的知識份子,以及他們在民族主義運動中扮演的具體角色。不同類別的知識份子遵循不同的倫理。這些都是理想型的分類。我們需要記住,在現實中,大多數時候,不同的民族主義、不同的國家和不同的知識份子其特點都是有所重疊的。

第二章首先考察了台灣在殖民時代的日本化、國民黨時代的再中國化,以及在這個時代(1895年之後、李登輝時代之前)的知識份子在塑造台灣認同方面的作用。可以想像,五十年的日本殖民統治和四十年的國民黨統治,給台灣帶來了無數【悲劇性】的動蕩與不安。日本政府和國民黨政府所奉行的均是集體族群民族主義,台灣知識份子則面臨著很難化解的身份衝突。因此,我們看到了日本殖民時代爭取解放的武裝抵抗運動和爭取自治的文化運動,以及國民黨時代的民主運動和台灣民族主義運動。對日本殖民政府的抵抗運動失敗了;在那個時代,知識份子開始發展一種包含中國、台灣和日本元素的民族意識。對國民黨的抵抗運動則導致了一個民主制度的產生,但是國族認同問題仍然在繼續困擾著國家和知識份子。

第三章探討了李登輝和陳水扁政權的去中國化進程。雖然國家【政權】似乎正在走向更排外的台灣民族主義,但它並不十分確定自己的步伐,無論是因為中國和美國政府的壓力,還是因為觀點和感情上的一些內

部糾結。另一方面，知識份子的有機、專業和批判角色越來越清晰，尤其是他們的有機角色。知識份子在扮演這些角色時面臨著各種倫理困境。他們也陷入了只承認族群集體權利的集體族群民族主義與既承認個人也承認族群權利的個人族群民族主義之間的衝突。就像台灣國家【政權】本身一樣，在處理困境和衝突時，知識份子也是在尋找最有利於建立更令人滿意的兩岸關係的方法。

第四章探討了民族主義在中國的發展：從文化主義到三民主義、社會主義和自由主義。為了應對外國對中國的侵略，國家和知識份子不得不建立一個能夠應對新世界的現代國家。文化主義不再奏效，於是中華民族主義誕生了。但在洋務運動、辛亥（共和）革命、五四運動和共產主義革命中，國家和知識份子都未能建立一個完整的既強調個人權利又強調文化群體權利的個人族群民族主義，儘管自由主義無論如何還是開創了一個自己的傳統。

第五章分析了 1949 年後中共國家和知識份子的國家建設。正如毛澤東在 1949 年 9 月 21 日中國人民政治協商會議第一次會議上宣佈的那樣，「中國人民站起來了」！但是他們站起來了嗎？誰是中國人？中共國家為將少數民族同化為中華民族做出了各種努力，但尚不清楚它想要建立什麼樣的民族國家。社會主義在很大程度上失敗了，資本主義也沒有帶來一個平等的社會。相反，社會正變得越來越不平等。漢族和其他少數民族之間、大陸和台灣之間的衝突可以說已經加深。到目前為止，中共已經助長了一種集體主義的民族主義，主要基於排斥而不是包容。因此，他們仍然受到族群問題和兩岸衝突的困擾。直到最近幾年，我們才看到中共的少數民族政策和更靈活的台灣政策有所放鬆，儘管西藏和新疆的政策似乎比 1980 年代更具限制性，並且顯然起到了消極的作用。和台灣一樣，知識份子大多站在國家的一邊，作為國家的有機知識份子。大陸也缺乏專業和批判的知識份子。他們的重要作用在很大程度上仍然是潛在的。儘管如此，正如台灣在大規模的去中國化努力之後仍然猶豫不決一樣，大陸的國

家和知識份子多在走向個人主義的民族主義,或者至少在集體主義和個人主義的族群民族主義之間猶豫不決。

第六章考察了未來國族認同的各種可能性。國族建構可以基於民族主義原則,如文化、種族、歷史和政治,也可以基於自由民族主義原則。後者將彌合個人自主權、選擇自由等個人人權,以及歸屬、忠誠和團結的集體種族權利。顯然,自由民族主義似乎對大多數人最有吸引力。但是,中華人民共和國、台灣共和國、現在設想的「一國兩制」,以及中華民國都無法適應自由民族主義的要求。聯邦和邦聯的混合體,要求雙方分享主權,對於民族團結、政治民主以及經濟發展和效率而言,似乎最具吸引力。

第七章研究了這種聯盟的障礙。該章首先考察了在跨越文化界限和克服台灣海峽兩岸的偏見和歧視態度方面遇到的困難。然後,我們考察了政治現實主義的一些很難完全反駁的立場。政治現實主義認為衝突不僅是不可避免的,而且除了暴力之外也是沒有其他辦法的。國家及其有機知識份子都傾向於接受這種信念。然後,我分析了一些反證聯邦和邦聯混合的可能性概念。例如,社交性和理想主義不僅承認不可避免的衝突,而且承認不可避免的和解,以使宜居社會成為可能以及為什麼它能成為可能。世界主義讓我們關心全人類。自由民族主義通過對自決的文化解釋和民族國家以外的更靈活的政治安排來彌合個人和集體利益。國家和知識份子在培養這些矛盾的意識形態方面發揮了重要作用。如何處理這些矛盾,將決定台海的未來是戰爭還是和平。

我在第六章和第七章分析並闡明了一個理想的解決方案。我希望我的論點將從道德或理想的角度對這個問題的爭論做出一些貢獻。但正如我在第七章中也解釋的那樣,這方面的障礙可能比人們想像的要多。

第八章再次強調了國家和專業、批判和有機知識份子在國族建設和民族認同形成中的關鍵作用。了解他們的作用和他們模糊的作用將有助於我們更好地理解一個國家前進的方向。國家和知識份子共同掌握著民族歷史

的車輪，因此也是國族認同、戰爭與和平的關鍵。

三、研究方法

我的主要方法是歷史／比較的方法和闡釋的方法。[10] 我探討了海峽兩岸國家建設的歷史進程，並試圖尋找影響人們國族認同變化的更大的社會力量。我認為國家和知識份子是創造民族認同和管理身份衝突的兩個最重要的政治和社會力量，但兩者都受到其他社會因素和過程的影響。我們著眼於事件和因素的相互依存關係，以及一段時間內發生的相互作用和相互影響。換句話說，我們著眼於國家認同變化的動態以及人們管理身份衝突的方式。

社會學主要是一門比較的藝術，所以我不可避免地會把中國的民族主義與其他地方的民族主義進行比較，就像我上面所做的那樣。但主要的比較是台灣和中國大陸之間的比較。所揭示的差異和相似之處能夠更好地幫助我們了解台灣海峽兩岸以及中國內部國族認同的衝突。

正如 Arthur Schlesinger（2007）所說，我們需要記住，歷史之於國家，就像記憶之於個人一樣。只有了解了過去民族認同的歷史發展，才能理解它們未來會走向何方。此外，不能只談論台灣民族主義的發展而不談論中國民族主義在大陸的發展，反之亦然，因為它們是交織在一起的。因此，比較分析也至關重要。歷史／比較方法是本書的主要方法。

我也使用闡釋的方法。鑒於人們對民族認同等多方面、多鏈條、多變和有爭議的問題的感受和理解的複雜性和變化性，很難僅僅從他們在黨派期刊上發表的內容或他們在政治會議上所說的話來更全面、廣泛地了解人

---

[10] 譯註：關於社會科學的研究方法，請參看我的文章〈社會科學的責任：論當前澳門的社科研究〉，載於吳志良、陳震宇（編）《澳門人文社會科學研究文選》。北京：社會科學文獻出版社（2009），第 78-100 頁。

們的情緒。此外，社會行為和感受比通過問卷調查所揭示的內容要複雜得多。因此，重要的是與人們實際交談，讓他們闡述他們的想法並解釋這些想法的發展。對面臨身份衝突的個人，特別是知識份子和政治家進行重點訪談非常重要。因此，我也採訪了這個問題雙方的一些人，並將他們的意見納入我的分析中。

在我書中關於民族主義（例如集體族群民族主義與個人族群民族主義）、民族認同（民族、國家和民族國家）、國家（例如威權與民主）和知識份子（有機的、專業的和批判的）的分析中，我使用了韋伯的理想型分類。這意味著每個術語中的任何一個子類別本身都不是絕對的。事實上，它們是重疊的。將它們拆開分析，就好像它們是純粹的類型一樣，將有助於我們更好地看到每種類型的品質，但這不應誤導我們相信它們確實是純粹的類型。的確，我在書中強調，在理解國家和知識份子在塑造台海兩岸相互衝突的民族身份方面的作用時，每個術語的複雜性、重疊的品質以及理想類型之間的相互作用是最有趣和最具挑戰性的。

總之，民族主義是影響國家發展的關鍵因素。國家【政權】和知識份子在國族建設方面正在發揮著重要作用。因此，對這些社會行為主體的研究對於恰當地理解人類努力的這一重要部分非常重要，無論是其建設性還是其不人道的破壞性。本書將幫助人們更清楚地看到國家和知識份子在影響中華人民共和國和中華民國未來方向的各種可能性和作用。因此，不僅從事中國研究的學者、本科生和研究生、國家政策分析家和政策制定者會對此書感興趣，而且其他關心兩岸關係的人也會想看它，包括普通讀者以及專業人士和商界人士。因為他們與兩岸關係的發展都息息相關。

第一章 國族認同、民族主義、國家、知識份子

我將在本章定義我所說的國族認同、民族主義、國家和知識份子，並建構一個關於國家和知識份子與民族主義關係的類型學。

頁 11

一、國族認同的含義

正如 Dittmer 和 Kim（1993：30）所問的那樣，當人們在談論「國家認同」【或國族認同】時，他們究竟在認同什麼？這種身份的行為或本質主義的內容是什麼？人們在談到自己的公民身份時，會說：「我是誰」？「我應該做什麼」？（見 Habermas 1992：16，引用 H.R. van Gunsteren）。「我的權利是什麼」？那麼關於國族認同問題，人們實際上是在說自己對一個民族、一個國家和／或一個民族國家的認同，這每一個概念都有一個被稱為國家本質的符號系統。下面我們來分別討論一下這三個概念，看看它們各自都有什麼內容。

（一）民族認同

首先，什麼是民族？一般來說，一個民族是一個想像的（意味著創造出來的）、有主權的政治共同體，它建基於相關的共同歷史、共同的文化根源、固有的社交網路和特定的家園（見 Anderson 1991：6-7；史密斯 Smith 1998：130）。Anderson 討論了一個國族的遠古歷史、民族語言，以及人口普查、地圖和博物館。文化對 Gellner（1983：7）來說也非常重

要,他說作為同一個民族的條件是「如果,也只是如果,他們享有共同的文化,而這個文化又意味著一個系統的思想、符號、社會組織以及行為和交流方式」。此外,這些人必須認可彼此屬於同一個民族。這些特徵的背後可能是人們所說的充滿感情和情緒的原始和永久的族群紐帶(另見 Calhoun 1997; 哈貝馬斯 Habermas 1992:3; 史密斯 Smith 1998:71,83,127-129; 245-270)。[1]

這些正是支持台獨的前立委王拓和支持統一的前社會活動家王津平在被郭紀舟(1995:45,68)採訪時所表達的感情和情緒。王拓說,他對中國的長城和美國的大峽谷的感覺遠不如對自己家鄉八斗子山的感覺。王津平說,他對台灣的熱愛非常深刻,以至於要為它的自由和平等奉獻出自己所有的時間和精力,但這也是在為全體中國人民的福祉做貢獻。這些人對自己的家園有很多情感和情緒,儘管他們對這個家園或者說祖國的未來可能有不同的看法。1990 年代台灣的族群衝突進一步說明了來自不同文化和族群背景的人們不同的強烈感情(見張茂桂、吳忻怡 2000)。

如果民族是一個歷史、文化、族群、社會、政治和領土的共同體,但主要是文化和族群的共同體,那麼民族認同就意味著人們對這樣一個共同體的認同,就像上面所說的王拓和王津平一樣。這個民族國家的邏輯,對藏族、維吾爾族和蒙古獨立運動的倡導者們來說,也是一樣的。因此,如果台灣人認為他們與中國人是一個不同的國族,正如廖文毅、王育德、許世楷和史明等獨立運動的倡導者們所相信的那樣(見李廣均 2001;林進 1993:87-91,248-77),那麼這也正是他們所相信的那種【在這些方面有所不同的】民族／國族認同,就像藏族和維吾爾族獨立運動的思維一

---

[1] Calhoun(1997)列出了一個民族／國族的十個特徵,包括人口和／或領土邊界、民族的不可分割性、主權、合法性、民眾對集體事務的參與、直接的成員資格、文化、時間的久遠、血統,以及與特定領土的特殊歷史甚至神聖的關係。只要符合這其中多數的條件,他們就可以成就一個民族或國族。

樣。他們不會和中國的漢人認同，因為他們認為自己在歷史和文化上與漢族有太大的不同。

（二）國家認同

人們也可能認同一個國家。但什麼是國家呢？從韋伯的觀點來看，國家是一個在特定領土內制定規則和條例的組織，這還是唯一有權力在行使其法令時使用暴力的組織（Lewellen 1995：133；Smith 1998：70；Weber 1946）。從馬克思的觀點來看，國家是一個群體壓迫其他群體的工具。從傳統政治學的角度來看，只要某個實體有領土、人民、政府和主權，這個實體就是一個國家（見劉義周、田芳華 2003）。因此，希臘城邦、羅馬帝國、中華帝國以及世界上 190 多個現代國族／國家都是國家的例子。

所以，國家是一個政治實體，在特定領土內協調和規範人類行為，特別是團體行為，並在其認為必要時使用暴力。亞裔美國人可以認同美國的民主政治制度，並與原住民、白種人、非洲裔、拉丁裔等其他美國人共用相同的制度。他們認可彼此在該國的權利和義務。他們的國族認同是美國認同，這裡主要指的對政治制度的認同，而且恰好是自由民主的政治制度。但是，人們認同的政治制度也可以是極權主義或威權主義的。雖然叫國民身份（national identification），但其實是國家認同。上述漢族、藏族和其他少數民族也可以認同大陸的國家制度或台灣的國家制度。他們的國家身份有時也被稱為國民身份。

正如 Gellner（1983：6）所指出的，儘管民族主義認為民族和國家是一體的，但它們並不總是同時發生的。「有的國家的產生早於民族的產生，而有的民族的產生則早於國家的產生」。事實上，戰國時期（西元前 475-221 年）的秦、齊、楚、燕、韓、趙、魏等國多數是漢民族，但它們

頁 13

是不同的國家。例如，秦國和楚國是由少數民族建立的，即西戎和蠻。[2]新加坡和中國也是兩個不同的國家，儘管這兩個地方的大多數居民都是漢族人。台灣的原住民是民族，但他們沒有成為獨立的國家，無論這是好事還是壞事。

因此，民族認同可以是國家認同。這是一個極權主義、威權主義還是一個自由民主的國家呢？正如 Friedman（1995）所問的那樣，民主的國家身份在中國是否可能？這也是 Lucian Pye（1996）所問的問題。由於民族和國家並不總是一致的，國族認同可能意味著要麼對國家、要麼對民族的認同，亦或兩者兼而有之。在後一種情況下，一個人的身份可能是對一個民族國家的認同。

（三）民族國家認同

第三種民族認同是對民族國家的認同。這可以是一個僅由自己的民族或多個民族組成的民族國家。聯合國所有國家中只有不到百分之十是單一民族國家，而大多數則是多民族國家，這就是為什麼 Smith（1995：86）稱它們為多民族國家（national states）而不是單一民族國家(nation-states)。[3] 然而，我將用民族國家（nation-states）這個詞，意指世界上絕大多數是多民族、多族群國家。因此，從廣義上講，民族國家是指一個「*絕大多數公民認同、並將其視為自己的國家*」的國家（Tønnesson and Antlöv 1996：2，原文斜體）。可以說，這是一個政治和文化共同體，在這裡民族和政治在很大程度上是一致的。一個人的民族認同既指民族又指國家，這裡的國家可以主要由自己的民族（單一民族國家）或多個民族組

---

[2] 譯註：「蠻」是中原地區民族對偏遠地區民族的蔑稱。

[3] 見 Smith（1995：104-105）對多民族國家各種特徵的簡要總結，包括政治、歷史和社會的不同特點。

成（多民族國家）。

台灣、中國大陸和美國都聲稱自己是多民族國家，儘管可以說仍在形成之中（見張茂桂 2002；陳其 2001；施正鋒 2003：89，180-85；Townsend 1996：18；王曉波 2002：300-307；徐迅 1998）。一些台獨主張者認同李登輝的主張，認為他們構成了某種不同於漢族的多族群的「生命共同體」，他們是「新台灣人」，或者是由多族群構成的新台灣民族（見 Mengin 1999：120-124；史明 1998：715；施正鋒 2003：66，84，126-167）。同樣，大陸政府也聲稱他們是一個多民族國家，這個多民族的總稱是中華民族，由 56 個民族構成。[4] 大陸政府口中的中華民族也包括台灣的各個民族。台灣與中國大陸之間的衝突可以被視為兩個多民族國家或民族國家之間的衝突。

中國人可能會說，他們只認同一個漢族。但他們也可以聲稱有一個中華民族，一個多民族的民族國家，這是他們的認同。因此，如果藏人說他們是中國人，這可能就是他們所指的國家。[5] 但她或他也可以同時認同一個西藏民族。在這種情況下，該人可能具有多重民族認同。

無論人們如何定義民族國家，單一民族或多民族，它仍然是一種控制工具。重申我們在上面對國家的解釋，「任何一個民族國家都只是諸多民族國家之中的一員，它是一套制度化的治理形式，維持對劃定邊界領土的行政壟斷，使其統治受到法律的認可，並使其直接控制著對內和對外暴力的手段」（Smith 1998：72，轉引自吉登斯）。無論這是一個單一民族國

---

[4] 陳其（2001）描述了1949年至1999年中國高中歷史課上的民族主義教育，儘管稱之為愛國主義教育。中華民族被認為是一個由多個民族組成的民族。這些教科書強調了不同民族在中國悠久的歷史中如何相互學習技術，並在文化上交織在一起。比如屈原（340？-278？西元前），中國最偉大的詩人之一，是少數民族一分子。教科書還呼籲教師避免使用岳飛關於殺少數民族的詩或使用其他傷害少數民族感情的術語（第353-354頁）。我們將在第四章進一步討論中國民族主義時再回到岳飛問題。

[5] 當一些維吾爾人說他們是中國人時，I-chou Liu（2003）感到驚訝。所以這並非完全不可能。

家還是多民族國家，這個國家功能都是相同的。

簡而言之，國族認同可以指對一個主要是單一文化和歷史的民族的認同，對一個作為政治共同體的國家的認同，或者對一個單一民族或多民族及其國家共組的民族國家的認同。當這些身份相互衝突時，就會出現身份危機，就像台灣的中國人在日本佔領期間以及228事件之後國民黨的白色恐怖時期所經歷的那樣（見戴國煇、葉芸芸 2002：309-312）。[6] 彭明敏的父親在目睹國民黨在鎮壓期間的暴行後，為自己是中國人而感到羞恥。這種衝突今天仍然存在。但這就是我將在書中討論的那種國族認同。

從理論上講，每個族群都可以構成一個不同的民族，人們可以既認同這個民族，又同時認同這個國家。但這些是不同的國族認同，每個人都可以有多重國族認同。[7] 正如 Duara（1996：31-32，38）所指出的，國族認同建立在流動的關係之上，可以與其他政治認同互換。個人可以同時認同幾個都是被想像出來的社群，這是個人「在現代民族國家體系框架內與各種歷史身份進行協商的產物」（第41頁）。或者正如 Hobsbawm（1992：11）重申的那樣，國族認同不僅與其他身份相結合，它甚至「可以在相當短的時間內適時改變和轉移」。的確，本書就是關於台灣和中國大陸的人們在多大程度上已經並繼續設法改變或者修正他們的國族認同，以及他們是如何做到的，為什麼這樣做。

二、民族／國族主義

我們在前言中討論了民族主義的重要性，但沒有定義民族主義。民族

---

[6] 譯註：對二二八事件，不同的政治立場有不同的解讀：有人認為是起義，有人認為是暴動，實際應該是兩者都有。我們在下一章會比較詳細地描述這個事件。

[7] 有關台灣國族認同各方面的更多討論，也可見張亞中 2000：130；江宜樺 1998：5-24；2001；林佳龍 2001；施正鋒 2003：151-158；汪宏倫 2001。

主義,顧名思義,是一種意識形態,但它也是一個建國運動,即一種上面我們討論的國家。【所以民族常常被譯作國族,兩者在很多情況下,可以互換使用。】正如 Gellner(1983:1)所觀察到的,它「主要是一個政治原則,認為政治和民族單位應該是一致的」。換言之,作為一種意識形態,民族和國家應該是一體的,這個國家主要是一個單一民族的國家,而不是一個多民族的國家。因此,這種意識形態經常演變成一個民族尋求和行使國家權力的政治運動,也即與個人民族身份相對應的政治主權或自治(Breuilly 1993:2;Goldmann, Hannerz and Westin 2000:4)。因此,民族／國族主義可以被視為一種意識形態,它相信民族和國家是一致的,並且常常會促進一個民族建設或國家形成的社會運動。正如卡爾霍恩(Calhoun,1997:6)所說,它是一種話語、一個計劃、一個價值判斷。[8] 西藏和台灣獨立運動是民族主義的好例子。

作為一種社會運動的民族主義,根據其性質和不同的層面,可以有多種分類,主要看它到底想建立一個什麼樣的民族國家。因此,我們有多種民族主義。例如,Anderson(1991)研究了十八世紀末和十九世紀初美國、南美洲和中美洲的克里奧爾(creole)民族主義;歐洲和亞洲帝國主義所體現的官方民族主義,特別是在第一次世界大戰之前;以及第二次世界大戰後的大眾／語言民族主義。安東尼·史密斯(Anthony Smith)稱這些民族主義為多元、公民和族群民族主義(引自 Tønnesson and Antlöv 1996:11)。對於官方民族主義,Breuilly(1983:8)使用了一個類似的術語,政府民族主義,我將在下面會進一步討論。Hobsbawm(1992)討

---

[8] 一些學者認為,民族主義和某種形式的民族國家已經存在很長時間了,它是伴隨著 1500 年代的宗教不寬容而形成的,而另一些學者則認為它是伴隨著美國和法國大革命而來的,當時設立了稱頌祖國的公共慶典、創作了國歌、倡導對國旗的忠誠與奉獻。我認為這些都是民族主義發展的不同階段。此外,【也可以說】民族主義【運動】最早是以民主運動的形式出現的(見 Greenfeld 2000:11;Smith 1998:17;Stille 2003)。台灣民族主義在 1970 年代就是以民主運動的形式出現的(見張茂桂 1993:148;1994:115;2003;王甫昌 1996)。

論了原始民族主義，族群民族主義和語言民族主義。

在文獻中人們還會看到很多其他類型的民族主義。為了清楚起見，我將在 Greenfeld（2000）研究的基礎上，提出一個民族主義的類型學，一方面是公民和族群民族主義，另一方面是個人主義和集體主義的民族主義（見表一）。雖然 Greenfeld 將它們定義為三種，但我會將它們視為四種。它們在很大程度上與其他人討論過的民族主義相對應。此外，不同類型的國家對應於另外四種不同的民族主義。（我將在下一節詳細討論國家問題）。我們先來看看這八種民族主義。我介紹這些看似複雜的類型學，是為了便於在後面的章節中描述和分析國家和知識份子參與民族主義運動的情況。

表一：民族主義的類型及其與國家的聯繫

	1. 個人主義的民族主義	2. 集體主義的民族主義
3. 公民民族主義	5. 個人主義的公民民族主義（正如我們在自由主義或自由民主國家中所看到的）	6. 集體主義的公民民族主義（正如我們在一個民主社會主義或人民民主甚至自由民主國家中看到的那樣，擁有一個模糊不清的、棘手的國族意識）
4. 族群民族主義	7. 個人（主義的）族群民族主義，或者說自由民族主義（正如我們在自由、多元民主國家中所看到的）	8. 集體（主義的）族群民族主義（正如我們在一個威權的、極權的國家中，偶爾也在一個自由民主國家或者在社會主義、共產主義、殖民主義和帝國主義國家中看到的）。

資料來源：Greenfeld（1992：10-11；2000：31-34）；Tamir（1993）。概念的擴展和編號為筆者所加。

Greenfeld（2000：31-34）認為，當國族被定義為個人的聯合體（作為一個綜合實體）時，就會有個人主義的民族主義（見表一中的類型1）。這種類型的民族主義強調人權、自由和平等，其目標在自由民主制度中得以實現。台灣的民主運動，以 1950 年代的《自由中國》雜誌和 1970 年代的黨外運動為最重要的指標，是個人主義的民族主義的一個例子。黨外運動是指政治候選人作為「國民黨外」成員參加選舉的運動。1989 年中國大陸的「六四」民主運動也是個人主義的民族主義的一個例子。

當國家被定義為由個人組成的集體（統一體）時，就是集體主義的民族主義（見表一中的類型 2）。這種民族主義強調國族利益，國族利益優先於個人利益。後者的權利可以為了前者的利益而合法地犧牲。某些精英決定了什麼是國族利益。Greenfeld（2000：32）說這種情況通常出現在社會主義、共產主義、社會民主或大眾民主的國家中，就像中國的社會主義那樣。帝國主義也是一種集體主義的民族主義。這就是 Anderson（1991）所說的官方民族主義。主張先發制人的美國民族主義是一種官方民族主義。這種集體主義的民族主義偶爾可以在自由民主的國家看到；這種民族主義在政府和媒體在 2003 年為美國入侵伊拉克的很多辯護中看得都很明顯。美國民族主義的這一分支也可以被視為集體族群民族主義，這一點將在下面討論。

Greenfeld（2000：31-34）認為第三和第四種民族主義源自對國家成員資格的考量，即公民與族群的資格的考量（另見 MacCormick 1999：169-171）。公民民族主義（見表一中的類型3）對應於個人主義的民族主義，也強調個人的權利和義務，但這種民族主義認為如果一個人認同國家並致力於其建國的原則，他或她就可以成為這個國家的一部分（另見 He Baogang and Guo Yingjie 2000：45, 168；江宜樺 1998：156-157, 161-176, 189-202; Smith 1998：125-127）。認同美國價值觀和理想並成為美國公民的華裔美國人更有可能會堅持這種民族主義。當 Lucian Pye（1996）哀歎

中國民族主義缺乏實質性內容時，他主要指的是公民民族主義。這種民族認同不是基於下面所討論的族群，而是基於政治原則。

毫無疑問，公民民族主義也可能是壓迫性的，即對公民提出統一的要求，而不考慮文化和族群的差異（Smith 1995：101-102）。正如 Yack（2000）指出的那樣，「集體正義所激發的暴力和不容忍，其程度可以與盲目的種族中心主義一樣高」。這個問題的解決辦法是下面要討論的個人族群民族主義或自由民族主義。

第四種類型的族群民族主義（見表一中的類型 4）所強調的是先天性的特徵，即一個人與生俱來的自然品質。這些對於國家的成員資格非常重要。如果一個人不屬於該族群，他就不能成為這個國家的一員。二十世紀的大屠殺和種族清洗就是這種民族主義的例子，它強調基於文化和種族特徵的包容或者排斥（另見 Hobsbawm 1992 所討論的原始民族主義；也見 Smith 1998：125-127）。

然而，大多數時候，我們看到的並不是一個類型純粹的民族主義。相反，我們看到的是不同民族主義的組合。上述民族主義的不同組合將產生另外四種類型的民族主義。由於公民民族主義與個人主義的民族主義相對應，我們可以有第五種民族主義，即個人主義的公民民族主義（表一中的類型 5），如在自由民主國家中發現的那樣。這三個術語（類型 1，3 和 5）在含義上重疊，可以互換使用，就像本書的處理一樣。如果大陸和台灣都強調建立民主制度以保障人權時，那麼他們就是在實踐個人主義的公民民族主義。華裔美國人也可以被視為在美國堅持個人主義的公民民族主義。

Greenfeld（2000：33）認為，第六種民族主義，即集體主義的公民民族主義（表一中的類型 6），會呈現出一些矛盾的、有問題的民族意識，因為集體主義和公民主義這兩種價值觀是不可調和的。但這正是民族主義最有趣的地方。問題是，民族主義者能否設計出一方面保證個人利益，另一方面保障集體利益的制度。可以公平地說，這是中國大陸和台灣這兩個

第一章　25

國族認同、民族主義、國家、知識份子

在政治上來自儒家傳統的政體都在艱難掙扎的問題。套用列文森（Levenson 1965）的話說，這是儒家中國所面對的現代命運。正如我們在中國現代史中看到的，傳統與現代之間這種鬥爭的結果與其說可能是一方消滅另一方，不如說是雙方都在尋找容納另一方的方法，從而產生了集體主義的公民民族主義的可能性。

Greenfeld（2000：36）認為第七種，個人（主義的）族群民族主義（表一中的類型 7）也不可能。她說，族群的多樣性與自由民主是對立的，如果我們致力於前者的政治理想，我們就會削弱後者。換句話說，個人族群民族主義是一個自相矛盾的聯合體，類似於集體主義的公民民族主義。（可以說這兩種民族主義具有不同的含義——集體主義與個人主義——但它們並不是截然相反的，因為族群的也是集體的，儘管指的是較小的集體）。這也許確實是現代性的困境之一，但我們也許能夠在多元文化主義或所謂的多元自由民主中找到一些成功。中國大陸有 56 個民族，台灣有四個較大的族群（閩南、客家、普通話族群和原住民，後者現在進一步被分為 13 個族群；也見王甫昌 2002）。[9] 當他們的政府在談論建立一個多民族的國家、人人享有平等權利的時候，他們說的是個人族群民族主義。從理論上講，他們是有可能建立這樣一個自由民主的國家。這也是美國、加拿大和許多其他國家正在努力做的事情，儘管並非沒有困難。

個人族群民族主義也可以被視為自由民族主義，正如 Tamir（1993）所闡述的那樣。這種民族主義我們將在後面詳細討論，但簡而言之，自由民族主義顧名思義就是強調既促進族群的文化權利也促進每個人的人權。

---

[9] 我所說的「普通話／北京話群體」，是指以前常說的外省人，或者說籍貫為大陸其他省份的人，也即 1949 年前後隨國民黨來到台灣的第一代、第二代或第三代人。但是，「外省人」一詞是不恰當的，因為它將這些人視為「他者」，正如「外」一詞所指的那樣。這個詞也具有誤導性，因為也有【被稱為本省人的】人是從其他省份來到台灣的，只不過是更早的幾代人而已。最早使用「普通話／北京話群體」一詞的應該是 1980 年代倡導台灣獨立的王育德。這也有些道理，因為這個較大的群體的人傾向於使用被國民政府規定為「國語」的普通話，比台灣其他三大群體中的任何一個都更常使用，儘管現在已經很少有人會以普通話為母語。

正如 Greenfeld 不言而喻的那樣，建立這樣的民族主義是一項艱巨的任務。這個困難也體現在美國關於平權行動政策的爭議中。但與其他民族主義相比，這個民族主義可能是最有吸引力的選擇。

族群民族主義往往與集體主義的民族主義相結合，共同構成第八種民族主義，即集體族群民族主義（表一中的第 8 類）。這種民族主義「始終如一地使個人屈服於集體，並始終拒絕個人自由的概念，認為這是不現實的和不道德的」（Greenfeld 2000：33）。例如，當中國的漢族民族主義者征服少數民族，給他們的自治權並不能夠保證自己文化的生存時，或者當台灣的閩南／台灣民族主義者只說閩南話／台灣話來排斥其他人時（後者可能聽不懂閩南話，但是言外之意是他們應該說閩南話），那麼他們所實行的是集體族群民族主義。王甫昌（1996：183-185）描述了在 1980 年代的會議上使用閩南語，為什麼是台灣民族主義的很重要的象徵，因為這樣做代表著包容還是排斥的意思。[10] 閩南語在很多場合都是「政治正確」的語言（Chang Mau-kuei 1994：133；李筱峰 1994：157-161），[11] 閩南語現在被認為是「國語」，或台語。的確，當我在 2002-2003 年在台灣以及之前在美國，想參加台獨運動組織的會議，在決定是否參加會議之前，我首先需要確定他們是會說我懂的普通話，還是我聽不懂的閩南語。語言的確是一種非常有效的包容和排斥工具。如果佔多數的群體掌權，用國家權力來推行族群民族主義，那就是集體族群民族主義。

正如我們之前在討論集體主義的民族主義時提到的，美國政府在為 2003 年對伊拉克的戰爭辯護時，訴諸了集體族群民族主義。當布希總統在反恐戰爭中使用「聖戰」和「邪惡軸心」這兩個詞時，他指的是具有不

---

[10] 另見 Hsiau A-chin 2000：125-147、黃宣範 1993，他們有更多關於語言在族群民族主義中的重要性的討論。

[11] 一些學者認為，「Hoklo」或拼音中的「河洛」這個名字來自黃河和洛水（河）。這個名字表明了兩江周圍的地區，閩南人最初來自哪裡（王曉波 2001：8-11）。

同宗教和種族的群體。他正在實踐民族主義，正如哥倫比亞大學政治學教授 Anthony W. Marx 和倫敦經濟學院歷史學家 Linda Colley 所說（見 Stille 2003）。[12] 這是一種集體族群民族主義，因為它是一個集體主義的、族群的「我們」反對另一個集體主義的、族群的「他們」。美國一些州的【風行一時的】「只講英語」政策是美國族群民族主義的另一個例子。[13]

因此，從理論上講，我們有八種類型的民族主義。可以看出，類型 1，2，3 和 4 是純粹類型的民族主義，其餘是混合或者組合，是更有可能在現實生活中存在的民族主義。本書重點討論後四種，尤其是第 7 種和第 8 種。個人主義的公民民族主義和集體主義的族群民族主義幾乎是直接對立的，它們處於民族主義連續體的兩端。同樣有根本衝突的還有集體主義與個人主義的民族主義，以及公民民族主義與族群民族主義。集體主義的公民主義，特別是個人族群或者說自由民族主義是調和這些價值觀的【重要】努力。個人族群民族主義和集體族群民族主義之間的衝突，將決定未來的兩岸關係，這一點我將在書中進一步解釋。

對我們來說，重要的是要記住，這些是理想型分類，大多數民族主義不是這個或那個。有許多介於兩者之間或者多重重疊的案例。在分析具體情況時，我們將更清楚地看到這些特點。理想型分類只可以接近事實，但不太可能完全反映現實（Greenfeld 1992：11）。正如 Breuilly（1993：9）所指出的，分類「沒有對錯；它們更多的是要麼對我們的分析有幫助，要麼沒有幫助」。更重要的是，我們使用這種類型學的主要目的是看這些分類如何幫助我們來定義人們正在構建的國家，以及它們為知識份子和國家在想像國族身份時提供了哪些洞見，這將在下面的章節中看得比較

---

[12] 正如本書的一位評審所指出的，面對人們對他聖戰比喻的批評，布希特意讓穆斯林伊瑪目在白宮祝禱祈福，以表明這個問題與不同的宗教無關。事實上，我們看到的是布希個人身上理性與非理性之間的衝突，就像在任何其他人身上一樣。

[13] 譯註：從 2015 年川普競選美國總統開始的、共和黨的大規模反移民運動是另一個集體族群民族主義，即基督教國家主義的例子。川普政府也正在重新啟動只講英語政策。

清楚。現在讓我們來看看國家在民族主義中的作用。我將再次使用類型學。

三、國家

在討論民族主義時引入國家,主要是討論文化、民族和國家之間的差異和關係。Anderson(1991:86-110,159-160)在討論官方民族主義時,考察的是英國化、俄羅斯化、西班牙化、日本化。這種民族主義的標誌是民族主義者們利用國家的力量來追求他們自己的馬基雅維利主義願景。這通常是一種國家行為。同樣,Breuilly(1993:8-9)討論了政府民族主義或國家主導的民族主義,意指一國的外部政策被延展到自己聲稱屬於自己的領土上面,對內則壓制特定群體或個人,說他們的行為是反國家或非國家的。

Gellner(1983:1,134; 1997:5-13)討論了一個民族一個國家、一個民族多個國家,以及文化和組織的普適性、國家和民族主義的短暫性。人們當然可以加上一個國家多個民族／族群的可能性,因為「並非所有民族主義在實踐中都選擇了獨立的國家地位」(Smith 1998:73)。關於國家,最終的問題是人們要建立一個什麼樣的國族或國家,以及如何建立(例如,通過知識份子領導的社會運動,通過戰爭等)。這將取決於所設想的民族主義類型以及這些民族主義者是些什麼樣的人(見 Greenfeld 2000; Smith 1998:70-96)。

所有這些問題我都會討論到,但我會集中關注國家在民族主義運動中的作用,無論是官方／政府民族主義,大眾民族主義還是其他類型的民族主義,正如 Anderson, Breuily 等人討論的那樣。但國家能發揮什麼作用,取決於國家的性質。雖然所有國家都可能是規章制度的制定者,他們的做法不同。除了不同類型的民族主義外,表一還表明我們可以確定至少四種

具有不同價值觀的國家，因此國家在推進民族主義方面可以發揮四種不同的作用。

首先是自由民主國家，它更有可能推進強調個人權利和義務的公民民族主義。我們再強調一遍，可能沒有純粹的自由民主，所以我們只能說自由民主是這些國家的優勢特徵。我們可以將美國視為一個自由民主國家。它可以走向更理想的多元民主國家形式，但有時它也可能會走向威權主義或帝國主義，就像 2003 年美國對伊拉克的戰爭一樣。在這種情況下，就像美國的許多反恐措施一樣，包括對移民或潛在移民的嚴酷措施，國家實行的實際上是集體族群民族主義，儘管並非所有嚴酷的事情都必然與族群民族主義有關。[14] 其中一些政策在奧巴馬於 2009 年成為美國總統後被扭轉，國家的性質也在某種程度上發生了變化，朝著更加自由多元民主的方向發展，這正是我們下面要討論的國家性質。[15]

頁21

第二，自由多元民主國家促進個人族群民族主義的發展，旨在建立一個既尊重個人權利和義務也兼顧族群利益的國家。如前所述，美國可能被視為在朝著這個方向發展。加拿大和澳大利亞的多元文化公共政策是另一個例子，強調平等機會、法治、尊重人權（Goldmann, Hannerz 和 Westin 2000：9-10）。但是，再說一遍，個人權利和族群權利之間可能存在矛盾，就像已經提到的美國平權行動之爭一樣。可以公平地說，這也是中國

---

[14] 例如，前美國司法部長 John Ashcroft 裁定，為了解決國家安全問題，與恐怖組織沒有已知聯繫的非法移民也可以被無限期拘留（Swarns 2003）。本書的一位評審認為，關於美國威權主義的討論是無益的。威權主義和民主是二分法變量，勢不兩立。在美國，民主變得不那麼強大，變得膚淺了一些。民主的品質受到影響。然而，我在這裡所做的是將民主和威權主義放在一個連續體上，一端是獨裁和威權主義，另一端是自由民主。兩者在中間有相當大的重疊。一個國家可以或多或少地轉向一方或另一方，這取決於當時人們關注的具體問題。當民主變得不那麼強大時，威權主義就會變得更加佔主導地位。這兩個極端很少發生。

[15] 譯註：不過在川普時期，美國又有走向威權化的傾向。威權化和民族主義是一體兩面。見本人文章，〈第三波威權化：美國大選與民主危機〉，載於《中國民主季刊》，2024 年 10 月號，以及本人另外一篇文章，〈從特朗普再次當選看美國民主的經驗與教訓〉，載於《二十一世紀》雙月刊，2024 年 12 月號。

大陸和台灣正在努力為之的事情【或者說需要努力為之的事情】。

第三，民主社會主義或人民民主國家傾向於實踐集體主義的公民民族主義，強調集體的權利多於強調個人的權利。大多數時候，這就是大陸中國政府的實踐。有時，台灣政府也會陷入這種模式。例如，2003年4月，台灣政府在考慮建立一個組織來監督媒體的政治報導，來規範新聞界。在處於族群分裂狀態下的台灣，在行政權力掌握在其中一個群體手中的台灣，可以理解這個提議引起了很多人反對並最終被丟棄。如果以這種方式監控新聞界，政府就是在實行集體主義的公民民族主義，甚至是集體族群民族主義。人們可以看到，一個強調集體權利的政府雖然會以公民改革為目標，但有既犧牲個人權利又犧牲集體權利的危險，從而傾向於保護一個群體而不是所有群體。

第四，威權主義和極權主義國家宣傳集體族群民族主義，最明顯的例子是希特勒的納粹政府。但威權政府也可能遵循類似的路線，即基本上是集體族群民族主義，如蔣介石領導的國民黨政府和毛澤東領導下的中國大陸政府。事實上，即使像美國和台灣這樣的民主政體，當他們感到（無論真假）國家安全受到威脅時，有時也會這樣做。[16]

---

[16] 2003年4月19日，我參加了宣導民主的鄭南榕基金會舉辦的座談會。（鄭南榕是一名記者，1989年為抗議國民黨壓制新聞自由而自焚身亡。）話題是政府規管新聞界是否正確。政治評論員、兩位演講人之一林世煜表示，當存在國族認同衝突時，需要遏制公民的權利。因此，政府監督媒體對政治問題的言論是正確的。這是一個戰爭時期，我們需要戰爭規則。事後我問他：「這個論點不和國民黨在專制年代提出的論調一樣嗎」？他說是的，但在人們面臨身份危機的時候，有些人認為這樣的措施是必要的。但問題是國民黨也做了同樣的事情，在民主和台灣獨立運動的問題上壓制新聞界，因為它認為這個國家有被共產黨接管的危險。林和他的同事們當時反對國民黨這樣做。

四、有機知識份子、批判型知識份子和專業人士

　　知識份子和專業人士往往在世界各地的民族主義發展歷史中發揮著至關重要的作用，無論是創造其意識形態、發起民族主義運動，還是直接充當它的領導人。因此，關於民族主義和國家的討論將不可避免地觸及知識份子，儘管學者們可能會使用不同的術語來指代他們（見 Smith 1995：76-83; 1998：50，55-57，91-95，106-109）。但是，對知識份子和專業人士在民族主義中的作用的研究相當不完整，需要進一步努力，對知識份子和專業人士的角色進行更完整的描述。這正是本書試圖實現的目標的一部分。

　　從廣義上講，知識份子是那些接受過相當程度的教育並正在從事某種專業工作的人。但這裡有一些需要注意的問題。在傳統中國，受過儒家經典訓練的人被稱為「士」，意思是「士紳」，這也與「事」有關，意思是專業的「事情」。當這些文人成為官員時，他們被稱為「仕」，意思是「士大夫」（見 Zhidong Hao 2003a：38; 林同濟，1980：46-47）。文人的這些不同含義表明了知識份子工作的不同方面，而文人學士即過去的知識份子。

　　自民國時代以來，這些知識工作者被稱為「知識份子」，因為他們的教育和專業培訓使他們與眾不同。文人成為官員不再是像傳統中國那樣唯一正確的、應該做的事情。做官不是受過教育的人的唯一選擇，像傳統中國那樣。一個人可以成為專業人士，如工程師、醫生、律師、會計師等（Zhidong Hao 2003a：380-383[17]; Schwarcz 1986：187-188）。所以在現代，我們就有了專業知識份子。

　　此外，還有一些知識份子已經成為官員或在為官員工作，就像過去的

---

[17] 譯註：本書已經有中文譯本，《十字路口的知識份子：中國知識工作者的政治變遷》（台北：致知學術出版社，2019年）。

文人學士那樣，我現在稱他們為有機知識份子。與權力的關係是我們區別三種知識份子的主要標誌：有機知識份子最接近權力，專業人士與權力保持距離。[18] 批判型知識份子離當權者最遠；事實上，他們常常對當權者持批評態度。批判型知識份子除了批評權力外，他們在自己的領域中也是專業人士，但是關心社會中最弱勢群體，並遵循道德倫理。現在讓我進一步解釋一下這三種知識份子之間的這些差異。

批判型知識份子和有機知識份子為社會中的不同群體服務。前者為社會中的弱勢群體挺身而出，因此經常發現自己在與權力相對立。他們是社會的良心（見 Zhidong Hao 2003a：385-391; Said 1994：113; 余英時，1988：94-95）。他們的批評往往是基於他們專業的研究發現，因此他們也具有專業人士的特徵。

另一方面，正如 Gramsci（1971：12）所指出的，有機知識份子是主導團體的代表，協助後者的社會和政治霸權。但他們也可以作為無產階級運動或其他社會運動的理論家和召集人（Mannheim 1936：158; Schumpeter 1976：154）。它們可以有機於任何成熟的利益集團（見 Zhidong Hao 2003a：3-4）。Anderson（1991：79-81，88，140-141）、Gellner（1983：47關於「狂熱的思想家」）、Breuilly（1993：46-51）和其他人討論的知識份子或專業人士就是這樣的知識份子。由於他們擁有一定的見識和專業的知識和技能，他們在民族主義意識形態的形成、民族主義運動的組織或維護現狀方面發揮著重要作用。

批判和有機的知識份子有不同的倫理。批判型知識份子遵循道德倫理，代表一系列終極和絕對的價值，不會使用在道德上可疑的手段來實現他們的目標（見 Coser 1965：208; 韋伯 1946：121）。但另一方面，有機知識份子將遵循責任倫理，會使用「道德上可疑的手段或至少是危險的手

---

[18] 權力的一個例子是政府，但制度化的社會運動我認為也是一種權力，社會運動在政治中變得越來越重要。「有機知識份子」一詞最初是由葛蘭西使用的，正如我在下面所引用的。

段」來實現他們認為在倫理上是良好的目的（另見 Zhidong Hao 2003a：50-56 對這些倫理困境的進一步討論）。例如，在 1950 年代至 1970 年代的台灣民主運動中，那些採取和平手段來爭取民主的知識份子是批判型知識份子。他們面對來自同事、朋友和家人的社會壓力，堅持做正確的事情。他們堅持了一套終極價值觀，並設法揭露作為公民和社會一員所受到的不公正待遇（Arrigo 2002）。但是，如果他們冒著家庭、事業甚至自由和生命的風險，並被指責為牽連別人和自己都受到犯罪指控或危及他人以及自己的生命安全，他們是如此堅定，那麼他們就成為了社會運動的有機知識份子。當他們使用暴力（本身就是一種可疑的手段）來推進獨立運動時，情況就更是如此。

典型的專業人士是那些為了知識工作而從事知識工作或「為藝術而藝術」的人。他們通常不參與政治（見 Zhidong Hao 2003a：33-44）。正如 Breuilly（1993：48）所觀察到的，「許多[知識份子]對公開的政治活動保持冷漠——無論是因為自身利益、缺乏興趣，還是覺得這是適當的、無私的立場」。我們對專業人士的討論將集中在那些從事民族主義研究工作的人身上。他們的工作是專業的，因為他們努力保持中立、客觀、理性，並且不會偽造歷史。在研究中，他們會努力避免使用那些明顯偏愛一種立場而不是另一種立場的煽動性詞語。與有機知識份子相比，他們不太可能出現在脫口秀節目中。他們認為這是專業人士應該採取的最合適的立場。這種行事方式所遵循的是道德倫理。表二是根據他們對民族主義和倫理的政治立場而劃分的知識份子的理想型分類。

表二：知識份子的類型及其與民族主義的關係

有機知識份子	批判型知識份子	專業知識份子
致力於族群、集體族群民族主義，比如官方的中國民族主義和台灣民族主義	致力於個人族群民族主義，旨在創立一個多元自由民主國家，如聯邦	致力於關於民族主義的獨立、專業研究；遵循道德倫理
或其社會運動；遵循責任倫理	或邦聯；遵循道德倫理	

資料來源：Zhidong Hao（2003a）。

從表二可以看出，有機知識份子最有可能為中國或台灣民族主義效力，無論是在政府中還是在社會運動中。他們更有可能在族群甚至集體族群民族主義的框架下工作，並遵循責任倫理。批判型知識份子則努力充當社會良知，同時希望從中國和台灣民族主義的角度看待這個問題，從整個社會的最佳利益出發看問題，特別是為社會中最弱勢的成員的利益而發聲。批判型知識份子的工作框架是個人族群民族主義。專業知識份子則專注於解決民族主義的社會和政治謎題，他們會與中國和台灣的民族主義保持距離。批判型和專業知識份子都遵循道德倫理。

知識份子的另一個維度是他們的雙重和分裂人格（Zhidong Hao 2003a：60-68）。當有機知識份子試圖扮演批判角色時，這個問題就會發生。在中國歷史上，最著名的例子可能包括前現代的海瑞和現代的鄧拓（另見 Cheek 1997; Goldman 1981）。王實味是一個既有機於一個社會運動（中國共產主義運動）又試圖有批判性的知識份子的例子（另見戴晴 1994）。胡適和陶百川則可以說是國民黨政權下這類知識份子的例子。

當他們與權力或社會運動有機結合時，知識份子對自己能做的事情並不總是感到滿意。這是因為政治家的價值觀有時可能與他們價值觀很不相同。作為決策者，政治家通常不屑於知識份子的觀點，認為他們的想法行不通。這就造成了這樣一種情況：知識份子在為權力或社會運動的領袖工

作時發現自己可能會感到失望，除非他們也成為這樣的政治家或領袖。因此，他們可能會決定離開政府或社會運動。他們可能會成為批判型知識份子，或者只做一個專業人士。所以我們會看到知識份子立場的轉變，或者表現出雙重甚至分裂的人格。

的確，這三種類型的知識份子在同一位置或職位中，可以從一個角色轉變為另一個角色，或者在不同的職位中扮演不同的角色。知識份子的類型學就像民族主義的類型學一樣，只是一種理想型分類。這是知識份子特別是有機知識份子的另一個重要方面。許多人在有機、批判和專業這三個職位或角色之間移動，在某一時間以一個角色為其主要特徵（如果他們不想患上嚴重的人格分裂綜合症的話）。換句話說，一個批判或專業知識份子可能想成為一名官員，他或她也可能會向另一個方向漂移。因此，知識份子的角色和取向是動態的，而不是靜態的。他們的政治和社會效能反映在這個不斷尋找和找到他們認為在某個地方和某個時間發揮某個合適作用的過程中。

總之，這些理想型分類用於評估知識份子在民族主義運動中的政治角色。在現實中，人們很難找到誰是純粹的批判型知識份子，誰是純粹的有機或專業知識份子。知識份子在不同的時間、不同的問題上可以不時地變換立場（Zhidong Hao 2003a：71-72; Mannheim 1936：158）。他們可能在一個問題上表現出更多的有機性，但在另一個問題上表現出更多的批判性。批判性和專業性能力也經常可以在有機知識份子身上看到。事實上，在**轉換立場**【或者說變換角色】時，知識份子是在尋找最好的發揮自己潛力的機會。這也是他們遭受雙重或分裂人格之苦的時候。用這樣一個理想型分類的標準來衡量知識份子，我們可以更清楚地看到知識份子在國族建設的民族主義運動中的作用。【所謂三個類型，實際上是三個角色。】

綜上所述，在本章中，我分析了國族認同的定義，即從對民族、國家和民族國家認同角度來為國族認同定義。我提出了三個類型學，即民族主

義（個人主義、集體主義、公民主義、族群及其組合）、國家（自由民主、多元民主、威權民主、威權或極權主義）、知識份子（有機的、批判的和專業的）類型學。我們的假定是有機知識份子傾向於遵循族群和集體族群民族主義，而批判型知識份子則傾向於遵循個人族群民族主義。專業人士不直接參與民族主義運動，而是從事民族主義的專業研究。雖然一個自由民主國家可能會提倡個人主義的公民民族主義，但它也可能推進個人族群民族主義，就像一個自由多元的民主國家一樣。但自由民主國家偶爾也可能會助長集體族群民族主義，就像威權國家一樣。知識份子和國家相互作用、相互影響。

　　人們可以看到，這些理想類型幫助我們更好地看到國家和知識份子在民族主義中的作用。但同樣，我們需要記住，在現實中，不同的民族主義、不同的知識份子和不同的國家各自重疊。在接下來的章節中，我們將看到國家和知識份子在民族主義問題上是如何互動的，首先看台灣，然後看中國大陸。我們將看到他們如何想像台灣、想像中國或者聯邦／邦聯的。我們將使用上面所開發的分析框架。

第二章　想像台灣（1）
——日本化、再中國化與知識份子的作用

　　本章和下一章描述台灣國族認同的發展，重點是國家和知識份子的角色及其倫理困境。我們將討論四個歷史時期：1）日本殖民帝國時代，1895-1945；2）國民黨在台灣威權統治的早期和中期，1946-1986；3）李登輝時代，1987-1999；4）陳水扁時代（2000-2008）。本章討論 1）和 2），下一章討論 3）和 4）。我們將看到，國家傾向於遵循集體族群民族主義，儘管隨著民主的發展，這種趨勢正在減弱，個人族群民族主義正在成長。[1]我們還將看到知識份子在民族主義運動中扮演的各種角色。通過國家與知識份子的互動，民族認同不斷被塑造並重塑。

一、殖民地國家的日本化努力和台灣身份的形成
　　　（1895-1945）

　　人們普遍認為，原住民在台灣生活了數千年，直到十二世紀，主要來自福建和廣東的人開始移民到台灣。從大陸到台灣的大量移民發生在十四世紀和十七世紀之間，特別是在 1644 年明朝滅亡之後。在早期的那幾個

---

[1] 譯注：儘管這個預測有些樂觀，因為兩種不同的民族主義的角力常常是起伏不定的，但從較長的歷史時段看，這至少是一種比較理想的可能性，儘管理想的實現還需要人們堅苦卓絕的努力。

世紀裡，日本人和西班牙人都試圖殖民台灣，但這些嘗試都沒有成功。[2] 然後荷蘭人於 1624 年抵達，開始了他們三十八年的殖民統治。1661 年，鄭成功，又稱國姓爺，擊敗了荷蘭人，他的家族以被推翻的中國明朝的名義再統治台灣二十三年。1683 年，清軍擊敗鄭氏家族，佔領了台灣。在之後的 200 多年，台灣在政治上是清朝的一部分，在社會上台灣的中國人成為「清人」或清朝臣民，但是中部山區的原住民除外（史明 1998：42，60-61，105-106，120；關於台灣的這些發展時期，也見 Brown 2004：36-52; Roy 2004）。

頁28　　毫無疑問，在清朝統治的這段時間裡，當地人與政府之間、不同的漢人群體之間（即使都來自福建也有不同的群體）、漢人和原住民之間，因為土地和水的問題而發生過很多衝突（見柯志明 2001; Knapp 1999；Shepherd 1999；王甫昌 2002；Wills 1999）。但在 1895 年之前，民族認同問題並沒有那麼尖銳。在荷蘭殖民統治下，當地人知道他們不是荷蘭人。在鄭成功代，漢族移民認同中國人，並認為他們的文化也是中國文化。在清朝，除了中部山區外，台灣繼續演變成為一個以中國人或漢族為主的社會。此外，在那個時代，國族的理念還不顯著。因此，即使我們或許可以說有一個官方民族主義，至少當時並沒有一個大眾的民族主義。國家認同在當時幾乎不存在，因為國家是如此遙遠。

然後在 1895 年，清朝中國輸掉了與日本的戰爭，並簽署了《馬關條約》，將台灣割讓給了日本。[3] 台灣人立即面臨身份危機。漢人可以選擇留在台灣成為日本臣民，或者返回中國。有些人確實出於對清朝的忠誠而前往中國，有些人選擇服從日本的統治，還有一些人選擇抵抗日本人，並建立了短暫的台灣共和國。一些城鎮和鄉村的漢人和原住民開始了自己的

---

[2] 關於這些早期歷史具體事件發生的確切日期和當時的具體情況學界還有爭議。

[3] 有關 1662-1972 年中國與台灣關係的檔案文件摘錄，參閱 Chiu Hungdah 1973。有關雙方政府在 1970、1980 和 1990 年代的檔案和演講集，參閱王國琛 1995。

抵抗戰爭。二十年後，日本殖民政府才比較牢固地建立起了自己的統治（另見 Hughes 1997：21; Lamley 1999：207-208）。在接下來的三十年裡，抵抗運動的主要特徵是一個地方自治運動（見 Edward I-Te Chen 1972）。在下面的討論中，我們將主要關注國家與知識份子在這一時期如何互動、如何想像他們的民族認同，儘管我們也將觸及其他社會運動領袖。

（一）日本化與殖民國家的集體族群民族主義

日本在台灣的殖民政府絕不是一個自由民主的政府，儘管日本是亞洲第一個實現現代化的國家。台灣總督不受明治憲法的約束，擁有完全的政治和軍事權力，並像實質上的君主那樣進行他的統治（Lamley 1999：222-223）。殖民地的政策是將台灣人轉變為日本臣民，因此在歷任總督領導下的台灣始終遵循集體族群民族主義，也即同化、日本化或者說帝國化。這個過程的一部分還包括行政改革，所以我們可以說殖民政府同時也在實行集體公民民族主義。本章的大部分內容將集中在族群民族主義所引起的身份衝突上，但讓我們先來看看集體主義的行政改革。

日本殖民政府帶來的主要行政改革包括以下內容。在政治上，國家建立了警察系統，其中員警（主要是日本人）將擔任行政人員。這些行政人員將負責當地的政治、社會和經濟活動，甚至擔任教師、醫生和輔導員。他們的職責還包括鎮壓當地人對日本人的抵抗，我們將在下面進一步討論。雖然大多數台灣人無法參與治理，但 1920 年引入了地方自治，民選的議會可以作為諮詢機構來參政。這使得一些台灣精英在 1930 年代後期的省市議會中多少有所參與（簡後聰 2002：573-588; Lamley 1999：227-228）。

頁 29

在經濟上，政府排擠外國公司，使日本公司壟斷了糖、茶葉、樟腦和鴉片生意。政府擴大了鐵路和公路建設、郵政和電報設施、引進了電話服

務，並建立了第一批報紙和銀行。為了便於殖民控制和徵稅，政府還進行了土地普查並明確了土地所有權。此外，它還統一了度量衡和貨幣體系。

在社會方面，政府進行了人口普查，不僅收集了有關人口構成的統計數據，還收集了當地習俗的統計數據。公共衛生和清潔系統也進行了改革和改善。公立學校得以建立，不過只有一小部分台灣學齡兒童能去那裡上學。其中最聰明的人能夠升入中等教育學校，甚至在畢業後進入教學或醫學領域（簡後聰 2002：573-588; Lamley 1999：209-211）。

但是，由於行政改革旨在加強日本的殖民統治，我們可以看到，國家的集體族群民族主義在這種改革中仍然佔主導地位。外國公司被擠出去，台灣人在政治和社會上都受到了歧視。這就引出了我們下一個話題。

（二）台灣的抵抗運動：中國和台灣民族主義

殖民政府面臨的最重要的任務是建立自己的權威。但為了做到這一點，它必須鎮壓任何反抗運動，無論是軍事的、政治的還是文化的抵抗。雖然武裝抵抗只在日本初期殖民統治時堅持了二十年，但政治和文化抵抗則堅持到了殖民統治後期的三十年。與此同時，日本化運動，也叫皇民化運動，也取得了一些有限的成功。殖民政府希望台灣人民成為日本臣民，但在大多數情況下，台灣人仍然認為自己是中國人、漢人或台灣人。或者至少他們開始將自己定義為中國人或台灣人，而不是日本人。因此，以台灣人民日本化為特徵的國家集體族群民族主義與新興的中國和台灣民族主義相衝突，這些民族主義不僅以民族成分為特徵，而且在日本殖民統治的最後三十年中也以公民因素為特徵。因此，我們將這種正在興起的中國／台灣民族主義歸類為台灣個體族群民族主義。我們現在就來看一下反映在武裝抵抗、政治和文化抵抗與皇民化運動之間的衝突。

1. 武裝抵抗與新興的中國民族主義

1895年6月7日，日軍佔領台北，並在台灣各地展開軍事行動。但是

第二章

想像台灣（1）——日本化、再中國化與知識份子的作用

日軍遭到台灣人的強烈抵抗達二十多年之久。台灣人的游擊戰襲擊了日本設施，包括員警局和崗哨。要麼日本集體族群民族主義，要麼中國民族主義，二者勢不兩立。一些最著名的起義包括由簡大獅、柯鐵虎、林少貓和莫那魯道領導的起義（見黃昭堂 1993）。[4] 下面的數字也許能夠告訴我們關於這些抵抗運動的規模。

雖然無法知道 1897 年至 1902 年日本殖民時期台灣人抵抗運動的確切傷亡人數，[5]但根據日本殖民政府的統計，共有 4,612 名叛亂份子經審判後被處決，4,043 人未經審判便被處決。另一個來自日本人的統計則指出 1898 年至 1902 年間，未經審判被處決的人數為 10,950 人（史明 1998：412-413）。在 1896 年 6 月為鎮壓柯鐵虎起義而發生的臭名昭著的雲林大屠殺中，日軍燒毀了 4,925 所房屋，殺害了多達 30,000 名當地人（史明 1998：425）。另一個估計是被殺人數為 6,000 人（見 Lamley1999：207）。在為撲滅余清芳領導的起義而在【台南】噍吧哖發生的大屠殺（也稱西來庵事件）中，估計有 5,000 至 6,000 名當地居民被殺（史明 1998：463）。另一個估計為 30,000 被殺（王曉波 2002：332，引用郭廷以的話）。

日本軍隊後來還進行了為期五年的運動（1910-1914）來鎮壓原住民的起義，導致 20,000 人死亡。從 1896 年到 1920 年，發生了 154 次大規模暴動（史明 1998：708）。在莫那魯道等人領導的霧社事變中，134 名日本人在起義中喪生，而原住民則有 644 人死亡，包括戰死和戰敗自殺（簡後聰 2002：653-658）。[6]

對於漢人來說，市民和當地村民的激烈抵抗運動可以被視為試圖保持

---

[4] 黃昭堂的英文名是 Ng Yuzin Chiautong.

[5] 有估計數字可以達到 650,000（王曉波 2002：312）。

[6] 在抵抗運動中，日軍的傷亡主要由疾病造成。例如，在佔領戰爭的頭七個月，有 4,642 名日本人死於疾病，164 人死於戰爭，515 人受傷（簡後聰 2002：400）。

他們的中國身份或他們對清廷的忠誠從而反對強加在他們頭上的日本統治。詹震和林李成在 1896 年的起義聲明中，將不敬孔子列為日本人的罪行之一（見史明1998：418）。柯鐵虎也宣稱，他們1896年的起義是為了恢復傳統（中國）文化（見史明1998：427）。1915 年由余清芳領導的西來庵起義聲稱，由於清朝將這片土地輸給了外國「蠻族」，他們現在有責任恢復中華民族（見簡後聰 2002：648）。這種中國民族主義在台灣人面臨對他們生活的外來控制時才開始發展起來。

這同樣適用於短命的台灣民主國。面對迫在眉睫的日軍佔領，清朝末代台灣總督唐景崧在丘逢甲、陳季同等當地精英的敦促之下，在台北建立了台灣民主國。雖然被稱為台灣民主國，但唐仍然聲稱忠於清廷。的確，該共和國的年號為永清即「永遠的清朝」，他們的國旗上有一隻老虎，這與清旗上的龍不無關係。他們是漢族中國人，並不打算建立新的身份（見黃昭堂 1993：130；簡後聰 2002：384-385；史明 1998：258-260）。共和國只堅持了十二天就被日本人打敗了。劉永福在當地精英的支持下，在南部組建了一個臨時政府，作為台灣民主國的延續，但只持續了大約四個月即被打敗。唐和劉後來都逃到了中國（見 Lamley 1999：206-207）。

2. 政治和文化抵抗與混合身份的發展

如前所述，在日本佔領的最後三十年裡，日本集體族群民族主義與中國／台灣民族主義之間的身份衝突反映在後者的政治和文化抵抗上。中國／台灣民族主義者尋求在日本統治下的政治自治。這很重要，因為台灣知識份子將自己視為一個與日本人不同的群體，儘管國家仍然試圖將台灣日本化。這些知識份子的文化紐帶仍然更中國而不是更日本，儘管他們似乎與中國也漸漸疏遠了。但是，他們主要是中國人的文化意識並沒有發展成一場中國民族主義運動，讓台灣回歸中國，正如 Edward I-te Chen（1972：496）所指出的。它也沒有完全發展成為台灣獨立運動。更重要的是有些人正試圖融入日本文化，並試圖在皇民化運動的幫助下成為完完

想像台灣（1）——日本化、再中國化與知識份子的作用

全全的日本人。這一點，我們將在下一節討論。

因此，創造一個具有排他性的中國民族身份的努力失敗之後，他們就開始創建新的身份。在這個問題上一些最重要的歷史事件包括建立議會的運動以及培養具有中國特色的台灣文化的運動。參與其中的一些組織包括福爾摩沙議會設置聯盟、台灣文化協會、台灣民眾黨、台灣共產黨和各種海外運動。[7] 下面我們來看這些由知識份子領導的運動在多大程度上成功地創立了一個具有台灣和中國傳統的混合身份。

當時最活躍的知識份子包括林獻堂（來自台中一個富庶的家庭，是清朝憲政改革者梁啟超的崇拜者）、蔣渭水（來自宜蘭但在台北執業的醫生，是革命家孫中山的崇拜者）和蔡培火（留日歸國學生，居台南）。像他們這樣的當地知識份子在 1921 年至 1934 年間組織了一場為期十四年的運動，以廢除「六三法」，因為該法律賦予總督在台灣制定法律的全部權力。最重要的是，他們主張建立一個類似於日本那樣的民選議會。作為 1923 年成立的福爾摩沙議會建立聯盟的一部分，這些知識份子多年來向帝國議會（日本議會）提交了十五份台灣議會設置請願書，他們甚至得到了一些日本政客的支持。但他們沒有成功。「如果這個提議被接受，該島將變成一個實質上的日本聯邦國家」（Edward I-te Chen 1972：484）。在台灣的日本人寡不敵眾。他們擔心這樣的議會會導致台灣獨立，並意味著自己失去權力（另見 Edward I-te Chen 1972：487; Lamley 1999：233-234；簡後聰 2002：662；史明 1998：504-511）。由於不允許議會制衡政府，日本集體族群民族主義挫敗了台灣知識份子試圖重新定義自己初生的中國／台灣民族主義運動，並堅持要後者繼續做日本帝國的二等公民。

台灣文化協會（TCA）和台灣民眾黨（TPP）也面臨著類似的鬥爭。台灣文化協會成立於 1921 年，由同一批知識份子如林獻堂、蔣渭水、蔡

---

[7] 關於當時六個類似政治組織的描述和分析，請參閱 Edward I-te Chen 1972。

培火等組成，各技術院校的學生也加入其中。該協會將台灣比作一名患者，該患者「原籍福建省台灣道，即現在的中華民國，但居住在台灣總督官邸，屬於大日本帝國」（簡後聰 2002：663-664；另見史明 1998：520-521）。可見當時的民族認同有多複雜。為了治癒這個病人，該協會要遵循孔子的教導，培養一種強調教育、新道德、新藝術和文學、革除含有不良習俗的台灣文化。

本會組織的活動包括讀報社，讀來自台灣、日本和中國大陸的報紙；組織關於政治（包括民族主義）、經濟、法律、健康、歷史等方面的講習會；辦暑期學校、數百人參加的公開講座、讀書會、表演團體，以及電影節目等。他們還出版了自己的期刊（《會報》）。由於他們的許多活動涉及對時政的批判、民族主義思潮的發展，他們經常受到日本殖民政府的監控，他們的活動經常被禁止（見簡後聰 2002：663-664；史明 1998：520-525）。台灣文化協會被視為「在台灣民族主義發展問題上擔負了最重要角色的組織」（Edward I-te Chen 1972：489）。但正如我們所看到的，這個民族主義具有中國特色。我們最多可以說當時發展的民族主義仍然是中國和台灣身份的混合體。

台灣民眾黨由台灣文化協會的溫和派領導人於 1927 年成立，但在 1931 年被殖民政府取締。在蔣渭水的領導下，台灣民眾黨宣導政治改革（包括台灣的政治自治）、言論和新聞自由，以及法律制度改革。他們還發表公開演講以傳播他們的想法。此外，他們積極參與勞工運動，倡導八小時工作制，並主張將公共土地【無償】交給農民耕種（簡後聰 2002：672-674; Lamley 1999：234；史明 1998：671-689）。這些活動體現了他們的個人族群民族主義，以對抗政府的集體族群民族主義。

與此同時，海外學生也開始了自己的民族主義運動。到 1922 年，已經有 2,400 名台灣學生在日本就讀。受到台灣武裝抵抗運動以及中國時事的啟發，包括1911年的國民革命、1919年的五四運動和1921年中國共產黨的成立，台灣學生開始醞釀自己的獨立身份。各種學生組織應運而生，

包括啟發會、台灣新民會，東京台灣青年會和東京台灣學術研究會（這是一個共產主義運動組織）。台灣的留學生們在上海、北京、廈門和廣州也建立了類似的青年組織。海外台灣知識份子還創辦了《台灣青年》、《台灣民報》等刊物。他們的活動集中在文化復興、以台灣自治為內容的政治改革，以及無政府主義、社會主義、共產主義運動等方面（史明 1998：473-503）。其中一些運動與台灣文化協會和台灣民眾黨的活動合二為一，包括自治運動和廢除「六三法」運動。台灣知識份子在繼續尋找形塑自己身份的方法，台灣個人族群民族主義似乎正在崛起。

在所有塑造台灣身份認同的抵抗運動中，台灣共產黨的案例尤其有趣。台灣共產黨於 1928 年在上海由林木順、謝雪紅、翁澤生、林日高、潘欽信、陳來旺、張茂良等人創立。除了反帝反資本主義外，台灣共產黨還支持「台灣民族獨立」。史明（1998：601-603）評論說，台灣共產黨人與林獻堂等資產階級知識份子大不相同，林獻堂即使也主張台灣自治，但在心中仍然懷有中國民族主義的情節。的確，代表台灣文化協會的林獻堂在 1936 年訪問上海，談到中國時仍然稱其為「祖國」，但是回到台灣時卻因此而遭到毆打。蔣渭水既活躍於台灣文化協會，也活躍於台灣民眾黨，他曾與自己的同志們一起為讓台灣「回歸祖國」而奮鬥（簡後聰 2002：668-670；也見王曉波 2002：217-218）。台灣民眾黨的黨旗看起來與中國國民黨的黨旗幾乎完全一樣（見 Edward I-te Chen 1972：493）。

但是台灣共產黨的民族主義仍然更多地是以中國民族主義而不是台灣民族主義為特徵，儘管台灣共產黨也主張台灣獨立。台灣共產黨聲稱台灣這個民族是由中國南方來的移民組成的。台共成員郭德欽後來稱，台灣獨立運動只是一種策略，旨在使台灣能夠加入世界民族解放運動、反對殖民主義的潮流。一旦台灣從日本獨立出來，它將再次加入中國。郭的觀點得到了當時抵抗運動的另一位成員黃玉齋的回應。黃認為當時人們尋求獨立是因為中國無法保護他們；一旦台灣從日本人手中獲得自治，它將再次成為中國的一部分（見王曉波 2002：118-119，218-219）。

頁 34

這種傾向於中國民族主義的身份衝突，在殖民時期創作的各種文學作品中也可以看到。例如，在施文杞的《台娘悲史》（1924）中，一個名叫台娘的漂亮女孩被一個名叫日猛的男人從她的父親華大手中強行帶走（見張明雄 2000：9-10）。文學評論家鍾肇政指出另一位文學家吳濁流的許多作品也反映了台灣知識份子是如何設法回歸中國的（見郭紀舟 1999：103）。

然而，這種身份衝突並沒有導致大規模的運動，將台島歸還中國，或者脫離中國或日本。台灣認同仍在形成中，儘管仍然是族群民族主義的認同。有些人，如新民會的林呈祿，確實強調台灣人和日本人之間的文化差異（見 Edward I-te Chen 1972：483），但台灣文化遺產主要仍然是中國文化的產物。為了復興和維護台灣文化，台灣文化協會創辦了暑期學校和夜校，開設了中國語言文學、中國歷史和地理課程。以母語演唱的中國戲曲也是他們贊助的戲劇之一（見 Edward I-te Chen 1972：490）。一般來說，當時的台灣認同是這樣的：在政治上，他們是日本臣民，而不是中國人；但在文化上，他們主要是日本統治下的中國人。

（三）皇民化運動與台灣認同中日本因素的成長

在日本、中國和台灣民族主義之間的身份認同衝突中，許多人試圖融入日本文化，而且也真的變成了日本人。事實上，地方自治的倡導者也可能同時倡導同化為日本人，這是台灣認同發展的另一個維度。同化的努力之一是 1914 年成立的台灣同化會，由日本政治家坂垣退助和林獻堂共同發起，由台灣知識份子和一些當地的日本居民加入。[8] 蔣渭水和蔡培火也參與了該組織的運作。他們的目標是尋求與日本人的族群平等。但在同化

---

[8] 譯註：施正鋒教授對林獻堂有如下評論值得讀者參考：「有關林獻堂我是霧峰人，曾祖母是她的堂姐。我們的理解是霧峰林家不喜歡日本人，只能虛與委蛇，並不想接受日本皇民化。」這也是我說的對知識份子的理解不能一概而論的問題。

第二章 47

想像台灣（1）——日本化、再中國化與知識份子的作用

會成立一個月後，殖民政府便勒令其解散，因為他們害怕日本人特權地位的喪失（Edward I-te Chen 1972：478-481；史明 1998：469-472；吳叡人 2001）。

殖民政府也開始了自己的同化運動，即帝國化或日本化，從 1937 年持續到 1945 年。政府鼓勵台灣人用日語名字取代他們自己的中文名字，並遵循日本的國教神道教，而不是傳統的中國宗教。政府還鼓勵台灣人著日本服裝、行日本婚喪嫁娶的禮儀、講日語而不是漢語。[9] 報紙的中文版面被廢除，小學的古漢語課程被取消。當然，在如此龐大的人口（1939 年為 590 萬）中，在如此短的時間內，達到皇民化並不容易。例如，到 1944 年，只有 7%的人口採用了日本名字（見 Lamley 1999：230，240-246；史明 1998：307，405-406）。但是，到 1944 年，仍有 71%的學齡兒童入學（Chang Mau-kuei 2003 引用 E. Patricia Tsurumi 的數據），51%的人口被認為能夠說一些日語。在第二次世界大戰期間，207,183 名台灣人被徵召入伍，其中 30,304 人為天皇征服亞洲、建立大東亞共榮圈而犧牲（陳小沖 1991；後藤乾一 1997; Hughes 1997：22; Lamley 1999：240；王曉波 2002：332）。[10] 那些在軍隊服過役的人在台灣得到了榮耀並受到了人們的崇拜（見周婉窈 1997）。正如一些皇民化文學作品所描述的那樣，許多人加入了軍隊，認為只要與日本人並肩作戰，就可以證明自己的忠誠並最終被接受成為日本人（見張明雄 2000：163-180 對皇民化文學的描述）。[11]

在當時的情況下，一些台灣人確實嘗試過，並幾乎成為日本人。事實

頁36

---

[9] 黃宣範（1993）全面描述了政府如何使用語言來創建民族意識，個人如何利用語言在日本和國民黨時代（包括民主化時期）來進行抗爭。

[10] 陳小沖（1991）對皇民化運動有更詳盡的描述。

[11] 這類似於日裔美國人在第二次世界大戰期間自願加入美軍，想以此證明他們對美國的忠誠，儘管與此同時，他們的家人卻仍然被懷疑他們忠誠度的政府關在拘留營裏。

上，這種情感一直持續到今天。例如，台灣第七任總督明石元二郎的墳墓，在當時的台北市長和即將成為總統的陳水扁的安排下，搬到了台北一個更榮光顯赫的新地方。1999 年，皇民化文學家之一王昶雄為之寫了墓誌銘，紀念明石對台灣的貢獻（見王曉波 2001：284-285）。再如，李登輝在李登輝之友會成立大會的電視講話中說，即使在他擔任中華民國總統期間，他也深受日本武士道精神、日本魂的影響，即日本武士的守則、生活方式。李登輝說日本精神是台灣精神中非常重要的一部分（見《自由時報》，2002 年 12 月 16 日）。[12]日本漫畫家小林善紀（Kobayashi Yoshinori 2001：18）曾採訪過李登輝並以李為主題創作了一本漫畫書。在李登輝說自己體現了日本精神時，小林被感動得流下了眼淚。李登輝說他在 22 歲之前是日本人，於是被人批評說他的確是日本人，既不是中國人也不是台灣人。事實上，當時的年輕人以及各種精英人士的確已經開始採用了日本人的思維和行為方式，從衣著和語言來看，很多時候人們很難區分誰是日本人，誰是台灣人（見林滿紅 2002：326-31；蕭阿勤 2000：52；王曉波 2001：279）。

與此同時，台灣人也會因為他們的中國血統而仍然感到有身份衝突問題。另一個原因是他們作為二等公民而通常會受到的歧視。例如，作為文職官員，台灣人很少能晉升到鄉鎮長以上的職位，而作為軍官，他很少能晉升到上校以上的級別（戴國煇、葉芸芸 2002：350）。除此之外，還有對台灣通常的剝削，以及在日常生活、教育和工作場所對普通台灣人的歧視（見王曉波 2001：114-130，以及張明雄 2000 所討論的文學作品中的描述）。

---

[12] 正如 Lynn White 教授在評論該書手稿時指出的那樣，台灣精神有多少是武士道，有多少是早期移民的開拓精神，是大家可以爭論的問題。這些移民帶來了閩南的氏族戰爭的傳統，為爭奪水源而對台灣西部平原的南島人進行種族清洗，將那裡以刀耕火種為其資源和人口的基礎改為以稻田為基礎。皇帝離這些人很遠。

因此，在解釋台灣民族主義發展的時候，我們必須記住，與中國民族主義和台灣民族主義競爭的還有台灣人的日本民族主義（另見 Hughes 1997：23-24）。在這幾種民族主義競爭的過程中，台灣人的身份認同開始形成。但這仍然是一個中國民族主義、日本民族主義、剛開始發展的台灣意識之間相互競爭的民族主義認同：許多知識份子傾向於認為自己是中國人，特別是那些最著名、最活躍的知識份子，如林獻堂、蔣渭水，以及台灣共產黨員們。正如史明（1998：679，714-715）所觀察到的，知識份子們認為他們是中國人，而不是一個別樣的民族。[13] 但台灣人的身份認同總體上是中國人、台灣人和日本人的重疊身份認同。這些身份認同相互競爭、相互衝突、相互包容（也見王晴佳 2002：108）。

（四）有機和批判型知識份子

這一時期的知識份子很難分類。有時，他們中的大多數是批判型知識份子【或者說在扮演著批判的角色】，因為他們反對日本殖民政府的集體族群民族主義，並希望建立一個台灣身份認同，這可能是一個台灣人、中國人和日本人身份的混合體。但在其他時候，他們要麼是暴力抵抗社會運動的有機知識份子，比如唐景崧（學者官員）和丘逢甲；要麼是政府的有機知識份子，比如林獻堂和蔣渭水，因為他們想被同化為日本民族。他們在試圖建立一個台灣國族認同時扮演著批判的角色，但他們試圖同化為日本民族的一部分的時候，卻在扮演有機的角色。實際上，林甚至被遴選為在日本議會貴族院代表台灣的三位人士之一（Lamley 1999：246）。這正是我們在第一章中討論的分析框架。知識份子確實會在有機、批判和專業【角色】之間切換立場，他們確實會表現出雙重或分裂的人格。知識份子

---

[13] 與此同時，原住民群體的抵抗與其說是對日本人國族建設的反抗，不如說是對日本歧視和壓迫的反應。他們為日本人工作的報酬只有漢人為日本人工作所得報酬的四分之一。

的困境與其民族認同的衝突相對應。

事實上，當時很多小說家也在不時地切換立場，並表現出雙重和分裂的人格，表明了他們相互衝突的民族身份。一方面，他們奉命寫作皇民化的故事。其中的例子有呂赫若、張文環、龍瑛宗、楊雲萍、楊逵、陳火泉、周金波、王昶雄等（見張明雄 2000）。另一方面，他們利用這個機會描述了民族認同的衝突。例如，吳濁流寫了一個關於母親和她做醫生的兒子之間的衝突的故事。兒子想成為日本人：他使用蚊帳、將中文名字改成日本名字、穿和服。但是這些都不是他母親所喜歡的，可他又無法改變母親的想法。他為母親做了一件和服，這樣的話他母親就可以穿著和服與自己拍一張照片。但是拍照之後，他的母親不僅拒絕再穿和服，而且將其剪成碎片。她擔心自己她死後會穿著和服下葬（見張明雄 2000：248-249）。就連陳火泉的皇民化經典小說《道》也充滿了這樣的身份衝突。這些小說家是有機於國家，還是對國家有所批評，並不總是很清楚。我們將在後面的討論中看到更多的立場轉換和雙重人格的例子。

綜上所述，我們可以說在日本殖民時代，國家千方百計實行日本化的集體族群民族民族主義，並在必要時使用暴力來推行這一政策。另一方面，台灣知識份子大體上在自己是誰和想成為誰的問題上是矛盾的。結果是中國人、台灣人和日本人的身份重疊和衝突。這種身份認同的衝突在 1945 年國民黨接管台灣後又以不同的方式表現出來，當時台灣人開始在一系列事件中與國民黨政府發生衝突，最重要的是 1947 年的 228 事件。[14] 許多台灣知識份子擺脫了他們的日本身份，但有些人也擺脫了他們的中國身份，並且發展了自己的台灣身份。這就引出了我們對 1945 年至 1986 年國民黨時期國族認同衝突的討論。

---

[14] 譯注：如前所述，由於價值判斷不同，也有人將該事件認定為暴動。中國政府和台灣本土人傾向於將其視為起義，而國民黨政府及其支持者則傾向於將其視為暴動或叛亂。

二、國民黨統治下的國族認同衝突（1945-1986）

從 1945 年國民黨政府接管台灣到 1986 年民進黨成立，政府民族主義的特點是去日本化、再中國化，措施極端嚴厲，這也是與日本人一樣的集體族群民族主義。[15] 國家也在威權體制下實施了一些公民改革，因此我們將國家民族主義的這一部分也描述為集體主義的公民民族主義。我們可以看到，國民黨政府與日本殖民政府一樣，面對著相同的挑戰，採取了類似的策略來應對這些挑戰。鑒於漢人都擁有相同的文化根源，人們會期望國民黨在民族主義運動應該會取得成功。但由於多種因素，事實並非如此。這一時期知識份子們的身份認同衝突也愈演愈烈。如果說 1945 年很多人以為自己是中國人，熱情地歡迎國民黨，那麼在經歷了 1947 年的國民黨統治之後，就更少人會這樣想了。本節將探討國民黨統治台灣早期和中期國家和知識份子身份認同衝突的起源和發展。

（一）國民黨的國家在國族建設中的作用

國民黨國家的國族建設特點是集體主義的公民主義和族群民族主義之間的衝突。一方面，國家試圖推行中國民族主義，但另一方面，在看到 228 事件的後果後，它為當地台灣人的政治參與作出了一些讓步。本節將解釋國民黨國家扮演的這一複雜角色。

---

[15] 本書的一位評審認為，使用「再中國化」一詞是不合適的。以下是我的想法。的確，在日本殖民前台灣漢人的中國身份並不明確：他們可能只是漢人或清人。即使在中國大陸，中國人作為一個國家的概念當時仍在形成中。但到清朝末期，滿族人基本上已經漢化了，所以我們仍然可以說，日本殖民後國民黨的努力是為了重新中國化或者說重新漢化，儘管這個詞可能並不完全準確。

1. 228事件與國家的中國集體族群民族主義

1945年國民黨政府接管台灣時，中國新任「總督」【行政長官】陳儀承諾，他將努力為台灣人民的福祉而工作，不撒謊、不偷懶、不揩油，要保持榮譽心、愛國心、責任心（見簡後聰 2002：685）。我們可以稱之為「三要三不」。他和他的政府得到了島民的廣泛支持，他們認為自己終於獲得解放。但新政府並不了解清廷放棄台灣和隨後的日本殖民統治給台灣人民帶來的困境，而是繼續在台灣實行獨裁統治，就像在大陸一樣，儘管陳儀有上述宣示。雖然政府在最高的六個行政級別中所僱用的台灣人比例超過了日本殖民政府僱用台灣人的比例，但幾乎所有的部門負責人，包括市長、區長和鄉鎮長都是大陸人（Lai, Myers and Wei 1991：66）。在蔣介石時代，台灣人被排除在重要職位之外，直到蔣經國開始產生影響，這一情況才有所改善。同時，政府官員們的腐敗依舊。國民黨當時正在大陸和中共打仗，台灣被用作糖和穀物的供應地。但與此同時，該島卻處於經濟蕭條狀態，失業率、通貨膨脹居高不下，飢荒和社會動盪頻仍（Hughes 1997：25; 戴國煇、葉芸芸 2002：107-167; Lai，Myers and Wei 1991：73-98; 史明 1980：696-742）。

台灣人遵循他們的政治活動傳統，但現在主要是公民民族主義和發展中的台灣族群民族主義傳統，組織了台灣人民協會（由共產黨人謝雪紅和簡吉領導）、台灣農民協會，台灣學生聯盟和台灣工會籌備會。他們尋求更多的機會來參與重建社會的努力、保護自己的權利。但這樣的組織會挑戰國民黨在政治上的主導地位，所以這些組織要麼被解散，要麼轉入地下，除非他們支持政府重新中國化的舉措（史明 1980：740-746）。

1947年2月28日，警察毆打了一名無視政府煙草專賣權的女煙草販子。[16] 憤怒的市民與警察發生了衝突。後者開了槍，造成一名抗議者死

---

[16] 有關這一時期台灣人民因動盪的歷史變遷和加劇的身份認同衝突等造成的悲劇的描述，請參閱侯孝賢執導的電影《悲情城市》（1989年）。228事件是該電影的關鍵背景事件之一。

亡。這很快導致了全島範圍的抗議、暴力和政府對示威者的鎮壓。台北的抗議者襲擊了警察，並放火燒了警察局。在整個台灣島，中國大陸人遭到普遍毆打，其中一些人被打死。抗議的人們還燒毀了與大陸人相關的設施。更多的抗議者也在與政府軍的衝突中喪生。台北的學生組織集會，要求政治民主和台灣自治，就像他們在殖民時代所做的那樣。地方精英們組織了各種委員會，來協調政府和抗議民眾之間的關係。他們呼籲解散政府軍，在地方和中央政府中實行高度自治，並在政府和軍隊中大量雇用島民。陳儀政府願意做出一些讓步，但不願意做出其他讓步（Ker 1992; Lai, Myers and Wei 1991）。

隨後在台中，謝雪紅和吳振武領導了武裝起義，佔領了警察局和政府機關，釋放了囚犯。台灣各大都市如基隆、嘉義、斗六、台南、高雄、屏東、宜蘭、花蓮、台東等地也發生了類似的武裝起義。3月8日，南京國民黨政府向台灣派遣了援軍，並在全島範圍內進行軍事鎮壓。調解委員會中的一些活躍人士，如王添燈和林茂生，失蹤了，人們懷疑是被秘密處決的。軍隊和叛軍戰鬥了一個多星期，到3月14日，所有武裝起義都被鎮壓，大批人被捕。「一個常見的估計是 10,000 人死亡，30,000 人受傷」（Phillips 1999：296）。但根據其他估計，可能有 2,000 名大陸人死亡和 100,000 名台灣人死亡和失蹤（史明 1980：751-792）。Lai, Meyers and Wei（1991：159，178）認為總共 8,000 是一個更現實的數據（另見戴國煇、葉芸芸 2002：279，引用何漢文的類似數據）。[17]

228 事件被鎮壓下去後，[18] 中國民族主義或集體族群民族主義成為國

---

[17] 但據李敖（1997）的統計，到 1995 年，只有 1,476 名台灣人向政府要求賠償。然而，施明德認為死亡人數會比這個數字更高，因為許多人可能不知道他們家人的死亡，因為長期以來人們不談論這些事情，一些知道的人可能已經在之前的五十年間去世了（採訪施明德 2003）。對各種有關的研究、回憶錄、各種紀念組織和活動的總結，請參閱簡後聰 2002：690-705。

[18] 雖然我們也會稱之為「起義」，但人們需要明白，騷亂或者說暴動也是同時發生的。就像 1992 年洛杉磯騷亂一樣，既有「騷亂」的成分，也有「起義」的成分。

家的主導意識形態。國民黨認為，228 事件的原因之一是日本的教育（Lai, Myers and Wei 1991：153）。[19]於是在之後的去日本化的努力中，國民黨政府實施了「再中國化」或「中國化運動」，就像日本人實施的皇民化運動一樣。「國語」（或普通話）被強加給了台灣人，1912 年算作紀元的第一年，因為中華民國成立於 1911 年，街道以大陸地方重新命名，學校開始教授中國地理和中國歷史（Hughes 1999：29）。事實上，在台灣回歸中國一年後，日語已經被禁止使用，日本地名也被改成了中國地名。國民黨領導的國家聲稱自己代表了中國文化，中國民族主義的任務是打敗偏離中國文化的共產黨人，光復大陸（見王甫昌 1996：142-148，157-158；2001：157）。此外，國民黨政府還鎮壓台灣獨立運動，認為它和共產黨一樣都走在破壞中國文化的道路上。

2. 國民黨政府有限的公民民族主義和族群民族主義改革

　　與此同時，政府也遵循集體主義的公民主義進行了一些公民改革。到 1986 年，國民黨政府仍然堅持要把台灣打造成中國的一個模範省份，並以台灣為基地收復中國。這個目標是蔣介石決定改革國民黨的原因之一，其中包括 1950 年代在地方一級招收更多的台灣人入黨。到 1952 年，57.12%的國民黨黨員是本省台灣人（Chao and Meyers 1998：39; Peter Chen-main Wang 1999：322）。228 以後，國家意識到讓更多台灣人擔任高級領導職位的重要性，於是他們招募了七名台灣人加入四名大陸人，成為新的省級專員。更多的台灣人也成為行政機構的負責人（Lai, Meyers and Wei 1991：167; 湯熙勇 1997）。在幾十年民主運動的壓力下，蔣經

---

[19] 譯註：這也是鄧小平對 1989 年民主運動產生原因的判斷，即教育的失敗。所以之後中共便加強了愛國主義教育，即熱愛共產黨的教育，直到今天，以防止類似事件再次發生。中共的這種教育基本上是非常成功的，當然暴力鎮壓可能是更重要的措施。現在的共產黨所採取的教育政策和當時的國民黨所採取的教育政策如出一轍，文化和政治雙管齊下。也見郝志東，〈1949 年以來中小學教科書洗腦內容、方式與功能簡析〉，載於宋永毅、夏明（編）《洗腦：毛澤東和後毛時代的中國與世界》，第 254-289 頁，美國華憶出版社，2023 年。

國最終決定在 1986 年允許反對黨的存在。此舉也被視為光復中國的手段（見 Chao and Myers 1998：42-45，125-126，132，136，168）。

但這些改革的範圍是有限的。到 1981 年，本省台灣人只佔國民黨中央委員會的 16.7%，即使在蔣經國的台灣化努力之後，1988 年台灣人仍然只佔國民黨中央委員會的 32.8%（吳乃德 1994：155）。此外，在 1986 年之前，任何反對派運動，特別是民主和獨立運動，都被政府禁止。戒嚴令直到 1987 年才解除。在政府的集體主義的公民主義和族群民族主義中，以下努力有相互矛盾之處：實施戒嚴令、鎮壓民主和獨立運動、國民黨黨員的地方化，以及有限的民主化措施，例如 1950 年代開始的地方選舉。這些都是光復中國努力的一部分。允許台灣獨立、允許反對黨的存在將會破壞這一計劃。在這個計劃中，集體主義的公民主義和族群民族主義是更大的目標。因此，蔣介石及其政府將台獨運動和其他各種民主運動視為他們的敵人（見 Chao and Meyers 1998：105-106）。蔣經國在 1983 年以前沒有改變他對這個問題的看法。他又花了三年時間才允許成立反對黨，然後又多花了一年時間才解除戒嚴令。

（二）知識份子在國民黨時代的複雜角色

在上面對國民黨政府的國族建設的討論中，我們已經提到了一些知識份子。他們積極推動台灣本地人更多地參與政治，以對沖中國大陸人的勢力。王添燈和林茂生領導了台灣人與國民黨政府的談判，導致他們在 228 之後的鎮壓中被失蹤。謝雪紅和她的戰友們甚至發動了武裝起義。這些知識份子的批判性如此強烈以至於他們成為了反對國民黨集體族群民族主義的社會運動的有機知識份子。

在鎮壓 228 事件後的幾年裡，知識份子的政治呈現出與日本殖民時代一樣複雜的特徵。一些人成為支持政府的有機知識份子。然而，其他人，如雷震，卻發起了一場民主運動，儘管他們並不反對中國民族主義。該運動

動的資深持不同政見者之一余登發說，他不同意台灣獨立，因為「我們都是中國人，中國應該統一」。他不想背上背叛祖先的罵名（見 Chao and Meyers 1998：85; 郭紀舟 1999：331）。民主運動中的這些知識份子大多是批判型知識份子，他們遵循的是公民主義的民族主義和中國族群民族主義。

民主運動中的另外一些人則開發出了一種新的台灣族群民族主義；這是一種公民主義以及一種不同的族群民族主義。他們也是批判型知識份子，因為他們把自己的民族主義視為民主化運動的一部分。但是，當他們全神貫注於民主和／或民族主義運動時，尤其是當他們開始使用暴力時，就像謝雪紅在 228 事件中所做的那樣，他們就變成了民主和／或民族主義運動的有機知識份子。當台獨運動在 1990 年代被制度化、自由民主制度也被建立起來時，更多的知識份子便變得有機起來。在本節中，我們將檢視一些在各種民主運動中的批判型知識份子，以及他們複雜的民族主義情緒，包括 1970 年代和 1980 年代的「黨外」運動。我們將討論批判型知識份子如何成為社會運動的有機知識份子。我們將看到，批判角色和有機角色之間的界限並不總是那麼明顯，因為知識份子常常會轉換角色。我想再次強調，我們討論的是他們角色的理想型分類。

1. 從批判到有機

知識份子在公民民族主義和中國族群民族主義方面的早期例子之一是楊逵（1905-1985）。他是當時台灣最著名的文人之一，支持最終與中國大陸民主統一（見王曉波 2002：140）。楊逵於 1920 年代中在日本讀書時就參加了針對日本政府的反戰示威活動。1927 年回到台灣後，他參與了農民協會的活動，幾年後出版了《送報伕》（見張明雄 2000 年）。1945 年民國政府接管台灣時，楊逵主辦了文學期刊、編輯了報紙專欄，宣導孫中山的三民主義三原則以及五四運動的進步文學。

然而，楊逵對民主和科學的宣導使他在 1947 年的 228 事件後入獄三

第二章 57
想像台灣（1）——日本化、再中國化與知識份子的作用

個月，並在 1949 年又因撰寫台灣人與來自其他省份人民之間的「和平宣言」而入獄 12 年。在獄中，他繼續寫散文。1970 年代，他加入了鄉土文學運動，該運動強調寫發生在普通人身上的故事。他一如既往地提倡人道主義的社會主義（王曉波 2002：132）。楊是一個強調個人族群民族主義的批判型知識份子的很好案例，這與國家的集體族群民族主義是很不相同的。但在他生命的某些階段，他是有機於一個社會運動的，比如農民協會和文學組織。然而，他的主導特徵是批判型知識份子的特徵。

頁43

　　許多其他左翼知識份子也持批判態度，儘管他們也支持中國民族主義。例如，他們參與了 1970 年代初的釣魚台列嶼抗議運動，反對國民黨的專制和獨裁統治。[20] 由於國民黨政府對釣魚台列嶼地位的態度不明，學生們開始試圖更多地了解中華人民共和國，有些人聲稱誰能保護自己的土地，誰就是自己的政府。另一場民族認同危機開始了，現在這場運動變成了與中國大陸統一的運動（郭紀舟 1999：24-27，58-60，453-454）。蘇慶黎、陳映真、王拓、陳鼓應、王曉波等知識份子於 1976 年創辦了《夏潮》雜誌，倡導統一與社會主義，即「一個中國」與社會平等（郭紀舟 1999：73-75，387-390）。[21] 許多這樣的知識份子與分離主義進行了激烈的鬥爭。

　　1970 年代抗議運動和民族意識發展的另一個重要催化劑是台灣因美國的政策而喪失國際外交地位。這使得當時台灣人已經在經歷的身份認同危機進一步加深，幫助培育了台灣意識。正如我們將在下面看到的，還有

---

[20] 1969 年，聯合國亞洲和遠東經濟委員會報告說，在台灣北部地區，包括釣魚台列嶼（日語為尖閣諸島），發現了石油。1970 年，日本宣佈對該群島擁有主權。美國表示同意，但中華民國的立場則是猶豫不決。這引起了在北美和台灣的中國學生的憤怒，他們發起了保護釣魚台列嶼的運動。成千上萬的學生參加了集會、示威，組織了論壇，抗議日本（郭紀舟 1999：17-36）。本書的一位評審指出，日本於 1895 年獲得了對該群島的主權，但是與馬關條約無關。1970 年，美國佔領軍將這些群島交還給日本，日本於是恢復了對該群島的主權。

[21] 該雜誌於 1979 年被禁。但它已成為黨外民主運動的一部分，其作者積極參與了政治批判運動和鄉土文學運動。

更多的事情正在發生中。

　　1980 年代發生了一系列民主運動。批判性知識份子代表了一種個人族群民族主義，儘管並不總是清楚這是中國民族主義還是台灣民族主義。在戒嚴法下，即國民黨版本的集體族群民族主義之下，政府不允許有組織的反對黨參加選舉，但個人卻可以。自 1951 年以來，他們能夠競選縣、市長，自 1954 年以來他們一直能夠競選台灣省議會議員職位。這為那些有心從政的當地人提供了一個發展自己政治生涯的機會（見 Hughes 1997：33）。到 1970 年代初，越來越多的人參加了選舉並當選公職，他們也因此而感到可以更自由地批評政府。有名的黨外運動也應運而生（見 Chao and Myers 1998：74-76）。

　　在這種情況下，各種黨外雜誌也隨之產生。1949 年，隨國民政府來到台灣的雷震、傅正和他們的朋友創辦了半月刊《自由中國》，宣導民主改革。年輕一代的活動家們於 1971 年創辦了《大學雜誌》，參與政治討論。如上所述，乘著 1970 年代初釣魚島運動的東風，左翼知識份子於 1976 年創辦了《夏潮》雜誌，倡導社會主義和國家統一（見 Hughes 1997：34-35; 郭紀舟 1999）。同樣在 1970 年代，我們在上面提到的一種文學運動也興起了，以促進本土文學、土著文學為宗旨。然後在 1979 年，黃信介、施明德等人創辦了《美麗島》雜誌，作為一個沒有黨名的政黨來宣導民主（見 Hughes 1997：38-39）。他們會為黨外人士站台，幫助他們競選公職。從上面的討論中，我們已經可以看到，批判角色和有機角色現在已經被混合在一起。換言之，許多批判型知識份子現在已經變為黨外運動的有機知識份子。

　　1979 年 12 月 10 日，《美麗島》雜誌的同仁們組織了一場爭取人權、言論自由、民主和多黨制的示威遊行，他們與警察發生了衝突，或者說警察和他們發生了衝突。這就是著名的高雄事件（見陳志勇 2001：24-33; 郭紀舟 1999：250-253）。隨後政府大規模逮捕了「黨外」成員，後者被送上軍事法庭。但由於來自國內外的壓力，這個審判過程相當開放，人們

通過這個審判，了解了這些黨外人士的立場：解除戒嚴、開放黨禁、廢除在中國大陸選出來的國會、實踐新聞自由等等。傳統的中國民族主義，即蔣介石政府的集體族群民族主義，受到了挑戰，中國的國族認同與政權合法化之間的聯繫受到了質疑（見 Hughes 1997：35）。

此時，爭取民主和獨立的運動已經興起。當運動變得更加有組織時，當道德上可疑的手段開始被用來追求他們的目標時，批判和有機知識份子之間的界限便變得模糊起來。換句話說，一些批判性知識份子正在成為某種社會運動的有機知識份子，無論是爭取民主的運動還是爭取獨立的運動，或者兩者兼而有之的運動。

這些黨外運動的積極份子常常在批判和有機之間變換角色，在 1980 年代繼續鍥而不捨地為民主而努力著。他們創辦了更多的黨外期刊（如《八十年代》、《蓬萊島》等），創建了更多的非黨組織（如黨外公職人員公共政策研究會、台灣人權促進會、黨外編輯作家協會等）。他們呼籲政府釋放政治犯，並積極參加公職人員選舉。楊國樞、胡佛等知識份子再次呼籲實行真正的多黨制。我們看到 1980 年代的中產階級行動主義（見 Chao 和 Myers 1998：136-141; Rubinstein 1999），現在變成了批判型知識份子的個人族群民族主義。[22] 當批判和有機知識份子的民主運動正在崛起時，以有機知識份子為主體的台灣民族主義運動也正在出現。現在我們來看看這個運動的發展及其有機知識份子的作用。

2. 台獨運動及其有機知識份子

1980 年 2 月 28 日（228 事件周年紀念日），林義雄的母親和兩個孩子被謀殺，[23] 另一個女兒受重傷。這起謀殺事件激起了台灣人更大的民

---

[22] 有關民主運動的更深入討論，另見 Chang Mau-kuei 1993; 王甫昌 1996。

[23] 林是《美麗島》雜誌的活動家，在 1979 年 12 月 10 日在示威活動中被捕。謀殺案發生時，他正在監獄裡。林自 1977 年以來一直擔任省級立法委員，並於 1998 年至 2000 年擔任民進黨主席。

憤，進一步加強了他們關於中國大陸人和自己不是同一類人的信念。這起事件激勵了更多台灣人要為獨立而奮鬥，從而加速了獨立運動的步伐（施明德訪談 2003；王曉波 2002：412-415；張禎祥訪談 2003）。一個台灣族群民族主義運動現在似乎勢不可擋。我們將在下面分析一下這個運動首先在台灣之外，然後在台灣內部的發展歷史。我們即將討論的是一大群為一個社會運動工作的有機知識份子。

台灣獨立建國聯盟（WUFI）由海外台灣留學生於 1970 年創立，是能夠清晰闡述台獨運動的最重要組織之一，儘管他們身處海外。事實上，在 1947 年 228 事件之後，吳振南、林白堂、謝雪紅、廖文毅等海外學生和活動家就已經在日本和香港組織了爭取台灣自治或獨立的運動。廖文毅甚至於 1955 年在東京成立了台灣共和國臨時政府。1960 年，王育德等人創辦了台灣青年協會，操辦了《台灣青年》雜誌，倡導獨立。後來，歐洲、美國和加拿大的其他台獨組織也加入了他們的行列，他們還創辦了英文期刊 *Independent Formosa*（《獨立的福爾摩沙》）（陳銘城、施正鋒等 2000：11）。他們的一些活動包括在國慶慶典上發射催淚彈、抗議美國和日本支持國民黨政權、示威反對蔣經國訪日，以及為台灣的政治犯提供支援。

然後在 1970 年，如上所述，台灣獨立建國聯盟成立。《獨立的福爾摩沙》雜誌以及後來的《台灣公論報》成為該組織的機關刊物。在本書寫作的時候《台灣公論報》仍在出版。台灣獨立建國聯盟開始遊說聯合國支持台獨，他們的一些成員變得暴力：刺殺蔣經國的企圖失敗了，但台灣獨立建國聯盟的秘密成員，【後】任台灣國會議員的王幸男發出的郵包炸彈確實炸傷了台灣省長謝東閔（史明 1980：1100-1104；陳銘城、施正鋒等 2000：10-72）。[24]

另一個重要的台獨組織是世界台灣人大會。該組織成立於 2000 年，

---

[24] 的確，「武裝鬥爭」或武力鬥爭，正是當時這些獨立組織的原則之一（見陳銘城、施正鋒等，2000：12）。

第二章 61
想像台灣（1）——日本化、再中國化與知識份子的作用

負責協調其他台獨組織，如台灣人公共事務會（FAPA，成立於 1982 年），該事務會負責遊說各國政府支持台獨及台灣在國際組織中的成員資格。另外還有世界台灣同鄉會聯合會（WFTA，成立於 1974 年；見林勁 1993：62-80）。該聯合會會員遍佈全球。[25]

與此同時，台灣境內也開展了各種台獨活動，儘管受到了高壓扼制。史明（1980：1100-1125）列舉了 1945 年至 1980 年間台灣和海外的大約 100 起此類事件。在台灣發生的事件中，最突出的是彭明敏博士的被捕和監禁。[26] 彭明敏和他的兩個學生（謝聰敏和魏廷朝）於 1964 年撰寫了《台灣自救運動宣言》，並因此被判入獄（見彭明敏文教基金會 1994：187-98; Chen-main Wang 1999：335）。彭的《自由的味道》（*A Taste of Freedom*，1972）進一步合理化了一個台灣人的國家，強調一個人可以為自己的中國文化遺產感到自豪，但同時也可以在政治和法律上與中國脫鉤（見 Hughes 1997：35-38）。許多主張台獨或企圖發動某種武裝起義的人都被捕，其中包括 1961 年的蘇東啟和他的戰友們，1962 年的施明德和他的同志們，以及黃紀男（三次入獄；另見陳銘城、施正鋒等，2000：10）。

隨著培育台灣意識的政治運動的興起，從 1980 年代開始，也有一個文化運動在發展中。國立台灣大學、國立台灣師範大學等院校培養了一批台灣史博士生。這些歷史學家，如許雪姬、溫振華、吳文星、黃秀政、戴寶村等，在 1990 年代都成為了該領域的活躍學者（王晴佳 2002：124）。與此同時，越來越多的碩士和博士生開始研究台灣歷史（王甫昌 2001：168；王晴佳 2002：124-125）。各種期刊都開設了介紹台灣歷史事件和人

---

[25] 有關 1981 年至 1985 年間各種海外台獨組織活動的更廣泛的描述和討論，見林勁 1993：96-109。

[26] 彭明敏是一位堅定的和平抗爭的活動家，1961 年至 1962 年曾擔任國立台灣大學政治學系主任。他引起了蔣介石的注意，並於 1962 年被任命為中華民國駐聯合國代表團的顧問。在西方流亡多年後，他是 1996 年民進黨的總統候選人。

物的專欄。1983 年以後，幾乎每年都有台灣史學術會議召開（王晴佳 2002：126）。歷史事件被重新闡釋。例如，日本的殖民被評價為對台灣有積極的影響，而對立陣營則說他們是背叛，是「認賊作父」（見王甫昌 2001：172；王晴佳 2002：128，172-173）。這種對歷史的重新詮釋，淡化了日本人對台灣人的血腥鎮壓以及台灣人在殖民統治頭二十年的武裝抵抗，有助於將台灣經驗與中國遭受日本帝國主義侵略的經驗區分開來，從而突出台灣與中國的不同之處。

文學作品也被重新詮釋，以培育台灣意識。蕭阿勤（1999，2000）分析了兩個最重要的文學期刊《台灣文藝》和《笠》詩刊的轉變。兩本期刊都創立於 1964 年，都被視為建立台灣文化民族主義最重要的期刊。檢視這兩本期刊的作者培養台灣民族主義的歷程，可以幫助我們理解台灣族群民族主義的發展和身份認同的衝突情況（更多例子見盧建榮 1999）。

當這些期刊創刊時，作者們提倡中國民族主義。《台灣文藝》的主要創始人吳濁流（1900-1976）號召人們寫中國古體詩，他認為古體詩是中國文學的最高榮耀。此外，他認為需要將台灣文學置於中國和世界文學的大格局中。詩刊《笠》也號召詩人寫「我們時代的中國詩歌」。該刊社長陳秀喜（1921-1991）說，儘管她受過日語教育，可以寫日本詩歌，但她仍然想學習寫中國詩歌，因為她不願意被殖民。她說她是中國人，她愛這個國家，她愛這片土地。

1979 年美麗島事件後，情況發生了變化。小說家鍾肇政（1925-2020）評論說，這一事件使他的台灣意識具體化了。人們開始「癡迷」於台灣，文學去中國化的過程開始了。在鄉土文學中，曾經在那裡佔有重要地位的中國意識現在被淡化了（蕭阿勤 1999）。著名小說家和文學評論家葉石濤（1925-2008）修正了他以前的觀點。他曾經相信台灣文學是中國文學的一部分（另見王晴佳 2002：118），與台灣意識並行不悖，正如吳濁流也相信的那樣。但現在的 1987 年，他不再堅持這種觀點。陳明台將「祖國」與「中國」分開，一反他之前的觀點。陳少廷在 1977 年出版

的一本書中強調，台灣新文學受到中國文學的影響。但幾年後，他為強調這一點而道歉。[27]

在日本殖民統治下以及1970年代和1980年代，台灣文學被解釋為建立台灣民族認同和國家認同的文學，儘管在這個認同中有一個強烈的中國元素。《台灣文藝》和《笠》詩刊的創立現在被認為是反對運動的一部分，儘管期刊創始人的說法並非如此。這種文化趨向，和政治運動一道，有助於構建一個台灣意識，從而進一步凸顯了台灣人的身份認同衝突。對於類似葉石濤這樣的個體來說，這種衝突反映了現在的「我」，即只是台灣人，和以前的「我」的衝突。這個以前的「我」是台灣人和中國人之間的平衡。

台獨運動成熟的一個標誌是在台灣建立了一個主張台獨的政黨。1986年，一些黨外人士決定成立自己的政黨，這是一個夙願已久的目標。民進黨（DPP）由此誕生，江鵬堅被當選為首任主席。但是他們決定不將台獨列為目標之一（可能是擔心會被取締），而是強調自由、民主、民族主義（意思是台灣人應該被允許自己決定自己的未來）和社會福利（見 Chao and Myers 1998：151-152）。不過無論如何，在他們心中，台獨是目標之一。民進黨的成立促使蔣經國解除了歷時數十年的戒嚴令，放寬了對反對黨的禁令（Rubinstein 1999：446-447）。正如幾位學者所指出的，民主會培育民族主義，無論是公民主義的民族主義還是族群民族主義，抑或兩者兼而有之。在這個過程中，新的國族認同正在被建構起來。[28]

頁48

---

[27] 張茂桂和吳忻怡（2000）似乎不同意蕭阿勤（1999）的觀點，即這種變化發生在美麗島事件之後。言外之意，他們認為這種台灣意識是一直存在著的，但國民黨的高壓政策可能使這些情感以不同的方式表達了出來。我自己對中國1950年代思想改造運動中的知識份子的研究表明，在這樣一個類似的高壓環境下，知識份子可能會真的相信他們所說的話，正如費孝通在談到思想改造時也很興奮那樣（Zhidong Hao 2003a）。我們上面引用的陳秀喜關於願意做中國人的話，似乎確實也是發自內心的。

[28] Smith 1995：89-90 討論了創建民族意識的內容，包括開發與傳承文化價值觀和符號（例如語言）、歷史神話、記憶和傳統。關於台灣的民主運動向民族主義運動的轉變以及台灣意識構

總之，國民政府接管台灣後，國家試圖建立一個集體主義的中國民族主義。與皇民化運動相比，人們會認為國民黨的再中國化運動應該會成功，因為台灣文化的主體畢竟是中國文化，而且許多知識份子確實支持中國民族主義。但除了 228 悲劇之外，對台獨運動的持續鎮壓反而有效地阻止了中國民族主義的鞏固。國家公民民族主義的有限努力也沒有能夠幫助多少。相反，更多的批判型知識份子變成了呼籲民主的社會運動以及日益增長的台灣獨立運動的有機知識份子。一些知識份子確實支持中國民族主義，但他們的人數似乎正在減少。國內外的獨立運動隨著民主運動的發展而發展。許多知識份子越來越相信，儘管他們是中國文化的一部分，但他們與來到台灣並以鐵腕統治台灣的中國人不同（另見陳銘城、施正鋒等 2000：10）。這場台獨運動與中國民族主義發生了衝突。隨著民主運動的發展，隨著民進黨的成立，國家和知識份子的國族認同衝突會進一步加劇。

建的族群和其他社會經濟因素的更深入討論，另見 Chang Mau-kuei 2003；蕭阿勤 2000；江宜樺 1998；林美蓉 1996；王甫昌 1996；王晴佳 2002；王曉波 2001，2002；吳乃德 1999。

第三章　想像台灣（2）
——李登輝和陳水扁治下的去中國化與知識份子的作用

　　台灣政治大學在 1992 年至 2005 年間進行的調查發現，在十幾年的時間裡，認同台灣並認為自己是台灣人的人數增加了一倍多，從 17.3%增加到 46.5%。認同中國並認為自己是中國人的人數下降了 70%以上，從 26.2%下降到 7.3%。同時認同台灣和中國的人數也從 45.4%下降到 42.0%（見下表 3），儘管幅度不大。[1] 這些統計數字不僅顯示了在這短短的時間內國族認同發生的巨大變化，而且表明了台灣人民所經歷的身份衝突的複雜性和激烈程度。

表三：1992 年至 2005 年國民認同的變化

	1992	1996	1999	2000	2001	2002	2003	2004	2005
台灣人	17.3	23.1	39.3	37.3	40.6	41.5	43.2	44.4	46.5
中國人	26.2	15.8	10.7	9.1	10.9	9.9	7.7	6.1	7.3
都是	45.4	50.9	44.1	46.3	43.9	43.8	42.9	43.7	42.0
無回應	11	10.2	5.9	7.2	4.6	4.9	6.3	5.7	4.1

資料來源：台灣政治大學選舉研究中心，引自邵宗海 2006 年，第 394 頁；2008 年，第 363 頁。調查於每年的 6 月或 12 月進行。

---

[1] 譯注：2023 年的民調發現認為自己是台灣人的比例大幅增長到 78.0%，認為自己是中國人的微升到 7.7%，認為自己既是台灣人也是中國人的大幅下降到 9.1%，不置可否的為 5.2%。見網易文章，〈最新民調：超 16.8%的台灣人認同「中國人身份」〉，見 https://www.163.com/dy/article/ IFTCCB320543UFNZ.html，上網日期 2024 年 9 月 22 日。

那麼，這些變化及其複雜性的原因在哪裡呢？這對台灣意味著什麼？是否必須有一種可以容納不同族群的民族主義？現在我們來看李登輝和陳水扁時代發生的各種事件，這些事件不僅可以看作是衝突的原因和結果，而且可以看作是國家如何管理衝突的例子。具體來說，本章將探討李登輝和陳水扁時代國家的民主化和逐步去中國化的嘗試，國家如何在台灣民族主義和中國民族主義之間搖擺不定，以及有機、專業的和批判型知識份子在民族主義運動中的作用及困境。我們將再次看到更排他性的集體族群民族主義和更具包容性的個人族群民族主義之間的衝突。

一、李登輝時代的民主化與去中國化（1987-1999）

1993 年，前行政院院長、國民黨政府高級顧問之一李煥在討論國民黨內部的不同派別時說，分裂只會給民進黨帶來尋求獨立的機會（見 Chao and Myers 1998：289）。[2] 的確，國民黨當時已經分裂為統派和獨

---

[2] 本書的一位評審認為獨立的定義自始至終都應該是清晰的才好。我同意。事實上，統一的概念也應該澄清。台灣享有事實上的獨立：它有自己的軍隊，可以選舉自己的領導人，並制定自己的政策。但它沒有法律上的獨立性：它不能參加以國家為單位的各個主要國際組織；世界上也沒有一個主要國家與台灣正式建交。這的確是事實。但該評審認為台灣的主流觀點是確保事實上的獨立。該評審說中共經常表現得好像台灣有一個法理台獨的運動，我不應該寫得好像中共的宣傳是對現實的客觀描述。然而，正如我前面所描述的，台獨運動確實存在，儘管尋求獨立的人們自己也知道他們不太可能成功地實現他們的目標。因此，與其說台獨是一場現實的運動，不如說它是台灣在兩岸關係中迫使中國大陸做出更多讓步的策略。就連前總統陳水扁也以台獨為藉口，為自己面臨的腐敗指控辯護，說他把錢轉移到海外是為了台獨運動的目的。很少有人會這麼認為，但台獨運動確實可以為某一個目標服務，或者更確切地說，是為一些目標服務。此外，所謂現實是一種社會構建。對於相信獨立的人來說，這場運動是真實的，並有其後果。當我們討論台獨運動時，這些是我們應該記住的一些面向。統一運動也是如此。正如我們將在本章後面討論的那樣，台灣幾乎沒有一個統一運動，儘管這個運動也被看作是真實的，尤其被獨立陣營看作好像是真實的，對他們來說確實也是真實的。我們最多只能說，泛藍陣營贊同與中國進行某種融合，但前提是中華民國不會失去自己相當獨立的地位。這與人們通常想像的統一不同。因此，我們在書中討論統一時，這也是我們需要牢記的事情。

想像台灣（2）——李登輝和陳水扁治下的去中國化與知識份子的作用

派，無論如何定義統獨，或者是已經分裂為中國民族主義和台灣民族主義。這是以郝柏村和李煥為代表的、相信自己是中國人並樂見中國能夠統一的「非主流」派國民黨黨員，和以李登輝為代表、被認為是傾向於台獨的「主流」派國民黨黨員之間的對立，儘管後者也聲稱想要一個統一的中國（見張毓芬、張茂桂 2003：201; Hughes 1997：52-53，60）。

除了國民黨內部在中國民族主義和台灣民族主義問題上的分歧外，民主化也給了民進黨更多尋求獨立的機會。執政黨國民黨的分裂只會助長獨立運動，正如 228 和高雄事件那樣。[3] 民主化運動將繼續動搖中國民族主義，塑造台灣民族主義。現在我們來看看去中國化在李登輝時期是如何發生的，它如何進一步加劇了台灣的身份認同衝突。我們會檢視國家和知識份子在台灣民族主義的進一步發展中所發揮的作用。

（一）更多的公民改革和國家的中國民族主義的衰落

遵循集體主義的公民民族主義和集體族群民族主義，兩蔣政府都聲稱他們是中國的唯一代表。國民黨政府能夠做到這一點的主要原因之一是，它的國民議會於 1947 年在中國選舉產生，代表全國各地（實際上只有國民黨控制的部分，沒有中共控制的部分）。然後，作為選舉團的國民議會將選出國家總統。為了聲稱代表中國，然後收復中國，國民黨在法律上似乎有必要保留國會（見 Chao and Myers 1998：61; Hughes 1997：9，50-51）。廢除國會將產生多米諾骨牌效應：國會代表將主要由台灣人選舉產生，總統可能會主要代表台灣人，無論該人是由選舉團選舉還是由公民普選產生。這樣，「中國」的國家政權就會受到削弱。但這是民主運動在邏輯上會導致的必然結果。事情也就是這樣發生了。這是一個通向個人族群

---

[3] 關於 1980 年代和 1990 年代台灣政黨和民主發展的更多討論，見 I-chou Liu 1999; Teh-fu Huang and Ching-hsin Yu 1999。

民族主義和個人主義的公民民族主義的運動。

　　下面概述的是 1990 年代早期的一些事件，這些事件保證了中國民族主義和中國國家的衰落、台灣民族主義的崛起，以及以個人族群民族主義為主要特徵的新興台灣人的國家的崛起（有關台灣化進程的更多討論，另見 Jacobs 2006：98-104）。

　　1990年3月，在野黨和抗議學生在李登輝政府的支持下，有效地阻止了第一屆國會擴大權力和延長自己壽命的企圖。1990年7月，政府組織了有不同政黨參加的國事會議。該會議建議總統由民眾直接普選產生。1991年春，第一屆國會解散，第二屆國會由台灣民眾普選產生。現在的國會與中國大陸便【幾乎】毫無關係了。第二屆國民議會 1992 年修改憲法，由民眾直接選舉總統。這些事件為李登輝政府和民進黨推動其台灣民族主義的議程鋪平了道路（見 Chao and Myers 1998:186-276; Hughes 1997:58-66）。

　　同時，立法院也修改了刑法第 100 條，將煽動叛亂重新定義為公開的暴力和脅迫行為。29 名台獨活動人士獲釋出獄，資深活動人士彭明敏在流亡 23 年後於 1992 年從國外合法返回台島（Domes 1999：54; Mengin 1999：122）。

　　為了平衡台灣民族主義與中國民族主義，李政府於 1991 年成立了國家統一委員會。該委員會提出了一份名為《國家統一綱領》的文件。該文件規定統一是最終目標，但統一後必須有人權、民主和法治的保障，這個目標將逐步實現。中國可以被視為一個既不同於中華人民共和國也不同於中華民國的實體（Hughes 1997：67，75-76；另見 Copper 1996：166）。現在我們看到是個人族群民族主義的發展。傳統的國民黨人認為這是可以接受的，中國大陸也沒有激烈反對，因為這種民族主義仍然堅持一個中國的概念。中國民族主義仍然存在，但台灣民族主義卻已經取得了很大的進展，因為它現在有了更大的發展空間。陸委會於 1991 年正式成立，負責研究、規劃並在某種程度上推進對大陸的政策。海峽交流基金會也成立

了，負責與大陸官方直接聯繫，處理兩岸的日常事務（Hughes 1997：76-77）。

政府的一個中國政策實際上是「兩個政治實體」共用一個模糊的中國，這並不一定涉及主權問題。這非常接近於民進黨的台灣獨立（見 Hughes 1997：81，89），但並沒有放棄一個中國原則。從理論上講，國家仍然聲稱自己是中國人的國家，但實際上，它越來越獨立於中國，無論這個中國是中華人民共和國還是中華民國。

然而，李登輝 1996 年當選總統後向台獨又邁進了一步：1999 年他提出了中國大陸與台灣之間是「特殊的國與國關係」的概念。李是在同年 7 月 9 日接受德國記者採訪時提出的這一概念。這表明這個新的國民黨進一步背離了一個中國政策，儘管它仍然聲稱一個中國在未來仍然是可能的。大約在李登輝發表這個聲明的前一年，總統府在國家安全委員會內成立了一個政策研究小組，即加強中華民國主權和國家地位小組。該小組提出了一份文件，主張廢除國統綱領、修憲，並將大陸與台灣的關係規範為國際關係（陸鏗、馬西屏 2001：174）。之後便有了李的聲明。

李登輝的新政策可能與他之前試圖擴大台灣外交關係但基本上失敗了的經歷有關，與中國大陸政府對他 1995 年訪問美國和 1996 年當選中華民國總統的強烈反應有關。正如 Horng-luen Wang（2000）所觀察到的，在全球化進程中，跨國經驗可能會引導人們尋求新的身份。中國政府認為李的目標是台灣獨立，於是 1996 年下令在台灣海峽進行導彈試驗，並於 1995 年、1996 年和 1999 年下令進行其他軍事演習。支持和反對台灣獨立的知識份子也加入了這場論爭：一百多名中研院院士贊成統一，但台灣教授協會和台灣筆會等則反對統一。為了平息當時的火勢，克林頓政府 1996 年向兩地派遣了使節，並向台灣海峽派遣了兩艘航空母艦。（關於知識份子和國家在中國、台灣和美國各種爭端中的角色，請參閱陳儀深 1999；郝志東 2000; Lord 2003）。

於是李政府終於又回到了國統綱領的基本原則。蘇起領導下的陸委會

宣布堅持一個中國，總統府默認了，儘管不情願（見陸鏗、馬西屏 2001：181-182）。這就避免了一場潛在的軍事衝突，但國族認同的衝突卻仍在繼續。國家仍然在統一和獨立之間搖擺不定，或者說它在到底想建立一個什麼樣的國家問題上搖擺不定，知識份子也是如此。在接下來的陳水扁時代，我們將看到更多這樣的鬥爭。

但在我們討論陳水扁時代之前，讓我們先簡要地回顧一下這場涉及知識份子的身份認同衝突的其他一些重要發展，包括學術機構的更名和對台灣歷史與社會的一套新教科書的爭議等問題。這是我們之前討論過的1980年代文化發展的延續。

（二）知識份子的進一步去中國化

在1980年代末和1990年代初，有一個堅持不懈的去中國化進程。一個重要的指標是，許多曾經以中國為名的學術團體，現在改中國為台灣。其中包括台灣法學會、台灣政治學會、台灣社會學會、台灣歷史學會等（盧建榮 1999：236-244；王甫昌 2001：174）。像吳三連台灣史料基金會這樣的新基金會、亨利·盧斯基金會和台灣國科會等已有的基金會，都支持了大量的台灣研究課題。中央研究院創辦了台灣歷史研究所。然而，台灣歷史究竟是一部獨立的歷史，還是中國歷史的一部分，仍然存在爭議。對日本在台灣的殖民統治的評估，知識份子們的意見仍然相互矛盾。「日據」一詞越來越多地被改為「日治」，以強調日本殖民統治的成就。在台灣歷史學會的眼中，台灣歷史是日本歷史的一部分，而不是中國歷史的一部分；台灣歷史研究會對此則持不同觀點（王晴佳 2002：146-183，217）。

正是在所有這些衝突中，關於台灣歷史和社會的新教科書在1997年受到挑戰。這些教科書的總設計者，歷史學家杜正勝，在1990年之前還以身為在台灣的中國人而自豪，但是現在他希望這些教科書能夠將台灣人

想像台灣（2）——李登輝和陳水扁治下的去中國化與知識份子的作用

民統一起來，幫助他們向台灣認同（王晴佳 2002：214，219-221）。按照這個思路，過去的每一個政府，包括中華民國政府，都被描述或暗示為是外國勢力，都對台灣造成了傷害。但日本的殖民統治受到的讚揚則多於批評（王晴佳 2002：223-227）。另外一些人則認為這種對台灣歷史的描述是在歪曲歷史（王曉波 2002）。

王甫昌（2001：189-190）的專業觀察是準確的：在這場爭端中，由於雙方對台灣未來的政治有不同的想像，各自都簡化了本來是很複雜的歷史。他們的差異是如此突出，以至於忘記了雙方還有很多相似之處，比如共享的中國文化遺產。他們每一方都會同意在日本殖民統治下存在壓迫和反抗。即使如此，台灣人還是面臨著身份認同的衝突。他們在只注重台灣身份的族群民族主義和包容所有族裔的個人族群民族主義之間左右為難。但是，這個撕扯過程被當時的政治弄得更加複雜混淆，當然這也正常。知識份子試圖將這個問題梳理清楚，或者使它更加混淆不清。當然是此還是彼，取決於人們自己的立場。2000 年民進黨上台後，這個現象會變得更加明顯。 頁54

總而言之，在 1987 年至 1999 年的李登輝時代，雖然中國民族主義在台灣設法保住了一席之地，但國家在推動台灣民族主義方面取得了重大進展。它正走向台灣集體族群民族主義。更多的知識份子成為這種民族主義的有機知識份子，並努力將中國文化和台灣文化區別開來。結果，國家和知識份子的國族認同衝突加劇了，而不是減弱了。在陳水扁時代這種衝突還會繼續，這正是我們現在要討論的問題。

二、陳水扁時期持續的身份認同衝突（2000-2008）

2003 年 4 月 13 日，李登輝作為計畫中的 5 月 11 日示威遊行的主要召

集人舉行籌款晚宴，目的是為台灣「正名」，即從那些仍有「中國」二字的政府機關、企業和其他組織名稱中刪除「中國」二字。[4] 籌款晚會的150張桌子全部坐滿，出席者應該超過了1000人。出席會議的有陳水扁政府的政要、民進黨的政要、李登輝本黨台灣團結聯盟的政要、北社的知識份子以及其他社會活動人士。該晚會籌集了500萬新台幣，約合147,000美元，是他們預計10萬人參加的示威活動所需資金的一半。這些數字可以讓我們了解到台灣民族主義當時強勁的勢頭。下面讓我們再看更多一些陳水扁時代國家和知識份子民族主義活動的例子。

（一）進一步去中國化，但仍然搖擺不定（？）

頁55　在陳水扁政權的統治下，國家朝著獨立的方向又多走了幾步。陳水扁在2000年的就職演說中承諾，他的政府不會宣布獨立、不會更改國號、不會推動兩國論入憲、不會推動改變現狀的統獨議題公投，也沒有廢除國統綱領與國統會的問題，俗稱「四不一沒有」。換句話說，他將維持李登輝政府關於建立一個多族群國家的立場，不否認中國民族主義的合法性。他似乎在遵循民進黨在1999年《台灣前途決議文》中認同的「新中間路線」。[5] 換句話說，不直接處理主權問題可能是處理身份衝突的更好方法。它看起來像一種個人族群民族主義。但陳水扁和民進黨確實想做得更多，這也是上述文件所要求的。以下是一些示例。

　　（1）「一邊一國」。在2002年8月3日的世界台灣同鄉聯合會（我們之前提到的台獨組織）大會上，陳水扁宣佈台灣是一個主權獨立的國

---

[4] 由於SARS，示威活動被推遲到9月。另見瞿海源2002：210-211：音樂團體不光名稱要改變，演奏內容也要改變，比如中國交響樂團要改為台灣交響樂團，中國音樂要改為台灣音樂。

[5] 參閱民進黨網站 www.dpp.org.tw 民進黨歷史的內部規定部分，上網日期2009年5月10日。該文件說台灣是一個主權國家，但願意以中華民國以外的名義加入國際組織並暗示了「中華台北」名稱的可能性以避免主權問題。

第三章 73
想像台灣（2）——李登輝和陳水扁治下的去中國化與知識份子的作用

家，並提出了現在眾所周知的「台灣中國，一邊一國」的理念。他還鼓勵人們「認真思考通過公投將這一概念變成法律的重要性和迫切性」。[6] 這與他自己的「四不一沒有」政策有所衝突。陳水扁政府似乎正在通過排斥中國民族主義而走向集體族群民族主義。台灣內部以及台灣、中國大陸和美國之間的衝突將加劇。

的確，陳水扁政府被那些贊成統一的人視為漸進台獨。但另一方面，陳又不想被人這樣看。因此，政府做了一些危機公關，派陸委會負責人蔡英文到華盛頓解釋，說政府並不是真的想要惹是生非，也沒有嚴重偏離最初的對中國的政策。確實，自 2000 年以來，除了這次之外，政府似乎在很大程度上遵循了光做不說的政策，正如一些人所觀察到的那樣。當記者問蔡英文這是否是政府政策時，蔡英文沒有回答這個問題，但是蘇起說她的確和他這樣說過，他們實際上是在遵循只做不說的政策（見陸鏗、馬西屏 2001：189，203）。中國大陸政府以及台灣那些主張統一的人也認為這是陳水扁在走漸進台獨路線的一個例子。[7]

（2）政府計劃在中華民國護照封面增加「台灣簽發」字樣。這在 2002 年引起了很多爭議。政府的觀點是，其他人很難搞清楚中華民國和中華人民共和國的區別，此舉可以解決這種混淆。但有些人對此並不滿意。「統派」說這是邁向台獨的步驟之一，正如其他去中國化的措施那樣。[8] 但獨派的人們也不高興，他們認為政府做得還不夠。只應加上一個字，台灣。獨派贏得了最終的勝利：2003 年 9 月，封面加註了台灣二字的護照正式發行。

頁56

（3）語言使用。使用通用拼音而不是漢語拼音作為漢字的音標就是

---

[6] 原文見陸委會網站 www.mac.gov.tw，上網日期 2003 年 4 月 15 日。

[7] 見人民網 www.unn.com.cn/BIG5/channel2567，上網日期：2009 年 5 月 10 日。

[8] 見華夏經緯網網站 http://big5.huaxia.com/huzhao.html；《聯合早報》，上網日期 2002 年 1 月 15 日。

一個例子。政府將資助前者的使用，而不是後者。這一嘗試被視為將台灣與中國區分開來的又一次努力，因為漢語拼音為中華人民共和國以及世界學術界和政治界所使用。此外，政府以普通話為官方語言的政策於 2003 年被廢除，此後有 14 種語言全部成為「國語」，包括 11 種原住民語言、客家話（Hakka，一些廣東和福建人的母語）、閩南語（Hoklo 或 Holo）和普通話。[9] 如此看來，國家似乎在遵循一種個人族群民族主義，在這種民族主義中，每種語言都是平等的。但在現實中，這可能主要是為了擴大閩南語的使用，和普通話競爭語言的主導地位，因為很少有人會說其他語言，但大多數人會說閩南語。現在人們普遍將閩南話稱為「台語」，使其具有「國語」的地位。這是集體族群民族主義的典型例子，因為其他語言沒有「台語」的地位。這和政府在 2003 年制定的語言政策相矛盾。

（4）採取一系列措施，在公私機構中刪除「中國」或「中華」一詞，代之以「台灣」或台灣人。街道名稱也成為整改目標。這就回應了我們之前提到過的李登輝的正名號召。2005 年謝長廷出任行政院院長後，繼續推行游錫堃領導行政院時開始的正名運動。政府現在要求各種組織，特別是國有企業和政府機構，如果它們的名稱中含有中國或中華二字，就必須更改其官方名稱。其中包括鋼鐵、石油、電信和航空公司以及銀行和郵局，還包括位於台灣和海外由政府資助的學校，無論是軍事院校還是非軍事院校。台灣在海外設立的政府代表機構也將如此（李順德 2005）。例如，在謝長廷之後的下一任行政院長蘇貞昌批准將中華民國僑務委員會的英文名稱由 Overseas Chinese Affairs Commission 改為為 Overseas Compatriot Affairs Commission，即將「中國」二字取消。他們在海外建立的中華文化中心現在成為台北經濟文化辦事處（高凌雲 2006）。在蘇的領導下，司法部在近 100 部行政法規中刪除了與中國相關的提法（李順德

---

[9] 見中華民國教育部網站 www.edu.tw/mandr/importance/920213-1.htm，上網日期 2003 年 2 月 13 日。

第三章
想像台灣（2）——李登輝和陳水扁治下的去中國化與知識份子的作用

2006）。政府要求各部門及時報告其管轄組織名稱更正的進展情況。此外，許多人呼籲更改街道名稱。例如在台東市，獨派人士發動了一場運動，將源自中國大陸城市、省份或中國文化的街道名稱改為反映當地文化和當地人的名稱（黃明堂 2005）。

（5）2006 年 2 月廢除了國統會和國統綱領。[10] 就在一年前的 2005 年 2 月，陳水扁在會見親民黨主席宋楚瑜時重申了「四不一沒有」的原則，並承諾將堅持這些原則。[11] 一年後，他改變了主意。通過廢除國統會和國統綱領，陳水扁總統消除了與北京的象徵性政治聯繫。他原來的「四不一沒有」承諾現在只剩下「四不」，而且主要以紙面和文字的形式存在。台灣作為一個國家離中國這個國家越來越遠。

（6）去中國化最重要的措施可能是歷史教科書的設計。我們前面提到過 1997 年的教科書之爭。像歷史學家杜正勝這樣的學者，會說中華民國是外來勢力，日本殖民統治是良治。杜正勝變成教育部部長後想更進一步，要清除「大中華意識的沉痾」（黃一靜 2007）。在他的領導下，新批准的高中歷史教科書將台灣和中國分為兩卷。也就是說台灣不是中國的一部分，所以它不應該與中國在同一卷中討論。中國不再被稱為「大陸中國」或「大陸」，以強調台灣和中國是兩個不同的國家，而不是一個「島嶼」中國，一個「大陸」中國。清朝時期的中國移民現在被認為是中國對台灣的殖民。台灣和中國大陸之間的界限現在更加清晰。

如上所述，陳水扁領導下的台灣政府的政策鼓勵獨立運動的發展，同時竭力否認自己正在這樣做。這是否表明國家方面在中國和台灣民族主義之間存在某種猶豫，還是主要是在美國和中國的壓力下的一種政治現實主

---

[10] 美國希望大家相信國統會只是「暫停運作」，但實際上其他人都認為國統會被「廢除」是一個更準確的描述，即使正式文件說國統會只是「終止運作」。

[11] 有關陳和宋之間的協定及其進一步解釋，請參閱 PFP 網站 http://www.pfp.org.tw/news/news_detail.php?id=878&p=1160 的一篇文章，上網日期 2009 年 5 月 10 日。

義的處理？換句話說，國家走向獨立的決心到底有多大？它能走多遠？

的確，一方面，當陳政府宣佈「海峽兩岸一邊一國」、廢除國統會和國統綱領時，國家的立場似乎已經相當堅定。但另一方面，政府又一再向美國保證，它不會走得更遠。換句話說，它將繼續堅持「四不」，不會尋求法理台獨。無論這是出於對政治現實的考慮，還是出於對中國殘留的【歷史和文化的】情結，或兩者兼而有之，陳水扁領導下的台灣政府似乎並沒有完全放棄與大陸融合的可能性。

頁58

例如，正如邵宗海（2006：154-155）所指出的，陳從未說過他拒絕「一個中國」。2000 年，他甚至表示接受「一個中國，各自表述」的原則，儘管後來他否認了這一點。前行政院長、2008 年民進黨總統候選人謝長廷曾表示，他不會反對「憲法一中」。他也因此在 2007 年受到時任民進黨主席、前行政院長游錫堃的批評，後者當時正與謝長廷等人爭奪民進黨總統候選人的提名。但游錫堃本人曾表示，他不介意將自己定義為「華裔台灣人」（見中央社 2007；劉榮等 2007）。看來，無論是當時代表國家的陳水扁，還是民進黨有望代表國家的謝長廷，都沒有完全放棄他們的中國人身份。顯然，拋開政治現實主義不談，這個中國人身份不是他們當時可以輕易拋棄的東西。前總統李登輝在 1998 年甚至推廣新台灣人的理念，以包括來自不同種族和文化背景的人（見葛永光 2008; He Baogang and Guo Yingjie 2000：114）。

像馬英九那樣，很多人在談到兩岸關係前途時，標準答案是讓台灣人民自己決定，上述情結或許是這個答案的最重要原因之一。換句話說，一切皆有可能，即使民進黨更中意於一個獨立的國家。因此，國家似乎仍然在台灣和中國民族主義之間搖擺不定，儘管它在李登輝和陳水扁時代一直在追求一種基本上是排他性的集體族群民族主義。

國民黨在 2008 年贏得總統選舉，他們是否會改變國策，停止去中國化的努力，朝著台灣和中國民族主義相結合的方向前進？馬英九在接受媒體採訪時一再表示，國民黨將尋求與大陸進一步的經濟聯繫。在政治上，

第三章　77
想像台灣（2）——李登輝和陳水扁治下的去中國化與知識份子的作用

它將在「一中各表」的原則基礎上談判達成和平協定。至於未來，獨立雖然不是國民黨的選擇，但無論如何都是一個選擇。就像民進黨一樣，馬英九認為最終決定權在台灣民眾。無論如何，統一不是國民黨目前的首要任務，討論這個問題的時機還不成熟。馬想等到中國民主化之後再討論這個問題（見范淩嘉 2006；李明賢 2007；邵宗海 2006：162-172）。

【在兩岸的政治關係問題上，】國民黨到底想要什麼，其實並不清楚。他們或許是在故意迴避這個問題，以免激怒中國或台灣民族主義的追隨者。無論出於何種原因，國民黨似乎也舉棋不定。看來國民黨政府主導的國家在中國和台灣民族主義之間【也是】搖擺不定。國家是走向具有更排他性的集體族群民族主義，還是更具包容性的個人族群民族主義，還不是很清楚，儘管【從理想主義的角度看】後者更有可能。但由於獨派的力量相當強大，大陸民主化進程又非常緩慢【現在則正在倒車】，兩岸關係的未來發展仍然難以預測。我們將在後面幾章中進一步討論未來。

頁59

（二）有機、專業、批判型知識份子的角色及其困境[12]

各種類型的知識份子在試圖依照台灣或中國民族主義或介於兩者之間的什麼主義來塑造台灣的國族認同時，也面臨著類似的分裂，但不像政治家們那樣猶豫不決。此外，不同類型的知識份子面臨著各自不同的倫理困境：責任倫理與道德倫理。[13] 這裡我們將討論各種知識份子的角色以及他們的決定和困境。

---

[12] 本章其餘部分的內容大多基於我在 *Pacific Affairs*（太平洋事務）上發表的一篇論文，題為 "Between War and Peace: Ethical Dilemmas of Intellectuals and Nationalist Movements in Taiwan"（〈戰爭與和平之間：台灣知識份子的倫理困境與民族主義運動〉）（2005），78（2）237-256。

[13] 譯註：這兩個概念來自韋伯。道德倫理也被譯作心志倫理。其實責任倫理可以被看作是現實主義的倫理，而道德倫理或者說心志倫理可以被看作是理想主義的倫理。我們在後面會詳細討論。

國族認同、國家和知識份子

1. 有機知識份子的角色

台灣民族主義陣營主張一個在文化和政治上與中華人民共和國或中華民國不同的台灣共和國認同，其中最主要的代表是民進黨和台灣團結聯盟（簡稱台聯黨）。在 2008 年立委和總統選舉受挫後，民進黨一直試圖重組自己，而台聯黨則試圖在各種政治力量重新洗牌的時候找到自己的聲音。台獨的基本盤力量仍然很強大。其他台獨組織包括台灣社，由台灣北社、台灣中社、台灣南社和台灣東社等分社組成，每個分社代表來自台灣不同地區的知識份子團體。除此之外還有各種智庫，如群策會（公共倡導組織）、台灣綜合研究院、台灣智庫，以及成立於 1991 年的台灣教授協會。[14]

獨立陣營（通常被稱為泛綠陣營）[15] 的知識份子主要在推動一個文化和政治上獨立的台灣，一個與中國無涉的台灣。除了組織我們在上面提到過的正名等示威活動以外，他們還在報紙和雜誌上撰寫文章，闡明台獨的政治理念，使該運動合法化，並譴責那些仍然對中國（儘管不一定是中華人民共和國）抱有情感的人。過去幾年，台灣社和台灣教授協會除了參與抨擊政府腐敗外，還組織集會支持台聯黨的立法會候選人、遊說政府官員支持教育台灣化，並呼籲政府努力加入聯合國。[16] 獨立陣營的一些出版物包括《南方快報》（中文電子刊物）、《台灣公論報》、《自由時報》（中文）、《台北時報》（英文）等。[17]曾經有另一份中文報紙《台

---

[14] 見作者 2003 年 6 月 23 日在台北中央研究院對蕭新煌教授的採訪。雖然人們可能會懷疑那些參與政黨活動的人是否還是知識份子，但他們中的許多人對此並無異議。這些是台灣民族主義運動的有機知識份子。【正如參與中國革命的那些知識份子並不否認自己是知識份子一樣。】

[15] 泛綠陣營的顏色來自民進黨的黨旗，泛藍陣營的顏色則來自國民黨的旗幟。

[16] 見台灣社網站 www.twsociety.org.tw，其中包含該組織的政策聲明、出版物和活動報告，上網日期 2009 年 5 月 10 日；也見對南社社長鄭正煜的採訪，台灣高雄，2003 年 3 月 28 日。

[17] 《南方快報》聲稱自己代表台灣立場，主張台獨。見 www.southnews.com.tw，上網日期 2009 年 5 月 10 日。

灣日報》，但現在已經停刊。[18]《民視》（福爾摩沙電視台）和《三立》是同情獨立陣營的兩家最重要的電視台。

主張最終統一的陣營主要是夏潮聯合會（夏潮）和中國統一聯盟（統盟）。他們規模很小，沒有太大影響力，儘管聲音不小。智庫《鏡社》成立於 2003 年 3 月 1 日，主張在中國大陸和台灣之間建立某種聯盟。[19] 就中國民族主義而言，這些團體扮演了一個有機的功能。例如，台聯黨在 2002 年 5 月組織了為台灣正名的大會，統盟的知識份子便組織了一次示威遊行來反對。然而，兩軍對陣，後者寡不敵眾，在隨後的衝突中，他們中的一些人，特別是統盟主席王津平，被對方成員打傷。[20] 他們在當月晚些時候又組織了另一次反對台灣獨立的示威活動。但正如蕭新煌所指出的，這些知識份子往往與中國大陸人交往更多，和台灣人交往很少。[21] 他們在台灣基本上是被邊緣化了的。

和綠營的政治組織一樣，夏潮和統盟除了集會之外，還組織論壇和會議，比如每年 10 月 24 日舉行的台灣光復紀念會。2002 年，他們在台灣國立師範大學舉行了光復紀念活動之後的第二天又舉行集會和遊行，反對日本佔領釣魚台，反對前總統李登輝支持日本對釣魚台的主權。2003 年 3 月 30 日至 31 日，夏潮和國立台灣大學東亞文明研究中心共同主辦了關於日本殖民台灣的研討會。統一陣營出版的期刊包括《海峽評論》月刊、《遠望》月刊、《統訊》月刊、《國事評論》等。

國民黨和親民黨的主要大陸政策相似。（2008 年立法委員和總統選舉之後，親民黨試圖與國民黨合併）。他們對未來建立一個單一的文化和

---

[18] 譯註：台灣報紙的創辦與停刊變化較大，具體情況在網上可以很容易地查到。

[19] 見作者 2003 年 6 月 24 日對葛永光教授的採訪。

[20] 見作者對王津平的採訪，2002 年 10 月 4 日。

[21] 見作者 2003 年 6 月 23 日在台北中央研究院對蕭新煌的採訪。就台灣民族主義而言，蕭可以說主要是一個有機知識份子，但他所作的是一個對事實的觀察，就像一個專業人士所做的那樣，儘管他並非沒有自己的價值判斷。

政治中國的可能性持開放態度，但是這個中國在本質上是民主的、多民族的，中華人民共和國並不代表這個未來的中國。可以說他們屬於一個「可能的統一陣營」，即泛藍陣營。如上所述，自 2004 年總統競選以來，該陣營一直聲稱他們不會排除台灣獨立作為未來的選項之一。國民黨和親民黨願意走一步看一步。也就是說，他們願意認同憲法規定的一個中國政策，但他們會要求在聯合國佔有一席之地，並逐步進行經濟、社會和政治的互動。[22]

與泛綠陣營的知識份子不同，泛藍陣營的知識份子一般不反對被稱為「中國人」和台灣人作為他們的民族身份。但面對強大的獨立運動，面對 2004 年總統選舉的失敗，而又強烈希望保持住 2008 年重新獲得的權力，兩黨人士都很難準確無誤地表明自己的立場，使其看起來既不會得罪大多數台灣人，又能與民進黨和台聯黨區分開來。2008 年馬英九上台後不久，就遭到了泛綠陣營的攻擊，說他沒有捍衛台灣主權，因為他把台灣和中國稱為兩個不同的「地區」。他說自己的論點是基於中華民國的憲法，但泛綠陣營並不買帳。如果國民黨不清楚表明自己在未來兩岸關係問題上的政策，這個問題就將繼續困擾國民黨。國民黨在這個問題上可以繼續故意含糊其辭，那麼他們就會繼續面臨泛綠陣營的攻擊。[23]

兩家中文報紙和一份英文報紙——《中國時報》、《聯合報》和 *The China Post*（中國郵報）——總體上對中國民族主義表示友好，對與中國大陸建立更密切的關係表示同情。像 TVBS 這樣的電視台也是如此。他們被視為泛藍媒體，就像《自由時報》和《民視》被視為泛綠媒體一樣。

---

[22] 見《聯合報》2003 年 4 月 18 日；另見國民黨官方網站 www.kmt.org.tw 以及親民黨的官方網站 www.pfp.org.tw，可以找到他們的政策聲明、出版物和活動新聞，上網日期 2009 年 5 月 10 日。

[23] 譯註：當然即使國民黨更清楚地表明自己的大陸政策，還是會受到泛綠陣營的攻擊。但是作為一個有希望被選上執政的最大的反對黨，如果只有一個模稜兩可、首鼠兩端的台海政策，顯然很難獲得選民的認同。

想像台灣（2）——李登輝和陳水扁治下的去中國化與知識份子的作用

更廣泛的「統一」陣營和「獨立」陣營的團體之間還是存在【另外】一些重大差異。[24] 夏潮和統盟也相信社會主義，儘管不一定是中國式的的社會主義。他們的一些成員在早期曾經是受蔣介石政權迫害的政治異議人士（王曉波 2002）。自 1970 年代以來，他們與工黨一起構成了島上的左翼，儘管他們一直是一支相當弱的力量。夏潮聯合會實際上是 1970 年代夏潮雜誌的衍生組織。大概是因為這些背景，他們與國民黨或親民黨聯繫很少，也不協調活動，不像泛綠陣營的組織。他們是社會主義和中國民族主義的有機知識份子，但他們不是中國共產黨、國民黨或親民黨的有機知識份子。[25] 相較而言，泛綠陣營中的有機知識份子與民進黨和台聯黨的政治活動是密切相關的。

2. 有機知識份子的倫理困境

正如我們在第一章中所解釋的，典型的有機知識份子願意使用道德上可疑的手段來實現他們認為道德上良好的目的。在統獨問題上，雙方的有機知識份子都認為自己代表著台灣發展的正確方向。為了達到他們的目標，並盡快地達到這個目標，典型的有機知識份子認為需要訴諸最有效的手段，包括戰爭。如果暴力使得中國革命得以成功，甚至可以說也幫助了台灣的民族主義轉型、台灣的民主轉型，那麼類似的可疑手段也可以用來繼續幫助各種民族主義的發展。以下是這種可疑手段的兩個例子。

首先，為了有效地推進他們的事業，作為優秀的民族主義者的有機知識份子，會使用任何必要的手段來推進他們的觀點。其中一種手段就是

頁62

---

[24] 見作者訪談陳福裕、王津平，2002 年 10 月 4 日；另見郭紀舟，1999：359。譯註：陳福裕曾任夏潮聯合會會長等職。

[25] 與台灣民族主義的台灣社、台灣教授協會等知識份子組織相比，夏潮和統盟在當前的台灣政治環境中規模相當小，也沒有什麼影響力。在訪談統盟主席王津平的時候，我問了他關於自己組織的政治相關性問題。我說如果他的組織實際上不是一個政黨，也不有機於國民黨和親民黨，那麼他們如何發揮政治影響力呢？他認為這是個好問題，但他似乎也覺得在現在情況下他們的確無能為力。

【有意無意地】扭曲【或選擇性地陳述】歷史事實。獨派的有機知識份子會強調台灣脫離中國的歷史，而忽略台灣是中國一部分的時候的歷史。統派的有機知識份子則會做相反的事情。[26] 他或她會強調台灣人在殖民化時期對日本人的抵抗運動，而忽視殖民者的現代化努力。獨派的有機知識份子會讚美日本文明，而不考慮日本對亞洲大規模的帝國主義入侵，並造成了億萬人的痛苦、無數人的死亡。[27] 一派強調傳統或現代台灣文學是中國文學的一部分，另一派則強調台灣文學的獨特性。當然，雙方都可以找到證據來支持他們的主張，但各方都遺漏了一些重要的訊息（另見蕭阿勤 1999；Hsiau A-chin 2000）。

正如 Renan 所指出的，「弄錯歷史是國族建構的一部分」（Hobsbawm 1992：12 引用）。同樣，著名歷史學家霍布斯鮑姆（Hobsbawm 1992：12-13）也說：「任何嚴肅的國家歷史和民族主義歷史的學者都不可能是一個堅定的政治民族主義者。民族主義需要太多絕非建立在事實上的信仰」。這種看法不僅適用於歷史學家，也適用於社會學家和政治學家，尤其適用於我們所說的有機知識份子。當一個知識份子把歷史弄錯時，他或她就不再是一個專業人士，不是一個專業的歷史學家、社會學家或政治學家，而成為了一個好的有機知識份子。然而，這些知識份子仍然希望被視為專業人士。這就是我們所說的倫理困境。

---

[26] 一位評審說，實際上在第二次世界大戰結束之前，台灣從未被一個在亞洲有穩定勢力的中國政權（Sinicized regime）所統治過。我認為這位評審的邏輯是這樣的：清朝是由滿族統治的，而滿族人並不是中國人【這也是新清史的觀點】；因此，【除了鄭成功時期外】，台灣從來沒有被中國人統治過。然而，中國人傾向於認為滿族人已經被漢化或者中國化，已經成為中國人了；因此，在日本殖民之前，台灣由中國政府統治了 200 多年，儘管這個政府是由清廷代表的。這兩種觀點都有一定的道理，政治立場不同的人支持的觀點可能也不同。這就讓我們不得不質疑「再中國化」這個詞，因為如果清朝沒有中國化的話，國民黨就不可能將台灣「再中國化」。這是一個值得商榷的問題。我想說這個詞的使用並不完美，就像我們對「獨立」和「統一」這兩個詞的使用也不完美一樣。在閱讀這本書和理解問題時，我們還需要注意這些微妙地地方。

[27] 有關這個問題的類似觀點，見林滿紅 2002：195-202。

想像台灣（2）——李登輝和陳水扁治下的去中國化與知識份子的作用

第二，有機知識份子為了能夠有效地推進自己的事業，必須誇大他們認為是對方的弊端，以便最大限度地動員自己的群眾。正如中國革命的歷史告訴我們的那樣，敵我的界限越清晰，就越容易激發和動員群眾。正如毛澤東所說，誰是我們的敵人，誰是我們的朋友，這是革命的首要問題。他成功地用這種思路動員群眾參加革命戰爭。一場運動的發起，通常不能依賴於對問題的複雜論證。

以下是台灣民族主義和中國民族主義有機知識份子典型言論的一些總結。其中有很多誇大不實之詞，有時人們在其中會看到台灣威權時代的語言或 1960 和 1970 年代中國文化大革命使用語言的影子。這些表達取自有機知識份子的各種出版物。我沒有註明出處。正如我在第一章中所解釋的，知識份子會在不同的時間、不同的問題上，從一個立場或角色過渡到另一個立場或角色。如果有一個人說了一句什麼話，我們很容易會假設說這個人是某一個類別【比如統派還是獨派】。如果給下面這些話語加上出處，就可能會導致讀者做出不公平的假設。我們寧可把下面這些話語看作是一個典型的有機知識份子或者一個專業知識份子在扮演有機角色時說的話。

台灣民族主義的有機知識份子會說：

> 中國是我們的敵人。向中國示好就是賣台求榮。
> 凡是阻止我們建設一個獨立國家的人都是我們的敵人。
> 統派的知識份子視中華人民共和國為祖國。他們和失去權力的國民黨人一樣，是中共的「第六縱隊」。
> 國民黨和親民黨正試圖讓國家恢復威權主義。
> 大前研一提議建立包括台灣在內的中華聯邦，動機險惡。
> 那些與中國有聯繫的人是「半山」（意思是半個台灣人），他們是機會主義者。
> 那些為中國說話、危害國家安全的大眾媒體、團體和個人都應該受

到懲罰。他們的話語應該受到嚴格管制或取締。

為國民黨代言的人是中國民族主義的文化打手。

將自己看作既是台灣人又是中國人，這是一個扭曲的人格。

「中國情結」是危險的，必須切斷。

在 1990 年代之前統治台灣的人要麼是殖民者，要麼是帝國主義者。

中國人在國民黨之前從未統治過台灣。[28]

頁64　中國民族主義的有機知識份子會說：

「台灣中國，一邊一國」的概念是一個新的陰謀。這是台獨勢力與日、美帝國主義者勾結的結果。

那些支持獨立的人是美帝國主義的走狗，是日本皇民。

他們是島國心態，心胸狹窄。

他們想把外省人都趕到海裡去。

台獨運動正在走入一個死胡同。

李登輝和陳水扁是漢奸。

獨派人士數典忘祖。

歌頌日本殖民主義者的人是三腳仔，是日本人的奴才。

那些反對中國統一的人應該被砸得粉碎。

台灣人不必跟陳水扁一起沉淪。

正如我們所看到的，通過誇大對手的「缺陷」並使用煽動性辭藻，典型的有機知識份子遵循了責任倫理：為了有效地實現他們認為是道德上良

---

[28] 見上文關於中國化問題的腳註 26。

想像台灣（2）——李登輝和陳水扁治下的去中國化與知識份子的作用

好的目的，他們使用了道德上可疑的手段。但這樣做，他們就偏離了專業人士的角色。這些知識份子沒有實踐道德倫理，後者要求他們超越黨派、保持中立和客觀。有機知識份子為國家或社會運動創造理論，做他們的代言人，宣傳他們的意識形態，並充當他們的領導。他們是有黨派之私的，也必須有黨派之私。這就造成了一個倫理困境。專業主義精神要求他們的客觀性，與黨派保持距離，但行動主義需要黨派觀念和言論的煽動性。

這種困境也可以被視為批判性話語文化與權力政治文化之間的衝突。Gouldner（1979：28）認為，批判性話語文化指的是通過聽眾的贊同而不是演講者的權威來證明自己論點的正確。有機知識份子的受眾不僅包括那些有權勢的人，還包括他們的讀者和聽眾。作為知識份子，他們所效忠的除了他們的政治事業外，還有專業主義。他們總是要接受對其論點的專業審查，以及權力政治的審查，無論他們是統派還是獨派。

這種對專業和政治的雙重效忠，可能會使有機知識份子在他們的著作中提出相互矛盾的論點。他們既想堅持黨的路線，又想努力做到專業。

頁65

蕭新煌（2006：12-13）從另一個有趣的角度向我們展示了這個問題的複雜性。他在尋求「轉型正義」的時候，無意中表現出自己在這些問題上的猶豫不決。他說認為之前執政的威權政黨有挑戰現政府的合法權利是一種錯誤的觀念。他認為之前那些威權的衛士現在突然變成了民主的先鋒，這不公平，他感到了一種不安。但另一方面，他又覺得，我們不能說反對黨永遠不可能成為執政黨；這是人民的選擇。他對民主的信仰與他對台灣民族主義的信仰相衝突。他自己也發現了這樣的衝突。我相信他也明白，民主不僅僅意味著「人民的選擇」。正如我們將在以下章節中進一步討論的那樣，民主也意味著容忍和尊重不同意見。威權領導人走向民主並沒有錯。

【其實】這難道不是海內外許多中國民主人士希望看到在中國大陸發生的事情嗎？如果我們認為中共和國民黨應該容忍和尊重台灣民族主義，正如蕭教授在他的作品中主張的那樣，那麼台灣民族主義者難道不應該也

同樣容忍和尊重中共和國民黨的中國民族主義嗎？[29]

葉啟政先生（2004：339-341）的情況也很一樣。如果他希望台灣民族主義更具「建設性」和「正面性」，他或許不會把中國當成阻礙台灣建立一個完整的台灣認同的霸權主義幽靈。一個具有「建設性」和「正面性」的台灣身份，難道不應該是一個多重身份嗎？

在他們對台灣民族主義和民主價值觀的研究中，張茂桂、吳忻怡（2006：243，250）發現，與反對獨立的受訪者相比，對台灣民族主義有強烈意識的人可能較少寬容意識，也較少有政治參與的衝動。[30] 他們說，前者對民主價值觀的更大讚賞可能是因為他們需要這些價值觀來對抗支持獨立的民族主義者。錢永祥（2004：299-300）將台灣缺乏批判空間歸因於自由主義傳統的薄弱，這一點，我們將在接下來的章節中進一步討論。他說的可能有些道理。江宜樺（2004：304）也認為，台灣民族主義對中國文化可以更加包容。顯然，有機知識份子總是會面臨民族主義還是自由主義的倫理困境。

在塑造台灣的國家認同時，有機知識份子的角色至關重要。雖然我們沒有對國家去中國化努力的程度和統獨雙方有機知識份子的寫作、倡導等活動之間的相關性進行過任何統計學意義上的分析，但是根據我們上面的分析，我們大概可以確認這種相關性應該是很強的。以知識份子為領導者的公眾輿論在影響民主國家決策方面發揮著越來越重要的作用。因此，知識份子和國家確實是相互影響的。就像杜正勝那樣，他們不僅為某種民族主義著書立說，他們還參與組織民族主義的群眾運動，並擔任其領導職

---

[29] 關於蕭新煌先生對台灣民族主義的看法，請參閱蕭新煌 1989：98。但是，儘管蕭先生似乎在倡導台灣民族主義，但他也認同中國。他說：「當然要認同中國，台灣本來就屬於中國，這是我們自己的民族文化，沒有中華文化的源頭，就沒有台灣文化的延續」。他認同一個文化和歷史的中國，但不認同一個政治的中國。此後他是否改變了立場是另一個問題。這是台灣民族主義的有機知識份子要處理的困境。

[30] 譯註：這是以前的調查。後來的發展情況當然可能會有很大不同。

務。事實上，與中共相比，歷史上更多的知識份子加入了民進黨或國民黨政府，儘管現在所有政黨都在招募知識份子為他們服務。

這些知識份子在扮演有機角色的同時，他們的民族主義立場似乎比國家還要堅定。這可能是因為他們沒有執政權，在意見上可以更極端一些而不會有太嚴重的後果。然而，他們在塑造國族認同方面的作用不容低估，因為他們確實在影響著國家／政府的決策。儘管他們面臨著各種倫理困境，他們的作用仍然至關重要。

3. 專業知識份子的作用及其困境

典型的專業型知識份子對解決技術或社會難題感興趣，並會試圖與政治保持距離。本節將關注那些研究民族主義問題但不參與政治組織與政治活動、也不出現在電視上辯論政治問題的知識份子。我們下面討論的問題代表了這類知識份子比較典型的特徵。（我們需要記住的是，有機和批判型的知識份子也可能在某些時候表現出這些特徵：我們在談論的仍然是知識份子的理想型分類）。

首先，我們來看他們在寫作中使用的語言。他們在研究中會避免使用像「日據」或「日治」這樣的詞彙，這些詞在中文中已被政治化：前者代表著對日本殖民的批評，經常被所謂的統派使用；而後者則代表著對日本殖民歷史比較正面的看法，經常被獨派使用。如果他們必須使用這些詞，專業知識份子可以將兩個詞交替使用，以免顯得黨派化。[31] 此外，他們不會使用煽動性的詞句來指代不同陣營的成員，比如他們不會使用有機知識份子經常使用的「賣台」或「認賊作父」等表達方式。

更重要的是，專業知識份子會試圖完整地描述歷史事件，而不是省略或故意忘記歷史的某些部分。他們試圖弄清自己的歷史，正如 Hobsbawm

---

[31] 見作者訪談王甫昌，台北，2003 年 6 月 18 日。在政治上，王對台獨的想法表示同情，但他在致力做專業的研究。我前面說過，現在的高中歷史教科書用的是「日治」，否則在陳水扁政權下，這些書就不會得到教育部的批准而發行。

（1992：12-13）所說。要做到這一點，歷史學家或任何其他社會科學家需要「在進入圖書館或書房之前把自己的政治信念拋在腦後」。從這個角度來看，日本殖民統治確實為台灣帶來了更多的現代性，被殖民者確實從現代制度的擴展中受益。但殖民者的意圖是「從島上獲得各種經濟利益，並使台灣對日本殖民者來說更安全、健康和舒適」，以便使他們能夠更有效地統治台灣人（Wakabayashi 若林正丈 2006：8）。專業知識份子需要為我們提供一個事件發生的更全面的景象，而不是像有機知識份子那樣簡單地讚揚日本殖民者對台灣現代化進程的貢獻或只是簡單地譴責他們的任何作為。

馬克斯・韋伯（Max Weber）可能是最早區分有機角色和專業角色的理論家之一，儘管他沒有使用這些詞語。韋伯（1946：145-147）在他著名的關於科學作為職業的演講中談到了教授的角色。他說，教授可以有兩個角色。當他們在政治集會上演講並採取了強烈的黨派立場時，他們在扮演著一個角色。這就是我們所說的典型的有機角色。他們在此類會議上使用的詞語，他們在為報紙和雜誌撰稿時使用的語言，將成為拉票和贏得他人支持的一種手段。它們是用來對付政敵的武器。

然而，韋伯說，如果一個教授在課堂上使用這種語言，就是是可忍孰不可忍了。在這裡，語言只應該是科學分析的手段。它們是鬆開沉思的土壤的犁頭。例如，如果他們在討論民主的問題，教授應該分析各種形式的民主，看看它們是如何運作的，將一種形式的民主與另一種形式的民主進行比較，並將民主與非民主形式的政府進行比較。至於學生喜歡哪種政府形式，則是他們自己的問題，教授不能以任何方式將他或她的立場或價值觀強加給學生。

韋伯（1946：147）認為，一個有專業主義精神的教師必須讓他的學生了解「不方便」的事實：

一個有用的老師【也就是我們這裡所說的有專業主義精神的老師】

想像台灣（2）——李登輝和陳水扁治下的去中國化與知識份子的作用

的首要任務是教他的學生識別「不方便」的事實。我的意思是那些對他們的黨派意見來說是不方便的事實。對每個黨派意見來說，都有極其不便的事實，對於我自己的意見來說，或者對其他人的意見來說，都是如此。我相信，如果一個教師能夠迫使他的聽眾習慣於這些不方便事實的存在，那麼他所完成的就不僅僅是一項智力任務。我甚至會毫不謙虛地使用「道德成就」這個詞，儘管對於不言而喻的事情來說，這聽起來可能太誇張了。

韋伯顯然對教授們無法區分他們的黨派職能和他們作為專業教師或研究人員的職能感到非常擔憂不安，以至於他認為能否區分這兩種職能是一個道德問題。[32] 當然，韋伯說，老師們不可能完全排除個人的政治喜好對教學的影響，但如果他們以不道德的方式行事，他們自己的良心就會受到譴責。韋伯（1946：146）時刻「準備從我們歷史學家的著作中證明，每當一個科學家引入他的個人價值判斷時，對事實的充分理解就*停止*了」（原文斜體）。[33]

---

[32] 我們在台灣和中國大陸都會看到許多混淆知識份子政治和專業角色的案例。台灣國立政治大學助理教授莊國榮就是一個很好的例子。2008年，他在陳水扁執政後期擔任中華民國教育部長杜正勝的主任秘書。他幾乎因為他的政治煽動性語言和在倫理有問題的言論而失去了教學工作。Kilpatrick（1935）和韋伯觀點相同：「如果這是一個有爭議的問題，如果老師只傳播一方面的觀點，那麼這樣做就既不道德也不民主。教師的職責是培養大中小學生自己處理有爭議的社會問題的能力。這才是培養民主公民的途徑」。2004年3月19日，我與台灣國立政治大學的邵宗海教授討論了這個問題。他談到了區分這兩個角色的重要性，他自己是教授但曾經同時也為政治競選活動服務。最終，他決定放棄自己的政治角色，以專注於他的專業工作。

[33] 有些人可能會質疑專業人士是否可以做出中立的研究。對專業知識份子來說，做到中立也的確是不容易的事情，因為一個人總是受到自己政治的以及許多其他社會和經濟因素的影響。但正如韋伯和霍布斯鮑姆所觀察到的那樣，人們可以設法做到盡可能的「中立」。我們不能指望專業知識份子做到完全的「專業」和「中立」，就像我們不應該期望有機或批判性的知識份子做到完全的「有機」或「批判」。這些是我們在本書中討論的各類知識份子的複雜動態。

頁68　　區別專業和有機，對海峽兩岸研究民族主義和民族認同衝突的學者們來說，也同樣困難。他們可以在多大程度上保持專業立場？如果說在教室里做到專業可能相對容易，但如果他們是在報紙上寫文章呢？他們是否要在政治問題上表明自己的立場？他們應該署名說自己是某所大學的教授還是中央研究院的研究員？如果他們這樣做了，他們是否犯了韋伯批評的道德錯誤，即以自己的專業身份不公平地影響了他們的受眾？但影響受眾正是他們撰寫報刊文章的目的。他們當然可以簽下自己的名字或他們所屬的政治團體，但如果讀者不知道他們的背景，他們的影響力將大大降低。那麼專業人士是否應該對別人有所影響呢？

下面是另一個有機知識份子會做，但是專業人士不會做的事情。它取自一個對從西藏到印度來避難的十三歲男孩的採訪（見 Donnet 1994：113）。他曾參加過西藏的抗議活動，他的一個兄弟在一次抗議活動中被防暴警察所殺。

——你恨中國人嗎？
——是的，我恨他們。
——你想報仇嗎？
——是的。

有機知識份子會提出引導性問題，但專業人士不會。但是，在激發情緒和得到想要的東西方面，一個有引導性的問題肯定更有效。專業人士更有可能【只】描述發生的事情，但有機知識份子更有可能在描述中插入自己的議程。

在台灣和在其他地方一樣，知識份子必須永遠與這個困境作鬥爭：要專業還是要對政治有所影響。這兩個角色可能會相互矛盾。做一個專業人士就像站在人行道上看著歷史在發生：專業人士的所作所為可能不會對社會變革產生直接影響，儘管它與有機知識份子的工作同樣重要（另見

想像台灣（2）——李登輝和陳水扁治下的去中國化與知識份子的作用

Zhidong Hao 2003a：57-8; Merton 1968：266）。在國族認同問題上，專業知識份子遵循道德倫理，可能正在做他或她認為是正確的事情，但可能會感到【自己對社會變革的】無能為力、徒勞無功。然而，正是這種困境構成了專業知識份子工作的多重可能。正是這種專業工作，或者說有機知識份子和批判型知識份子的專業面向，平衡了有機知識份子的黨派立場。雖然他們不能告訴別人是否應該【為了什麼原因】去開戰，因為這是一個價值觀問題，我們不可能將自己的價值觀強加給別人，但專業人士可以更全面地描述人們選擇什麼樣的行為可能會導致戰爭，而什麼樣的行為可能會引向和平。

同樣地，即使專業知識份子不能告訴人們應該認同什麼，是中國民族主義呢還是台灣民族主義，但是他們應該能夠幫助人們看到他們的民族主義情緒在阻礙他們看到更多的東西。對專業知識份子來說，下定決心還是猶豫不決不是他們的問題。他們的困境是要在政治上有所作為呢還是無所作為。然而，與有機知識份子相比，他們的角色同樣重要。

頁69

4. 批判性知識份子的作用及其困境

正如我們在第一章中所討論的，批判型知識份子是那些既是專業知識份子，同時也最關心弱勢群體的命運，批評權力，並遵循道德倫理。在民族認同衝突或統獨問題上，他們更關心公平和正義，而不是某個特定結果。他們會問，誰會從特定的政治安排中受益，或者從戰爭或和平中受益？普通人會受到怎樣的影響？甘地在以下段落中雄辯地指出了這一點（引自 Tamir 1993：95）：

> 回想一下你可能見過的最貧窮和最無助的人的命運，問問自己，你想要採取的行動對他有任何用處嗎？他能從中得到什麼東西呢？這些行動會讓他重新掌控自己的生活和命運嗎？換句話說，這些行動會使數百萬飢腸轆轆和精神貧困的同胞們得到 swaraj 或者說讓他們

能掌控自己的命運嗎？然後你會發現你的疑惑和你的自信就逐漸消失了。

批判性的知識份子不會預設立場——比如統一、獨立、邦聯、戰爭或和平——而是像專業知識份子那樣首先分析各種方案的利弊，然後確定哪種方案可能對大街上的普通人最為有利。這種思路也符合羅爾斯公平即正義的思想（見 Rawls 1999）。一條行動路線是只使精英受益呢，還是普通人也能獲得回報？在批判性知識份子眼中，公民意識、公民權利和義務必須超越任何民族血緣關係或文化遺產，以及任何基於這種聯繫之上的戰爭與和平的立場（見江宜樺 1998：163）。

批判型知識份子的這個方法和面向也可能存在於有機和專業知識份子中，但程度要小得多。例如，批判性知識份子會關注從中國到台灣的新娘或無證工人的人權，但是典型的台灣民族主義和中國民族主義的有機知識份子所關注的則是他們在這件事上的族群和黨派利益。他們更關心的是，如果有一天台灣新娘獲得公民身份，她們是否會投票支持他們的民族主義事業。他們也可能討論這些新移民所面臨的困難，展示他們批判性的一面，但他們幫助新移民的努力往往取決於他們的黨派利益。[34]

做社會的良心主要是批判型知識份子的一個特點。他們還最大限度地參與到批判性話語文化中來，因為他們最少考慮權勢者的意願。像專業人士一樣，他們遵循道德倫理。對他們來說，和平與正義是應該努力爭取的目標，戰爭從來都不是一個可以接受的選項。但他們的困境是，就像專業人士那樣，他們也站在人行道上看著歷史在發生，自己卻無能為力。儘管

---

[34] 像台灣其他弱勢男性一樣，許多因內戰而失去家庭的退伍老兵自 1980 年代以來與來自中國的年輕女性結婚。關於中國新娘問題複雜性的討論，見趙彥寧 2004。有關該問題的更多資訊，請參閱中國新聞，在線 www.chinanews.com.cn/n/2003-09-20/26/348801.html，上網日期2004年11月7日。

第三章 93

想像台灣（2）——李登輝和陳水扁治下的去中國化與知識份子的作用

如此，他們對絕對和普世的價值的堅守，比如和平與正義、民主與人權，有可能緩衝一下有機知識份子不惜一切代價追求其目標所採取的黨派立場。

台灣有兩個知識份子組織，在較大程度上代表了批判性知識份子。澄社成立於 1989 年，並繼續在台灣政治中發揮作用；公平正義聯盟，又稱泛紫聯盟，因為它在政治上位於泛綠陣營和泛藍陣營之間，成立於 2003 年。我們現在很少聽到泛紫聯盟的消息【2006 年解散了】，但這個案例很有啟發性。

據澄社創始人之一的楊國樞（1989）的介紹，最初參與建立該組織的 21 名知識份子都傾向於關注社會、經濟平等和政治民主化。他們想提供第三種聲音，一種客觀和超然的聲音。他們將成為一個關注和批判政治的組織。其成員不會加入政府或競選政府職位，「出任黨政職務者視為自動退社」。他們也一直堅持來這一立場。隨著 1990 年代民族主義運動的發展，那些對台灣民族主義或中國民族主義有強烈感覺的成員也陸續退出澄社，包括楊本人、胡佛和李鴻禧（見瞿海源 1999）。儘管如此，澄社仍堅持批判政治，堅持無黨派立場，或者至少努力以無黨派人士的立場發言。他們就台灣的政局發表聲明、組織對立法會議員表現的評估、呼籲政黨、政府官員和軍隊退出大眾媒體組織的管理等等。

公平正義聯盟主要由代表勞工、婦女、老年人、教師和殘疾人的組織構成，以簡錫堦為總召集人。該組織的立場是，政客們忙於在國族認同的話題上打架，以至於無暇顧及普通人日常關切的問題。政客們對國族認同問題的執著撕裂了台灣社會，危害了人民的福祉。泛紫聯盟的成員之一張茂桂指出，當政治侵入學院，大眾媒體也必須選邊站的時候，用不了多久，家庭就會被撕裂。[35] 2006 年簡錫堦還在以施明德為首的、反對陳水

頁71

---

[35] 有關該新聞的更多資訊，請參 http://news.cqnews.net/system/2003/11/26/000332233.shtml，上網日期 2004 年 11 月 7 日。張茂桂在幫助起草民進黨的宣言之一時，扮演的是一個有機的知識份子的角色。但在這裡，他扮演的是批判型知識份子的角色。

扁總統及其家人的腐敗運動中發揮了重要作用。

這裡至少有兩個困境。首先，儘管這些批判性知識份子討論的事情可能非常重要，但他們的受眾遠遠少於民族主義政治家和有機知識份子的受眾。他們的影響力是有限的。雖然泛綠和泛藍陣營似乎都歡迎泛紫聯盟的成立，但他們也想知道該組織能在多大程度上影響當前的國家政治，而這個國家政治是與國族認同問題緊密相連的。[36] 澄社前社長瞿海源也曾感嘆學者影響政治的能力日漸衰落。的確，他在一本政治批判的書中，說學者的政治批評猶如狗吠火車（1999，2002：4）。[37] 就像專業知識份子那樣，他們【對歷史事件的發生】也感到無能為力。

其次，如果他們想要具有影響力，他們必須有一定程度的政治參與。但如果他們這樣做，他們就有成為某黨派有機知識份子的風險，從而失去他們的批判性型知識份子的特點。例如，澄社在2003年12月發表聲明，批評新的公投法，稱其反民主，並認為全民公決應該被用來解決國族認同問題。他們的聲明僅發表在《台灣日報》上，也即一份支持台獨的報紙。[38] 看來，澄社在這個問題上已經在偏向了某個政黨，支持了泛綠陣營對公投法的批評。如果澄社像現在這樣越來越頻繁地扮演這樣的角色，那麼它是否就已經站邊？按照我們的定義，它的成員還是批判型知識份子嗎？

由於泛紫陣營反對強烈的民族主義政治，那麼泛藍陣營在這個問題上多了一個盟友，但泛綠陣營則多了一個對手。因此，泛紫陣營很容易被視為在支持泛藍陣營。[39] 更重要的是，泛紫陣營甚至在考慮推出自己的總

---

[36] 訊息來自網 http://news.cqnews.net/system/2003/11/26/000332233.shtml，上網日期2004年11月7日。

[37] 我2003年6月23日在台北對瞿先生的採訪也談到了這個問題。

[38] 來自《台灣日報》網站 http://taiwandaily.com.tw/，上網日期2003年12月3日；另見我2003年12月20日對瞿先生的訪談。

[39] 族群平等行動聯盟是另一個最近的批判型知識份子組織，它已經被指責為偏袒泛藍。它對族群平等的呼籲被視為壓制台灣身份的一種方式。見《台灣日報》2004年1月24日關於這個問題的文章。

統候選人或發起一個 2004 年不投票的運動。這些行動將使他們有資格成為某個運動的有機知識份子，並使他們失去批判知識份子的地位。他們應該如何處理批判性和影響力之間的困境？普世價值觀和黨派政治之間的界限在哪裡？

那些反對戰爭、堅持和平是絕對和普世的價值的知識份子，在台海問題上也可能被拖入黨派立場。2003 年，大約 500 名知識份子簽署了一份反對伊拉克戰爭的聲明。因為泛綠政府支持美國的行動，泛綠知識份子在這個問題上基本保持沉默。另一方面，泛藍知識份子則開始發聲反對戰爭。如果台灣海峽發生戰爭，可以想像這樣的分裂、站隊和標籤化可能會再次發生。顯然，防止戰爭的最好辦法是與中國大陸和平相處。但這似乎意味著向台灣的敵人投降；泛綠陣營已經在指責泛藍陣營所要的正是這樣一種結果。

面對上述困境，批判性知識份子可能會發現很難在不站邊的情況下維護普世價值。而不站邊則意味著喪失影響力，正如專業知識份子那樣。儘管如此，這些專業和批判型的知識份子，如果他們能夠設法獲得影響力，可以構成一個對有機知識份子的重要平衡力量，也即在國族認同的塑造以及中國和台灣民族主義之間的鬥爭中的一個平衡力量。

三、結論

我們在上一章考察了殖民國家的日本化和國民黨國家的再中國化。我們在本章考察了李登輝和陳水扁的民主化和去中國化。我們還考察了知識份子在這些不同歷史時期的作用。我們觀察到，日本殖民國家和國民黨國家都試圖通過行政改革來實踐集體主義的公民民族主義，包括日本政府將地方精英納入諮詢委員會的努力，甚至選擇三名台灣人的代表參加日本議會的貴族院。但他們的公民民族主義仍然是集體主義的，因為總督在台灣

仍然像主權者那樣擁有至高無上的權力。更重要的是，日本殖民民族主義仍然是集體族群民族主義，台灣人被視為日本臣民，而不是完全的公民，不具有在台灣的日本公民那樣的平等權利。皇民化運動在宗旨是要從台灣人身上消除任何中國文化遺產的痕跡。

一些有機知識份子與日本殖民國家合作，撰寫皇民化文學，還有一些有機知識份子支持同化運動。但完全同化幾乎是不可能的。例如，讓林獻堂完全日本化就很難。儘管他積極參與同化運動，但他仍然認為自己是中國人。其他知識份子嘗試了包括武裝抵抗在內的中國民族主義運動或者台灣自治運動，但沒有成功。政府的集體族群民族主義不允許這樣做。國族認同衝突愈演愈烈。

如果說日本人基本上沒有把台灣人日本化，那麼國民黨政府將台灣再中國化的努力也不是很成功。兩蔣統治下的國民黨也嘗試過公民民族主義，但其集體主義的性質使其更像是集體族群民族主義。直到 1996 年李政府時期，國民黨才允許一個全面的民主制度的實現。直到 1987 年，它才放鬆了對民主運動和獨立運動的鎮壓。

自李登輝執政後期和陳水扁的親台獨政黨於 2000 年上台以後，國家在去中國化問題上做出了巨大努力，特別是將中國和台灣定義為兩個獨立的國家，廢除了國統會和《國統綱領》。但是，儘管國家在走向台獨方面採取了各種措施，它卻仍然在壓制中國民族主義的集體族群民族主義和推進多元族群議程的個人族群民族主義之間搖擺不定。這種動搖可能與選舉有關：一個更激進和極端的選舉人通常更容易獲得選票。但這也可能與他們對中國文化的認同有關，和他們仍然是中國人的感覺和情感有關，儘管他們是像游錫堃說的那樣，是「華裔台灣人」。因此，儘管民進黨執政的國家奉行排他性的集體族群民族主義，也並非完全封閉了包容的個人族群民族主義。

縱觀兩蔣、李登輝和陳水扁時代，雙方的有機知識份子都熱衷於自己的民族主義。他們為了各自的理念，有遊行和反遊行，示威和反示威。他

第三章

想像台灣（2）——李登輝和陳水扁治下的去中國化與知識份子的作用

們在集會上慷慨陳詞，在論壇上奮筆疾書，發表了大量關於他們想法的文字。通過定期選舉，他們一直作為意識形態的理論家、民族主義運動的召集人和政府官員而活躍在政治舞台上。他們似乎對民族主義問題有最多的發言權。

正如我們上面所討論的，專業和批判性知識份子發揮了重要的平衡作用，但他們往往被邊緣化，正如他們在其他地方那樣。他們的人數較少，聲音也很弱。但是無論什麼樣的知識份子，都會面臨著責任倫理與道德倫理的衝突。這是他們【無法擺脫】的道德困境。

需要再次指出的是，這些對知識份子所扮演的角色及其倫理困境的描述是一種理想型分類。有機知識份子可以在不同的時間【不同的問題上】也具有專業性或批判性，批判型知識份子【有時候】也可能承擔有機的角色。例如，泛綠和泛藍的有機知識份子也會與政府腐敗作鬥爭，也可能不願意鼓吹戰爭，甚至可以真誠地關心大陸新娘和無證工人的困境，儘管其關注沒有達到批判型知識份子的程度。曾經是專業或批判型知識份子的人也可以成為狂熱的民族主義者。

在角色轉換的過程中，知識份子在尋求影響社會變革的最佳方式。在權衡他們的機會、變換他們的角色、管理他們面臨的各種困境時，知識份子通過選舉政治、社會運動，通過與不同類型知識份子之間的其他互動，或通過援引他們知識力的不同面向來行使他們的政治效能。如本章所述，在了解他們在做什麼時，我們可以更清楚地了解他們在台海兩岸的民族主義運動和國族認同的形成中的作用。

一言以蔽之，雖然有機知識份子可能對台灣國族認同的塑造施加了更大的影響，但專業和批判型知識份子總是會提醒他們可能還缺少了一些什麼東西。正如蕭新煌（1989：340-1）所指出的，知識份子扮演的角色是多想、多言、拉一把（當社會走得太遠時把它拉回來）和推一把（當社會似乎走得不夠遠時，推它一下）。

不同的知識份子也正在這樣做，但是以不同的方式【也就是我們上面

所說的方式】。他們在與國家一起,影響著兩岸關係的走向:集體族群民族主義呢,還是個人族群民族主義。中國大陸的國家及其知識份子在塑造他們相對於台灣的國族認同方面,也在面臨著同樣的問題。我們將在接下來的兩章中討論這個問題。

第四章　想像中國（1）
——從文化主義到三民主義

2002 年，中國大陸出現了類似於 1999 年台灣的歷史教科書爭議。但在大陸的案例中，爭議在於岳飛（1103-1142）是否仍應被視為「民族英雄」。岳是南宋（1127-1279）的一位將領，以忠於皇帝和抗金英勇而聞名。金是北方的一個少數民族，曾入侵並佔領了中國北方的大部分地區，並將之前的兩位皇帝擄去成為戰俘。對於岳飛的地位，眾說紛紜，教育部正在考慮如何在教師手冊中呈現這些意見。當爭端的消息傳遍華人世界時，有些人對可能不把岳視為英雄而感到非常憤怒。[1]

爭論在於岳飛是包括所有民族在內的中華民族的英雄呢，還是只是漢族的英雄。有人認為岳飛是包括所有民族在內的全體中國人民的英雄，因為他表現出的反抗外族侵略的英勇特徵值得所有人效仿。但也有人認為他只是漢族的英雄，讓作為金人後代的滿族人也尊他為他們自己的民族英雄，是荒謬的，因為岳是殺死他們祖先的人。在一首著名的詩中，岳飛說他的士兵要以「壯志飢餐胡虜肉，笑談渴飲匈奴血」為榮。這些人認為現在的滿族人是中華民族的一部分，儘管人數不多，但教科書要求*所有*學生都尊崇岳飛為整個中華民族的英雄是不妥的，至少對金人的後代來說是不妥的。

這場辯論對我們來說很重要，因為它意味著兩種不同的民族主義：一個讓所有民族都尊崇同一個民族英雄的集體族群民族主義，另一個則允許

頁75

---

[1] 有關這個爭議的更多資訊，請參閱陶世龍 2003 和聯合早報網 http://www.zaobao.com/special/china/hero/hero.html，上網日期 2003 年 2 月 11 日。

不同民族尊崇不同的民族英雄、同時也可以尊崇其他民族的英雄【如果他們願意】的個人族群民族主義。集體族群民族主義很容易導致沙文主義，因為它可能將一個民族的英雄強加給其他民族，並假定當時漢族比其他民族更先進。然而，多元文化社會中的個人族群民族主義也會從族群自己的角度來看待這個問題。對他們來說，要求金的後代尊崇岳為他們的英雄似乎是荒謬的，就像要求美洲原住民尊崇喬治‧華盛頓為他們的民族英雄一樣。首先，華盛頓並非來自美洲原住民中的任何一個族群；其次，華盛頓也參與了殺害美洲原住民的行動。

然而，不像其他民族的人那樣尊敬那個民族的英雄，並不一定妨礙人們欣賞這些英雄對他們民族的貢獻或他們所代表的共同價值觀，儘管這可能很難。美洲原住民可以欣賞華盛頓對美國民主的貢獻，中國的少數民族可以欣賞岳飛對一個國家的忠誠和為國家利益服務的勇敢。這類似於哈貝馬斯（Habermas 1996）和穆勒（Müller 2007）的憲政愛國主義，要求人們尊重普世主義的價值觀。同理，漢族也應該能夠欣賞少數民族的英雄，如滿族的努爾哈赤、蒙古人的成吉思汗、藏族的松贊干布和穆斯林的馬本齋。因為他們都是現在的中華民族的一部分，正如人們經常主張的那樣。[2] 新版教科書強調了各族的英雄為建設一個多民族的國家而做的貢獻，岳飛不再被視為民族英雄，而僅是抗金的將領（見 Suisheng Zhao 2004：237-238）。

關於岳飛是否民族英雄的爭論對我們來說很重要，也因為雙方都假定自己對中國、中華民族和國族認同有一定的了解，但是這些概念其實根本就不清楚。對這些問題的爭論仍然在繼續中。要開始理解中華民族的複雜性及其含義，我們必須將其置於歷史背景下，並研究國家和知識份子在塑

---

[2] 例如，在 1930 年代，國民黨政府舉行儀式，將清末受到革命者猛烈攻擊的成吉思汗列入民族英雄名單（沈松僑 2002：77-78）。但是欣賞這些人的什麼品質，不欣賞他們的什麼品質，是需要辯論的。

造這種身份中的作用。

我們在上面兩章討論了自 1895 年台灣被割讓給日本以來，國家和知識份子在不同的歷史時期如何想像台灣，並塑造他們與中國大陸相關的身份認同。但要了解台灣民族主義的發展，我們也需要了解中國民族主義的歷史發展，因為這兩者是交織在一起的。因此，在下面這兩章，我們將探討前現代、現代和當代的中國民族主義概念，尤其是與台灣相關的中國民族主義。我們將再次聚焦於國家和知識份子的作用，以及他們如何塑造中國的國族認同。本章由三部分組成：1）1840 年之前的前現代的文化主義、族群和政治；2）1840-1911 年中國民族主義的產生與發展；3）1911-1949 年中國民族主義的危機。下一章將聚焦 1949 年後中國民族主義的鞏固與發展。（關於類似的分期，見沈松僑 2002; Townsend 1996：11）。[3] 現代和當代的大趨勢，【可以說】就是從集體族群民族主義轉向個人族群民族主義，就像台灣一樣。【希望這個判斷大體不錯。】

頁77

一、前現代文化主義與族群和政治（1840 年前）

那麼，前現代的中國是什麼樣子的呢？當時中國的國族認同是什麼樣的？有沒有國族認同？我們將在本節嘗試回答這些問題。但總的來說，用我們在本書中使用的術語來說，集體族群民族主義與個人族群民族主義交替出現，儘管內容不同，就像後來一樣，也和台灣一樣。

（一）文化、族群與中華民族

中國並不總是一個政治實體。在某一個特定的時間，通常會有多個國

---

[3] 沈松僑（2002）將中國民族主義的發展分為三個階段：1895 年至 1918 年的起航期；1919 年至 1949 年的操演期和 1949 年至今的著陸期。Townsend 的分期與我們在這裡的分期類似。

家或民族群體，這就是為什麼自周朝（公元前 1100-256 年）以來，中國也被稱為諸夏，即好多諸侯國的意思（見 Lodén 1996：272; 羅志田 1998：20; Suisheng Zhao 2004：169-170 論競爭和衝突的民族和國家，特別是在先秦時期的中國）。在領土方面，周朝之前沒有固定的領地，但即使在周之後，領土邊界仍然靈活多變（羅志田 1998：27-34）。周人會說，天下所有的土地都屬於天子。這個天下是一個靈活的術語，既指帝國的中心地區或各諸侯國，即諸夏，也指周邊的少數民族地區，即被蔑稱為番、夷、狄、戎、蠻（通常意味著野蠻人）等的地方（Harrell 1999; Levenson 1965：100-103; Lodén 1996：272-274; 盧義輝 2001：22-26; 羅志田 1998：14-24。40; Wang Ming-ke 1999）。

這種鬆散的領土定義的一個例子是葡萄牙人從 1553 年開始對澳門的使用。沒有正式的租約或合同。只要葡萄牙人向當地廣東政府支付一些錢，後來被稱為「租金」，他們就可以使用澳門（見林滿紅 2002：24-26）。事實上，甚至在 1887 年兩國就澳門正式簽訂《中葡和好通商條約》之前，澳門的主權就已由中國和葡萄牙共享，儘管中國人一直聲稱他們從未放棄澳門的主權（見 Zhidong Hao 2009）。葡萄牙人使用這片土地近四百五十年。另一個例子是，到日本佔領台灣時，中國仍然沒有國籍法，中國商人出國時不是使用護照，而是用從事商務工作的許可證（林滿紅 2002：34）。清朝晚期所採用的血統制原則僅在 1909 年的《國籍法》中才得到確認，該法賦予各地華人以中國公民身份（Townsend 1996：16）。

這種領土的靈活性是因為中國在前現代更像是一個文化實體，而不是一個民族或政治實體（見 Lodén 1996; 關於文化主義與民族主義的爭論，另見 Suisheng Zhao 2004：12-19，39-44，37）。我並不是說中國根本不是一個政治實體。例如，中國人在 1553 年之前確實與葡萄牙人打過兩場仗，試圖將他們趕出中國水域，而且每次都擊敗了他們。但中國人最終還是允許葡萄牙人和平進入澳門，儘管仍然沒有正式的條約。他們的地位就

第四章
想像中國（1）——從文化主義到三民主義

像是另外一個少數民族。所以中華民族是一個靈活的術語。只要一個人能夠認同，或者至少不會與中國文化相衝突，也就是後來被定義的儒家文化，他就會被視為中國人或「中國的少數民族」。[4]

因此，中華民族可以由不同的民族組成。生活在中原地區周邊的少數民族可以選擇成為或不成為本質上的中國人。例如，漢宣帝時期（西元前73-53年）對匈奴民族的政策是，皇帝會歡迎匈奴前來朝貢，但他不會強迫他們這樣做（「欲朝者不拒，不欲朝者不強」，見羅志田 1998：24-25，30）。匈奴人不會被強迫成為中國人。如果其他民族入侵帝國，後者將採取一切必要手段防衛。但如果他們撤退，帝國就會增強自己的實力，為下一次進攻做準備（即「來則懲而禦之，去則備而守之」）。

少數民族有漢化的情況，漢族也有少數民族化的情況，儘管前者比後者要多。這就是所謂的夷夏之辨，即各少數民族與漢族之間的差異和變化。換句話說，只要認同中國文化，就是中國人。清朝統治者強迫漢人扎辮子，改變了明朝的一些習俗，但後來他們卻在很大程度上採用了明朝的政治、經濟和其他社會、文化制度（羅志田 1998：25-27，35-60，78，84-87）。[5] 清代有一個政府機構，叫理藩院，由非漢族官員組成，負責蒙族、藏人、穆斯林等民族事務。他們將確保不同族裔群體的社會制度和自治得到尊重（柯志明 2001：59-61）。因此，至少在傳統中國的大部分地區【或時間】，國家和民族的邊界在意識形態和現實上都是靈活的。

---

[4] 在這個問題上，禮儀之爭可能是一個有趣的事件。禮儀之爭從1600年代到1700年代初持續了100多年，是中國政府和文人與西方傳教士之間關於中國【天主教】基督徒是否可以崇拜孔子及其祖先的爭論。在利瑪竇（Matteo Ricci，1552-1616）掌管傳教事務時，基督教和中國文化努力相互適應。多少年來，大家基本相安無事。歐洲傳教士沒有被當作中國人對待，他們被當作少數民族對待。利瑪竇去世後，情況便發生了變化。傳教士的新領袖們不承認中國文化的合法性。結果，傳教士們被驅逐出中國。但有趣的是，他們被驅逐到澳門。他們的「中國少數民族」的地位沒有改變。關於這個問題，也見 Zhidong Hao 2009。

[5] 然而，正如一位評審指出的，滿族的全面漢化直到十九世紀末才實現。在此之前，統治策略包括「地方化」。突厥人在突厥地區，蒙古人在蒙古地區，藏人在藏區。他們並沒有試圖將突厥人、蒙古人或藏人漢化或中國化。

（二）文化與政治

頁79　　儘管前現代的中國認同以文化主義為主要特徵，但族群衝突和排斥卻還是不斷發生的，特別是在王朝更迭時期，體現了集體族群民族主義的特點。一些漢族的文人學士會訴諸族群和種族主義來動員人們對他們的支持，例如岳飛動員他的軍隊與金人作戰、明朝在推翻元朝時使用的策略等（見 Lodén 1996：275-276）。像岳飛這樣的將軍或文人會無所畏懼地保衛帝國免受他們認為是野蠻人族群的侵害。如果這些族群征服了漢帝國，【一些】漢人則寧願自殺也不願侍奉新皇帝。像章太炎和劉師培這樣的晚清革命者也訴諸了沈松僑（2002：67-68）所說的排他性民族主義，接近於種族主義，以發動一場反對滿族國家的革命。

　　少數民族統治中國時也為民族劃分了等級。例如，在元朝（1206-1368），蒙古人是第一等級，其次是穆斯林和黨項，為第二等級。漢人、女真人、朝鮮人等是第三等級。南方人是前南宋的臣民，是最低階層（楊盛龍 1999：183；另見 Duara 1996：51）。清朝還強迫漢人改變自己的一些習俗，審查他們的文字和言論（見盧義輝 2001：48-49）。所有這些都是 Hobsbawm（1992）稱之為「原型民族主義」（proto-national）邊界或 Geertz（1996）等人的「原生論」（primordialism）或「永恆主義」（perennialism）的例子（另見 Smith 1998：127-129; 245-270; Goldmann 等 2000：12-15）。這確實是統治者控制多元文化帝國的一種方式。

　　但在朝代更迭的時候，也有文人會更注重保護自己的民族文化，而不是保存一個簡單的政治實體，無論是漢文化還是其他什麼文化。他們的幫助使得三個主要的少數民族王朝成為可能，使它們統治了中國的大部分地區（如果不是全部的話）：金（1115-1234）、元（1206-1368）和清（1616-1911）。趙秉文（1159-1232），女真或金統治下的漢族文人學士，曾任金代的翰林院士、禮部尚書。他的哲學是，那些將天下蒼生的利益放在自己心裡的統治者可以被稱為「漢人」，因此為他們服務沒有問題

（Bol 1995：127），這是中國文化主義的典型思想。漢族文人也可以通過實踐「道」這一世界和諧共融的普世價值和「文」（儒家經典）來保持自己人格的完整性。

洪承疇（1593-1665）也是如此，他是明朝（1368-1644）最能幹的軍事指揮官和士大夫之一。他在和清軍激戰之後，向滿清皇太極投降，【後來】又協助他征服了中國，【並說服他】保存了中國大部分的政治、經濟和社會制度（見 Chen-main Wang 1999）。他遵循的也是文化主義的原則。清代後期的改革家康有為，在宣導漢滿和諧相處、建立一個共同的民族意識形態即儒家思想時，他相信的也是同樣的文化主義原則（見沈松僑 2002：66-67）。用我們的術語來說，趙秉文、洪承疇、康有為實行的是個人族群民族主義（更多的是文化意義上的民族主義），而岳飛等人實行的則是集體族群民族主義。但是康有為沒有被認為是漢奸，而洪承疇則本當作漢奸來對待。事實上，即使是清末政府最有影響力的漢人政府官員之一曾國藩（1811-1872），也被一些中國的愛國者視為叛徒（見 Baogang He and Yingjie Guo 2000：83）。

的確，在中華帝國最後的 650 年中，只有 276 年是漢族在統治，儘管中華帝國的大多數時候主要統治者是漢人。也就是說，中華帝國在最近的 1000 年中，蒙古人和滿族統治了近 400 年。即使在更遙遠的漢族統治時代，在中國傳統中被認為是道德楷模的聖王舜、周文公，以及中國被認為是最有建樹的皇帝之一的唐太宗（618-907），都有非漢的血統（Lodén 1996：271；羅志田，1998：60）。這些王朝都僱用了漢族的文人學士，並實行了中國文化。像趙秉文、康有為、梁啟超這樣的文人，都支持了一種擁抱非漢民族的世界主義（Duara 1996：34-36; 41-42; 沈松僑 2002）。如果沒有某種個人族群民族主義，就不會有這種文化和族群的混合。甚至有人認為，中國已經沒有任何具有純正漢族血統的人，因為所有漢人都已

與其他民族混雜在一起。[6]

確實很難僅僅用漢人的民族國家或者說一個【單一民族的】民族國家來定義中國和中國人。對漢人的身份認同來說，文化至關重要。這一原則決定了政府和文人學士對種族和政治邊界通常實行的消極政策，無論是在前現代中國大陸還是在台灣。這個民族國家的功能之不健全，使得清廷無法有效制止台灣的漳州人和泉州人因為土地和水源問題引起的械鬥（見王甫昌 2002：66-69）。這個問題也表現在兩次鴉片戰爭中，清朝既無力【完全掌控】澳門的葡萄牙人，也無力擊敗英國人和法國人（見 Zhidong Hao 2009）。

總之，在定義中國和中國人時，文化比族群和政治更為重要，尤其是在少數民族統治中國的時候。「中國人、蒙古人、滿族人、阿拉伯人、土耳其人等都可以通過接受這些原則成為這個團體的一員；如果他們不接受這些原則，就會被排除在這個團體之外……統治者也可能因此而獲得或失去合法性。這個合法性是基於對這些原則的卓越掌控或展示，而不是其族群背景」（Townsend 1996：12）。如果我們把族群放在光譜的一端，把文化放在另一端，我們會看到中國的政治歷史傾向於文化這邊（見 Lodén 1996：275）。這也是亡國而未亡天下的意思。文化是道，道高於治（羅志田 1998：81-83）。這是（包容性的）個人族群（中國）民族主義的特徵。

（三）台灣案例

正如我們上面所討論的，中國歷史上儘管存在族群衝突和種族主義，但前現代中國的文化和族群界限在大多數時候似乎都是很靈活的。除了我們上面簡要提到的一些情況之外，台灣到底是個什麼情況？中國大陸和台

---

[6] 見「科學家經 DNA 檢測認為純種漢人已不存在」，《澳門日報》，2007 年 2 月 14 日，C9。

第四章
想像中國（1）——從文化主義到三民主義

灣的關係到底如何？

在 Shepherd（1993）、施添福（1990）和柯志明（2001）的台灣（對一些人來說是中國邊疆）研究中，文化主義的論點受到了挑戰。[7] Shepherd 批評了國家被忽視的理論。他的研究發現，清政府實際上在規範漢族和原住民的關係方面發揮了非常重要的作用，比如建立了保護漢化原住民（一個貶義的名詞稱他們為「熟番」；見柯志明 2001：5）的土地制度。施添福則關注到了國家對漢化原住民的剝削（見柯志明 2001：22-23）。兩者似乎都強調國家的積極作用，與文化主義的論點相左。

柯志明（2001：30，37）認為情況更為複雜。在清朝統治初期，漢族與台灣其他少數民族之間的靈活邊界確實為文化主義提供了可信度。但是在 1874 年，在所謂的牡丹社事件中，一些日本人被原住民殺害，日本人威脅要佔領台灣的一部分。這時，清政府才完全意識到原來還有一個邊界問題。[8] 清政府不想對殺人事件負責，說原住民是化外之民，其地盤不歸清國所管。因此，清政府基本上沒有管治原住民。在康熙時代（1662-1723）和雍正時代（1723-1736）初期，政府確實實行了某種文化主義，在台灣採取了消極的民族政策。但是如果原住民想加入清朝並成為清朝臣民時，他們也會受到歡迎。除了要求他們支付象徵性的稅收之外，政府不會干涉他們的日常生活，他們可以保留自己的文化體系。

但清政府對原住民的政策在其統治的 200 多年中卻不盡相同（柯志明 2001：35-61）。例如，在雍正末年和乾隆（1736-1796）早年，清廷形成了一種更強勢的政策，將漢族和未漢化的原住民隔離了起來。為了防止未漢化原住民入侵漢族地區，殺害他們的人民和牲畜，政府決定在漢族居住

---

[7] 有關台灣邊境的描述，另見 Shepherd 1999。

[8] 事實上，在事件中殺人的是高士佛社原住民，而不是牡丹社，儘管後者被日軍襲擊。**譯註**：其實殺人事件發生在 1871 年，有人認為是誤會引起，而且被殺的主要是琉球人，不是日本人。但是日本人以此為藉口，進攻了牡丹社、高士佛社以及射不力社等原住民。

頁82 的平原地區和原住民居住的山區之間劃定邊界。這種邊界劃定的結果是與漢人關係良好的漢化原住民被置於兩者之間。漢人被禁止越過邊界進入原住民地區。雖然柯志明（2001：49，52，54，58）認為政府將漢族和原住民分開的真正動機是防止漢人造反，並利用原住民鎮壓漢族和非漢化原住民，但這種安排似乎確實有效地實現了某種和平與穩定。

然而，歸根結底，這是一個被動的制度，旨在防止麻煩，而不是通過將漢族和原住民轉化為一個群體來防止麻煩。它仍然是前現代中國文化主義的主導品牌。這與日本殖民者的政策截然不同。後者迫使原住民離開山區到平原上去生活，並且引入我們在第二章所討論的日本化政策。這標誌著傳統國家與社會和現代國家與社會之間的區別。隨著十九世紀末的自強運動，清政府開始採取更積極的政策，類似於後來的日本所採取的政策。但對於有效的國族建設來說，這些步驟來的太晚，幅度也太少了。我們將在下一節進一步討論這一發展。

如果想成為現代國族，國家就必須關注並嚴格控制自己的邊界，關注對「外人」的排斥。國家還要讓人們有一個「家園」的感覺，一種以情感和關係為特徵的、歷史的、甚至是神聖領土的感覺（見 Smith 1998：71，83）。在十九世紀，中國人越來越認真地關注現代國家的概念，正如我們在澳門和台灣的案例中看到的那樣。這一點，我們在下面討論的其他案例中也能看到。中國哲學家孟子（約西元前 371 年-289 年）在談到一個王國的重要組成部分時，提到了三個要素：土地、人民和政治。他說人是最重要的，政治國家次之，即所謂「民為貴，社稷次之，【君為輕】」。言外之意，土地是次要的（見羅志田 1998：27）。孟子的觀點可以看作是我們上面討論的一個總結：即前現代中國的領土概念是靈活的，重點在代表人民的文化上面。當時的國族認同更多的是文化認同，而不是政治和領土的認同（另見 Ng-Quinn 1993），文化認同肯定早於國族認同（見 Watson 1993）。我們現在就來討論國族認同。

二、中學與西學，以及新的（？）國族認同（1840-1911）

　　1840 年前後的鴉片戰爭標誌著中國進入了世界國族大家庭。儘管學者們一直在探索近代中國變革的內在原因，但費正清關於西方衝擊和中國反應的論點仍然很有道理（見 Lodén 1996：277；羅志田 1998：93；沈松僑 1997；鄭永年，2001b：381）。的確，從 1840 年起，中國一再面臨西方和日本的侵略行為。其中包括：第一次鴉片戰爭（1839-1842），導致英國獲得香港作為殖民地，並在中國獲得許多其他特權；第二次鴉片戰爭（1856-1860），導致英法聯軍燒毀北京的圓明園；第一次中日戰爭（1894-1895），導致中國將台灣割讓給日本，後者也在中國獲得其他讓步和特權；以及 1900 年的戰爭，當時八國聯軍入侵並搶劫了北京，以報復義和團暴亂【進攻外國大使館、殺戮外國傳教士和中國信徒】，後者反對西方宗教在中國的影響。1900 年的戰爭導致清政府向西方列強交付巨額賠款。

　　在所有這些事件中，知識份子和國家都開始意識到，中華帝國的行為方式無成功之可能。儒家中國面臨著現代命運的挑戰（Levenson 1965）。鴉片戰爭後，國家開始採取更加務實的政策來增強中國的實力，一些知識份子則正在考慮一場革命。知識份子和國家都在試圖重塑一種新的國族身份。

（一）自強運動和集體族群民族主義

　　國家發起的最重要改革是自強運動（1860-1895）【即洋務運動】和百日維新（1898）。這些運動最重要的特徵可以用當時的名言「中學為體，西學為用」來概括，這一點在今天仍然是一個有爭議的問題。換句話

說，中國文化仍然是定義中國的東西，所以中國人會盡可能地抵制政治、社會和文化制度方面的變革。但為了加強中國的實力，他們將學習和利用西方列強的科學技術（見 Levenson 1965：59-78）。讓我們看看這在多大程度上是可行的。

中學為體、西學為用的思想，最早由馮桂芬（1809-1874）提出，後來由張之洞（1837-1909）在他的《勸學篇》（1898）中概括為一種民族主義的學說。這個觀點強調「倫常名教」（即儒家的人際關係等級和其他重要規則），輔之以西方技術。換句話說，人們要繼續忠於清廷，並遵守君、臣、父、子、男、女之間的傳統等級制度。但同時可以引進西方科學技術來幫助國家的物質發展（羅志田 1998：100-102）。於是，在李鴻章（1823-1901）、左宗棠（1812-1885）、張之洞等具有改革思想的學者官員的協助下，政府開辦了一系列工業企業，包括造船（包括商業和軍事用船）、採礦（鐵、煤、金）、軍火、電報線、鋼鐵廠、造紙廠和紡織廠，國家也開始建立新的陸軍和新的海軍。他們還成立了一個翻譯局，介紹了數百種西方經典，主要是自然科學，但也包括人文和社會科學。外語學校也建立了起來。

這也是台灣快速發展的時期。在沈葆楨、丁日昌和劉銘傳等清朝重臣的治理下，台灣的洋務運動促成了重型武器的生產、鐵路建設、現代採礦、與大陸的電報連接、現代郵政服務以及茶葉、樟腦和糖等商業的活躍（Gardella 1999；林滿紅 2002：125-126；史明 1998）。沈葆楨領導下的政府也改變了他們對原住民的政策。政府沒有像以前那樣將漢族、漢化原住民和非漢化原住民隔離居住，而是所謂「開山撫番」。雖然這些努力並非總是成功的，而且與原住民的衝突仍在繼續，但它們至少代表了國家正在很大程度上偏離了歷史悠久的被動的文化主義，正在開始創建一個以集體族群民族主義為特徵的新國族認同。中國人正在學習成為一個【現代】國家。

但是很顯然，無論是在大陸還是在台灣，政治改革都不在洋務運動者

的腦海中。即使在中國人開始了解西方科學技術的時候,他們在管理企業時也缺乏西方的思維。再說西方科學和西方思維並不總是那麼容易就能分開的。西方思想在政治和社會影響上與中國傳統文化是相衝突的(見Levenson 1965:60-64)。因此,洋務運動能做的不多,來得也太晚,無法阻止俄羅斯人從中國北部分裂領土、日本從東部獲得台灣和澎湖群島,法國從南部獲得曾經承認中國宗主權的週邊國家,例如越南。美國和德國等其他西方列強都希望並在中國獲得了特權。葡萄牙人於 1887 年獲得永居管理澳門的權利。1897 年,德國佔領了山東省的一部分。更多的土地和更多的主權被外國列強奪走。

　　總之,在十九世紀與外國列強的對抗中,中國人試圖發展一種能夠適應西方科學和技術的新的國族身份。他們正在建立一種集體族群民族主義,強調清廷和中國文化的利益,而不是西方意識形態所強調的個人權利。在這方面,中學和西學會發生衝突。因此,西方科技在中國民族主義中僅處於二等地位,所以在很大程度上並不成功。他們還沒有在中、西學之間找到妥協時,中國人已經在下一輪對抗中輸給了外國列強。中國人的國族認同需要進一步建構,國家實力仍然需要加強。然後是一場改革運動,即百日維新,一個繼續建構國族認同、增強國家實力的運動。

(二)百日維新:個人族群民族主義的嘗試

　　百日維新(1898)由光緒皇帝(1875-1908)主持,但由康有為(1858-1927)和梁啟超(1873-1929)等知識份子設計。改革的思想已經反映在康有為在 1895 年寫的請願書中,代表了大約 600 名在北京等待考試結果的舉人。請願書將提交給皇帝,其中詳細說明了政府為拯救中國應採取的措施。他們還想阻止政府與日本簽署割讓台灣和澎湖列島的條約,但是他們失敗了(見黃昭堂 1993:25)。然而,在請願書中,他們重申了自強運動的措施,例如更積極的商業、工業和軍事發展。但最重要的

是，他們強調社會和政治改革。例如，每個孩子都應該接受教育，每年選拔官員的考試也應該包括經典以外的科目。此外，每年應選出人民代表，他們向皇帝提供建議並為各級政府制定政策。這項措施已經接近於議會制。這些知識份子已經在發展一種*公民民族主義*。正如梁啟超所說，中國必須成為世界的一個份子，自己不是世界，也不是天下（見 Levenson 1965：104）。它必須做其他國家做的事情。

請願書沒有送到皇帝那裡，但文人們並沒有放棄。在 1895 年至 1898 年間，他們在全國各地建立了各種報紙、雜誌、研究會和組織，以宣導改革。然後在 1898 年 6 月 11 日，皇帝下令進行一系列改革。這些措施包括發展商業、採礦、改革學術和公務員考試制度、建立一所新型大學、派遣學生出國留學、鼓勵科技創新、允許文人向政府提出建議。中國正在走向君主立憲制。

與自強運動相比，這些措施是邁向政治改革的一步，但它們遇到了朝廷中更保守的成員的抵制。慈禧太后於 1898 年 9 月 21 日策劃政變，軟禁了光緒帝，處決了六名文人改革者。康和梁都逃到了日本。慈禧重新訓政，所有改革措施都停止了。在二十世紀初，清政府確實又回到了改革的軌道上來，甚至包括建立議會制。但一切都太晚了。其他知識份子認為只有革命，才能拯救中國。

綜上所述，遵循中學為體、西學為用的原則，中國在十九世紀下半葉開始了漸進式改革的歷程。前現代以文化主義為特點的中國國族認同，開始讓位於現代更為積極進取的民族主義認同，以應對這個新的世界。用 Lodén（1996：279）的話來說，國家正在尋求建立一個現代意義上的國家，以應對西方列強日益增長的對中國領土和其在中國的特權的要求。難怪英語單詞 nation 一詞直到 1899 年才被梁啟超引入漢語詞彙，並譯作「民族」（見 Hughes 1997：3；另見沈松僑 2002：53-59）。正如清廷所發現的那樣，一個民族國家要存在，政府必須確保它不僅有文化，而且有人民、土地和主權，正如孟子或安德森（Anderson 1991）所說的那樣。為

了保證這一點，國家必須增強自己的實力，因此才有了 1860 年代開始的洋務運動、1898 年的百日維新，以及二十世紀初清廷憲政改革的最後努力。一個現代民族主義終於誕生了。[9] 但是，國家和知識份子正在建立的國族主要仍然是集體族群民族主義的國族，而不是個人族群民族主義的國族。不過，兩者在當時都有所發展。

那麼，二十世紀上半葉的革命會取得什麼成就呢？我們會發現，這些革命仍然會在集體族群民族主義和個人族群民族主義之間掙扎。中國國族建設的努力仍在繼續。

三、民族、民權、民生的三民主義：1911-1949 年的國族建設

1911 年至 1949 年期間見證了 1911 年的共和革命和中華民國的成立、1919 年的五四運動以及隨之而來的國共之間的衝突、1930 年代和 1940 年代的抗日戰爭、隨後中共贏得內戰並成立中華人民共和國、中華民國政府遷往台灣。正如我們將在下面探討的那樣，*集體族群民族主義*仍然主導著國、共兩黨的思維，他們強調的是徹底廢除君主制，建立一個相當威權主義的共和國，後來在中國大陸得到的是一個無產階級專政的國家。國民黨和中共都會強調集體的重要性。強調個人權利和義務的*個人族群民族主義*只是以自由主義的形式、主要在批判型知識份子中不時湧現而已。下面我們來審視這一時期民族主義的發展，包括共和革命【民國革命】和三民主義原則、五四運動、更多的革命和反革命以及知識份子的自由主義傳統。

頁87

---

[9] 關於從文化主義到民族主義的轉變的更多討論，見張亞中和李英明 2000：37-62; Duara 1996; Levenson 1965：42，98-108; Townsend 1996; 鄭永年 2001b：367，372-378.

（一）三民主義與民國的創建

1911 年民國革命的發生是因為【一些】知識份子認為清朝的有限改革無法拯救中華民族。於是像孫中山（1866-1925）和黃興（1874-1916）這樣的革命知識份子就在日本創立了同盟會，並在中國組織了各種抗議活動和武裝起義。1911 年 10 月 10 日，湖北武昌一些對現狀不滿的軍隊士兵揭竿而起對抗清政府。很快，二十四省中有十五個宣佈脫離清廷獨立。中華民國於 1912 年 1 月 1 日成立，孫中山就任臨時大總統。但僅僅一個月後，孫中山就將權力移交給了北方清軍將領袁世凱（1859-1916），以防止可能發生的內戰並保護襁褓中的共和國。最後一位滿族皇帝退位。然而，袁世凱變得獨裁，隨之而來的是長達二十年的內戰：在不同的軍閥之間、在孫中山的繼任者蔣介石建立的國民政府與北方軍閥之間，以及以蔣介石為首的國民黨與中共之間的內戰。各種勢力都在設想自己的中國的樣子，但「三民主義」則是民國成立後國族建設的綱領性的主導意識形態之一。

那麼，國民黨和中共都認為是國族建設重要指導方針的三民主義到底是什麼？據 1911 年中華民國建國的國父孫中山（1866-1925）的定義，民族是指民族主義，民權是民主主義，民生是社會主義。孫中山（[1927]1967：I-215）說，這些原則與林肯的「民有、民治、民享」完全相同。

具體來說，孫中山（[1906。1924] 1967：I-2-50。I-207。III-1）認為民族主義意味著中國應該能夠抵抗外國勢力，並在政治和經濟上與國際大家庭中的其他國家有平等地位。他說，這也意味著不僅要推翻滿族政府，因為奴役漢族的是一個少數民族政府，而且還意味著將滿族、蒙古人、穆斯林和藏人同化到漢族中去。他認為，中華民族會像美國民族一樣，是許多民族的大熔爐。他提出來融合的問題，但是他並沒有說這些民族如何才能被融合在一起。人們認為孫中山的民族同化【融合】說帶有大漢族主義

的色彩（見 Suisheng Zhao 2004：171）。他反對邦聯，即將每個省（包括少數民族省份）視為多多少少獨立的實體。因此，他的民族主義在很大程度上是一種*集體族群民族主義*，即要求將許多民族同化到一個民族群體中去。[10]

孫中山（[1924] 1967：I-117-121）的第二個主義是民主主義。這將意味著人們有選擇並在必要時罷免政府官員的基本權力，以及他們制定規則和修改規則的權力。民主也包括在行政、立法和司法之間的三權分立，還有公務人員的考試、監察機構。他認為這後兩個機構具有中國特色：它們在傳統的實踐中為國家服務得很好，應該被保留下來。在民主主義方面，孫中山肯定是在追隨一個*個人主義的公民民族主義*。請注意，這種民族主義意味著對人權的尊重，因此原則上與*集體族群民族主義*相衝突，因為後者要求少數民族群體做出犧牲，以便被同化到漢族群體裡面。

孫中山（[1912，1919，1924] 1967：I-137，I-147-148，202-209，246）的第三條原則是社會主義，但他對社會主義有具體的定義。他不同意馬克思主義對社會變革的各種激進措施。他的社會主義是要平均地權、節制資本。他的意思是，地主應該根據他擁有多少土地而徵稅，政府也會從地主那裡購買土地，分給貧苦農民。這就是所謂的「耕者有其田」。另一方面，國家應該發展自己的資本主義工業企業，這樣就不會有大資本家，就不會有階級戰爭。孫中山的經濟政策使他的公民民族主義轉變為集體主義的公民民族主義。

與洋務運動的中學為體、西學為用相比，「三民主義」已經大踏步地從中國傳統的政治與文化制度走向了公民民族主義，儘管它仍然是一個集體主義的公民民族主義和族群民族主義。但孫中山的公民民族主義後來被

---

[10] 然而，持有這些想法的不僅僅是孫中山。梁啟超主張包含其他民族的中國民族主義，章太炎主張中國主權國家能夠同化其他「異族」（見 Lodén 1999：279-281；另見 Suisheng Zhao 2004：168）。

逐漸淡化了，民國議會幾乎被袁世凱和繼任的軍閥獨裁的北京政府所廢除。孫中山的民族主義進展也甚微，因為歷屆北京政府都無力阻止俄國人對外蒙古的控制、英國人對新疆的控制、日本人對內蒙古部分地區、滿洲南部和山東省部分地區的控制。正是在這種情況下，五四運動於 1919 年爆發了。但這場運動的意義更大，因為作為新文化運動的一部分，它不僅標誌著對洋務運動的偏離，也標誌著對共和革命的偏離。

（二）五四運動，更多的革命和反革命：國族建構中的傳統主義和反傳統主義

共和革命可以看作是對洋務運動漸進式改革的根本轉向，因為它引入了民主制度，儘管後來的軍閥政府基本上杜絕了這個可能。換句話說，西學不僅是「用」，而且也是「體」的一部分，特別是在政治制度方面。因此，君主制被廢除，共和國誕生了。但知識份子們很快發現，事情其實並沒有多大變化。因此，他們正在考慮一些更激進的手段來改變社會，從而形成一種更加激進的中國人的國族認同，一種社會主義的認同。在中國意識的危機中，產生了極權的反傳統主義（林毓生 1979）。這一變化伴隨著五四運動而來，那個開始倡導科學與民主的五四運動。但兩者在清朝改革運動中都已經被廣泛嘗試過並且基本上失敗了。那麼，在以文化和政治運動為主的五四運動中，知識份子們打算做什麼呢？

在尋找未能使中國與工業化國家平起平坐的原因時，五四時期的激進知識份子們認為問題出在傳統文化上。因此，民主和科學首先應該意味著廢除傳統。北京大學教授陳獨秀（1879-1942）是民主和科學最重要的倡導者之一。他說，廢除傳統意味著反儒教、反傳統禮儀、反傳統政治、反傳統文學、反傳統藝術和反傳統宗教（陳獨秀 1919；另見林毓生 1979）。另一位激進的知識份子錢玄同（1887-1939）甚至主張廢除漢語。

想像中國（1）——從文化主義到三民主義

但是至於民主和科學的真正含義，卻沒有太多的研究。正如王元化（1999）指出的，這些術語在當時主要還只是一些標語口號。與此同時，激進的知識份子在尋求快速解決中國問題的方法時，卻正在走向一種形式的社會主義。他們認為共和政治只為資產階級服務，他們需要一個能夠為新興工人階級服務的政體。例如，北京大學圖書館主任、馬克思主義者李大釗（1889-1927）認為他們需要一個無產階級的民主。

於是一些激進的知識份子們便為此在 1921 年成立了中國共產黨。中共的黨綱規定，他們將組織一支革命軍隊，推翻資本家階級，沒收他們的財產，廢除資本主義，建立無產階級專政。在 1922 年中共第二次代表大會上，他們的宣言解釋了世界資本主義的罪惡：政治殖民、經濟剝削、1839 年以來對中國的侵略、資本主義國家在中國的各種特權、壓迫中國人民、瓜分中國領土等等。宣言還強調了農民和工人的苦難，呼籲他們團結在中共周圍，為他們的民主、自由和獨立而鬥爭。[11] 他們確實在自己的一些蘇維埃根據地實行了某種「民主」選舉。他們在那裡他們按照蘇聯的形式建立了政府，因此被稱為蘇維埃。

因此，現在中共的民族主義主要表現為無產階級專政，一種集體主義的民族主義，偶爾有公民民族主義的成分，這一點也進一步反映在他們關於民族關係的思路上。那麼，他們如何看待中國的民族關係呢？1922 年的宣言沒有說太多，但它確實說他們的目標是建立一個由漢人（他們稱之為「中國本部」）、蒙古人、西藏人和穆斯林所組成的中華聯邦，而且中共 1931 年頒布的《中華蘇維埃共和國憲法》中，規定各少數民族有充分的自決權，可以選擇留在或不留在現在又改稱的中華蘇維埃聯邦。[12]

---

[11] 見《人民日報》網站 http://cpc.people.com.cn/GB/64162/64168/64554/4428164.html，上網日期 2009 年 5 月 11 日。

[12] 見新華網 http://news.xinhuanet.com/ziliao/2004-11/27/content_2266970.htm，上網日期 2009 年 5 月 12 日。在 1934 年中華蘇維埃共和國第二次全國代表大會上，中共修改了憲法，但這一條款仍然存在。一位評審說，像自決權這樣的概念是列寧主義的策略，是被中共領導層用來動

抗日戰爭時期，中共宣佈全國各民族一律平等，號召一切愛國同胞團結救國。他們再次向少數民族許諾自治和自決權（盧義輝 2001：178-181；Suisheng Zhao 2004：173-175）。這看起來像是*個人族群民族主義*，顯然不同於集體族群民族主義。但當中共最終在 1949 年獲得全國政權後，即放棄了聯邦／邦聯的想法，恢復了類似於孫中山的集體族群民族主義。

當然，像陳獨秀和毛澤東（1893-1976）這樣的知識份子也明白他們的措施是激進的，但他們認為要治癒中國的疾病，需要一些激進化。陳（1919）自己的比喻是「用石條壓駝背」。正如我們發現的那樣，最終結果是駝背不僅沒有治癒，患者也可能被壓死了。當時的其他類似的知識份子包括魯迅（1881-1936），一位著名作家，也是一個獨立的思想者。他感到要拯救中國，有時也需要訴諸激進主義。例如，他認為他的文學是「遵命文學」，並開始批判那些主張走第三條道路的人（即「第三種人」）。魯迅、胡適（1891-1962）和章太炎（1869-1936）等著名知識份子欽佩戰國時期的法家，如韓非（約西元前 280-233 年）。秦始皇（西元前 259-210 年）就是根據韓非的理論建立了一個統一的中國（王元化 1999）。陳獨秀聲稱文學中使用白話是一個無容置疑的問題。人們這樣做就好，【不需要問為什麼】。胡適似乎也同意他的觀點，並為這種不爭論的態度使實施改革的時間縮短了十年而感到大大地鬆了一口氣（王元化 1999）。他們似乎都認為，要治癒中國所患的疾病，需要採取一些激進的措施。他們支持了這種功利主義，卻沒有意識到其後果。從這個意義上說，他們是這種激進的民族主義運動的有機知識份子，儘管他們對民族國家的概念其實仍然是模糊不清的。

員群眾支持他們贏得權力，然後再被計劃丟棄的。自決權並不是列寧主義議程的一部分。中共從未想過要建立一個邦聯。其實對於中共關於民主的主張，人們也可以這樣批評。然而，我倒是認為這些是處於變化與發展中的問題：或許是中共對這些問題的確有一些想法，但不確定他們究竟能做什麼或不能做什麼。我傾向於不將它們視為陰謀。此外，在理解中國個人族群民族主義的可能性時，我們必須了解歷史能夠告訴我們什麼，無論是誰的歷史。

第四章

想像中國（1）——從文化主義到三民主義

另一方面，國民黨正在經歷不同的重組階段。首先，在 1912 年，民國革命的元老之一宋教仁（1882-1913），將同盟會改組為國民黨，並贏得了議會的多數席位。袁世凱看到了對他權力的威脅，並於 1913 年派人暗殺了宋教仁。[13] 1924 年，孫中山改組了國民黨，將中共納入國民黨。國共的第一次合作就這樣開始了。但正如毛澤東（1940）所指出的，兩者之間既有相似之處，也有不同之處。雖然中共同意國民黨的三民主義，但中共也認為這只是第一階段。他們最終會進入社會主義和共產主義階段。

孫中山去世後，蔣介石上台並組織了一場在國民黨內清除共產黨人的運動，從 1927 年的上海大屠殺開始。[14] 第一次國共合作失敗。之後蔣介石在南京建立政府，基本統一了中國，並開始了為期十年的剷除共產黨的運動。他似乎在遵循著孫中山（[1924]1967：III-369-71）提出、國民黨採納的憲政三階段。第一，軍政，即建立軍政府以消除那些反對建立三民主義共和國的障礙。這些障礙既是中共，也是外國列強。第二，訓政，即建立自治的地方政府，讓人民選舉他們的地方代表和縣及縣以下的官員。第三，憲政，即憲法政府，人民將選舉省及國家級的人民代表和官員。

蔣介石在實現這些目標的同時，並沒有遵循孫中山與俄國人和共產黨合作的政策。1920 年代和 1930 年代，國民黨在忙於消滅中共。蔣介石直到 1946 年才建立民主制度，舉行了有限的全國選舉來選舉國會議員。因此，他的公民民族主義還遠遠不夠。1936 年西安事變中，張學良（1901-2001）和楊虎城（1893-1949）將蔣介石軟禁，蔣被迫在抗日戰爭中再次與中共合作。但戰爭一結束，雙方又陷入內戰，直到蔣介石被迫離開中國大陸來到台灣。在他近半個世紀的獨裁統治中，蔣介石並沒有真正走出第

頁92

---

[13] 譯註：有研究認為實際上袁世凱並不是此次暗殺的主謀，是其手下猜摸上意擅自採取的行動。

[14] 有關這段歷史的精彩再現，請參閱 Andre Malraux 的小說 *La Condition humaine*（《人的命運》，1933 年，英譯為 *Man's Fate*）。該小說以事件發生時的上海為背景，描述了中共組織的工人起義，其最初的成功和最終的失敗。

一階段的軍政,他對第一階段的解釋也與孫中山不同,第二階段的訓政也應該是從南京政府時期就開始。雖然國民黨政府在 1950 年代確實允許台灣選舉縣長和省立委,但它不允許其他政黨與國民黨競爭。因此,即使在台灣,第二階段訓政的形式也多於內容(見 Roy 2004:117-118)。因此,蔣介石在很大程度上遵循的是集體族群民族主義,正如我們在第二章中已經討論過的那樣。

中共和國民黨在革命和反革命的鬥爭中,均沒有能夠真正、完全地實行個人族群民族主義,但是其他知識份子卻在【試圖】走一條不同的道路。當孫中山和他的同志們在組織共和革命時,康有為、嚴復(1853-1921)和梁啟超等知識份子則繼續主張君主立憲制或其他漸進式的改革(李澤厚和劉再復 1999:155-161; Y. C. Wang 1991:110-113,118)。而陳獨秀、李大釗等共產主義知識份子在宣傳共產革命的時候,其他知識份子則主張自由主義,反對國共兩黨集體主義的民族主義。現在讓我們看看知識份子的這個自由主義傳統。

(三)五四運動的自由主義傳統與個人族群民族主義

王元化(1999)觀察到,自由主義是五四運動被忽視的傳統之一(關於當時自由主義的討論,另見 Suisheng Zhao 2004:58-60,122-130)。知識份子認為儒家傳統的問題之一是對個性的壓制。正是自由主義為人們提供了作為獨立個體思考的自由。自由主義也為知識份子提供了一種對抗極權主義的意識形態。如果說像陳獨秀、胡適、魯迅、章太炎這樣的知識份子也許會欽佩法家的激進措施的話,那麼他們這些知識份子也是反對極權主義的。換言之,自由主義在當時也被重新定義,是一種建立在中國傳統思維和西學基礎上的自由主義。這種自由主義可以從兩個方面來看待:學術上的自由主義和政治上的自由主義。

對於王元化(1999)來說,「獨立精神和自由思想」代表著自由主

義。這是著名中國傳統文化學者陳寅恪（1890-1969）對另一位中國傳統學者王國維（1877-1927）精神的評論。的確，十九世紀末在人文知識份子中發生的專業主義運動可能促成了這種自由主義的發展。這場運動伴隨著嚴復的「論治學治事宜分兩途」（1898 年）、梁啟超的「論學術之勢力左右世界」（1902 年）、王國維的《紅樓夢評論》而來（見劉夢溪 1996 年）。他們的觀點是為學術而學術。這是反對傳統儒家思想的自由主義思想。民國時期出現了林語堂、周作人、徐志摩、梁實秋、沈從文、錢鍾書等知識份子，他們不是特別喜歡激進主義和革命，而是努力保持著一個獨立的立場（見 Zhidong Hao 2003a：42-43）。學術上的自由主義正在成長中。

王元化（1999）也很欣賞胡適。胡適說知識份子在自己的追求中，不應當向權勢低頭，不能趨炎附勢，要不畏風險。這已經觸及到了政治自由主義。胡適（1948）在自己的分析中認為，自由主義意味著 1）自由地評論和批評現狀；2）民主；3）寬容；4）漸進式改革。他將中國傳統的自由主義追溯到 1）不怕批評政府的老子；2）挑戰教育的等級制度【主張有教無類】的孔子；3）主張貧賤不能移，富貴不能淫的士大夫精神的孟子。中國歷史上的許多其他知識份子在學術和政治上都遵循自由主義的原則。他們也相信我們在上面提到的、孟子所說的人民、政府和皇帝之間的關係，即「民為貴，社稷次之，君為輕」。但胡適認為，這種東方自由主義從未導致民主政治。相反，民主的一些重要措施比如議會政治、憲法和無記名投票都是在西方首先發明的。

除了這些保障個人選擇自己的政府代表的權利等措施外，自由主義還要求容忍反對黨，尊重少數人的權利。最後，自由主義也意味著非暴力和漸進改革。因為民主、寬容和尊重，所以不需要血腥的革命。只有那些相信激進變革的人才會訴諸革命和任何必要的手段來實現變革，他們最終會走向極權主義。他們不相信自己會錯，也不承認別人可能有充分的理由反對他們。因此，自由主義者也將反對暴力革命和隨之而來的極權主義。

這種政治自由主義，即使還沒有反映在政治制度的變革上，也肯定反映在民國時期知識份子的政治批評中。香港《開放雜誌》的主編金鐘（2003）列舉了這樣一些知識份子及其活動的例子：胡適、徐志摩、王世傑、陳源【西瀅】、郁達夫、沈從文、高一涵、凌淑華、梁實秋、聞一多、潘光丹、羅隆基等，他們辦了《現代評論》、《新月》、《獨立評論》等期刊。這些知識份子追求人權、自由、平等和理性等一些基本的人類價值，主張漸進變革而不是革命。他們既反對蔣介石的獨裁統治，也反對中共的激進主義。他們不依附於任何政黨，他們主張建立在客觀事實和有見地的觀察基礎之上的獨立批評。

在 1940 年代，典型的自由主義知識份子是《觀察》雜誌的主編儲安平。作為民主自由主義和第三條道路的代表，儲安平撰文批評國共兩黨的極權主義。他說，在國民黨統治下是有多少自由的問題，在中共的統治下，是有沒有自由的問題（Zhidong Hao 2003a; 謝泳 2003）。[15]

關於自由主義，我們關心的最重要的一點是它與民族主義的關係。自由主義必然和個人族群民族主義聯繫在一起，因為這種民族主義尊重個人和族群的權利和義務，並盡量減少集體主義的干預。當然，這並不意味著國家無用或無能為力。但國家的責任是保護每個人的人權，還有族裔群體的權利，儘管個人對集體也負有義務和責任。正如胡適所指出的，自由主義將要求其信徒與種族主義和國家壓迫作鬥爭。他們應該尊重其他國家和族群，就像尊重自己一樣（見羅志田 2003）。

雖然胡適和民國時期的其他知識份子都沒有為我們提供中國自由主義國族認同的【具體】藍圖，但我們至少可以從他們身上推導出關於民族關係和國家性質的自由主義原則。我們將在下面的章節中進一步討論這個問題。

---

[15] Zhidong Hao（2003）和謝泳（2003）提供了更多這一時期自由主義知識份子的例子。

第四章
想像中國（1）──從文化主義到三民主義

綜上所述，前現代中國的特點是文化主義，而不是族群和政治。人們只要認同中國文化，就是中國人或被視為中國人。這樣，即使是少數民族在統治中國時也可以成為中國人，至少在文化上是這樣，就像後來的清朝一樣。但是這個中國面臨著外國人的強勢進攻。當列強來到中國並想要分一杯羹時，文化主義的中國慘遭失敗。清政府看到自己無力應對領土和主權的喪失，才意識到有必要像工業化國家一樣富國強兵。一個現代民族國家即將建立。但國家的這個努力又失敗了，部分原因是國家的政策是中學為體、西學為用，【沒有解決根本問題】。傳統的君主制文化和政治結構無法應對不斷變化的世界秩序的挑戰。

當清廷意識到有必要進一步進行政治改革時，為時已晚。知識份子希望進行更激進的改革，共和革命和共產主義革命開始了。1911 年的民國革命以及隨後三十年的國共兩黨之間的革命和反革命主要是集體族群民族主義的演習，其重點是集體的利益：將權力集中在聲稱代表整個中國的少數人手中。這或許可以理解，因為中國正在對抗外國列強，它必須有權動員國家的所有力量。但是，個人族群民族主義將不見蹤影。

頁 95

反過來講，個人族群民族主義並非完全不存在。國共兩黨偶爾都會聲稱他們相信公民民族主義，有時甚至將其付諸實踐，比如我們在這一章所討論的國民黨的憲政發展三階段以及中共的各種宣言。他們還嘗試了舉行民主選舉的各種方式，儘管他們均不被稱作民主黨派。此外，當國民黨的國家和中共的共產主義運動在他們的有機知識份子的支持下試圖建立一個以集體主義為主的民族國家時，自由主義也在批判型和專業型知識份子中同時發展。正如我們將在後面的章節中進一步討論的傳統文化主義對中國的國族建構具有重要意義一樣，這種自由主義對於強調個人利益和個體族群利益的國族認同的建構同樣具有重要意義。我們將在下一章討論中共的國家自 1949 年以來一直試圖實現什麼目標以及知識份子在其中所扮演的角色。我們將看到集體族群民族主義和個人族群民族主義將繼續爭奪國家和知識份子的注意力。

第五章　想像中國（2）
——中共的中國民族主義和 1949 年後知識份子的作用

我們在第二章和第三章討論了台灣的國民黨和民進黨時代的民族主義發展：從強調威權和中國民族主義的集體族群民族主義到強調民主和多元文化的個人族群民族主義。我們觀察到，情況仍在變化中，國家和知識份子將在台灣建構一個什麼樣的國族認同，挑戰仍然存在【這或許是一個永久的挑戰，就像在歐美那樣】。我們在上一章考察了 1949 年以前中國國族建設的歷史發展，其特點是從文化主義向民族主義的轉變，儘管主要是集體族群民族主義而不是個人族群民族主義。自 1949 年以來，中國的國族建設經歷了諸多階段，特別是在台灣問題上，但我們【或許】可以說，儘管仍然存在各種困難，但它在【總體上】也正在走向個人族群民族主義【這當然是比較樂觀的看法】。現在，我們將考察民族主義在中國這一歷史時期的發展。

簡而言之，中共自 1949 年以來的國族建設一直是成功和失敗的混合物，無論人們如何定義成功和失敗。一方面，中共政府確實幾乎全部消除了西方在中國的影響和特權，將國民黨趕到了台灣，清除了據稱代表政治不公正、獨裁和經濟資本主義的分子。中共聲稱他們在追隨孫中山的腳步，將建立一個*獨立*、*自由*、*民主*、*統一*和*繁榮*的新中國（見毛澤東 1945）。在中共眼中，在不到 60 年的時間裡，它確實建立了一個除台灣之外的獨立統一的新中國。但是，在中共全面統治的大部分時間裡，這個國家既不是自由的，也不是民主的，無論是在中共聲稱的工農自由和民主的意義上，還是在傳統的自由主義意義上。中共奉行的主要是集體族群民

族主義。

然而，自從毛澤東去世後的 1970 年代最後幾年開始的改革以來，情況發生了很大變化。中共國家實現了前所未有的經濟繁榮，在政治上也進行了一些有限的改革，包括 1980 年代開始的村級選舉。在對台政策中，中共從軍事解放的強硬政策走向和平統一政策，走向個人族群民族主義，儘管它沒有放棄使用武力來實現統一的可能。另一方面，中國知識份子大多在發揮著國家的有機知識份子的作用。無論出於何種原因，很少有人在試圖扮演一個純專業主義的角色，而扮演真正批判角色的人就更少了。遵循五四運動的自由主義傳統、鼓吹個人族群民族主義是有風險的。讓我們來看看這一時期中國的國家建設究竟發生了什麼，以及中共國家和知識份子的作用。

一、獨立、統一與充滿問題的漢族和少數民族的關係

自 1840 年以來，中國人堅持不懈地試圖構建一個民族國家，尋求「獨立」，也即通過洋務運動、百日維新以及共和與共產革命，擺脫或至少限制他們認為是外國對中國事務的干預，正如我們在上一章中所探討的那樣。所有這些運動都試圖加強中國的實力，以對抗他們所認為的帝國主義的統治和殖民剝削，正如孫中山和共產黨的民族主義都希望的那樣。現在，中共終於能夠宣佈帝國主義者已被趕出中國。獨立因此實現了。事實確實如此，但是革命是血腥的，死亡數百萬人，而且殺戮主要是在中國人自己之間，而不是在「帝國主義者」和中國人之間。

除台灣以外的所有省份也基本實現統一，包括對少數民族省份的統一，或者至少在表面上是這樣。在接管中國後不久，中共政府開始了對各種少數民族的識別，並最終確定 55 個少數民族（關於這個通常並不科學的民族識別方法的例子，請參閱 Brown 2004：170-179 對土家族的討論；

第五章
想像中國（2）——中共的中國民族主義和 1949 年後知識份子的作用

有關民族識別的其他問題，另見 Suisheng Zhao 2004：181-182）。國家還制定了一系列政策，反對民族歧視、剝削和分離。（這最後一條政策帶來的後果及其意識形態的理由，我們將在下面討論）。這些政策保障少數民族參與地方和國家政府的權利；替換對少數民族的貶義稱呼；保障少數民族的政府自治；保護生活在漢族佔多數的地區中少數民族的權利，包括少數民族使用自己語言的權利（儘管鼓勵雙語），以及他們實踐自己的宗教信仰和習俗的權利；培養和使用少數民族幹部，鼓勵和保障少數民族的經濟、社會、教育、文化發展（王平 1999 年；另見 Harrell 1999 年）。大多數過去被貼上「番」的標籤的人，現在變成了藏人；「夷」（意為「他者」）的貶稱現在被另一個「彝」字取代（王明珂 1999：63；楊盛龍 1999：192）。彝族是指以不同的名字稱呼自己並居住在四川、雲南、貴州和廣西某些地區的人群。黨和政府領導人似乎非常清楚民族問題的重要性，認為民族問題是「關係到我們民族命運、發展和穩定的最關鍵問題」（Suisheng Zhao 2004：179）。

頁 99

中共建立了五個省一級的少數民族自治區，包括蒙古族、壯族、藏族、新疆的維吾爾族和寧夏的回族穆斯林的自治區。此外，各民族還有 30 個自治州、121 個自治縣和 1100 個自治鄉（縣以下但村以上的政府級別）。少數民族佔中國總人口的 9%（石茂明 1999：342）。總體來講，45% 的少數民族生活在地方自治區域，佔全國土地總面積的 64%（李華新 1999：255；廖家生 1999：215）。

但是，少數民族的權利被寫在紙上，實踐如何則是另外一個問題。例如，政策規定地方自治區的行政首腦應為少數民族幹部。但到 1995 年，五個自治區的縣級以上幹部中少數民族只佔 32.5%（黃耀萍 1999：299；廖家生 1999：219）。現在情況正在改善，但變化沒有少數族裔自己希望看到的那麼多。【在 2020 年代的今天，對少數民族來說，可能情況就更不樂觀。】我們將在下面的西藏案例中觀察到更多這樣的情況。而且，在一黨專制的制度下，往往是黨委書記才是最終決策者。而這個人往往是漢

人。政府級別越高，這種情況的可能性就越大。

擔任決策職務的少數民族幹部人數少，表明漢族與少數民族的關係存在較大的問題，說明黨在各級政府中扮演的角色存在問題。例如，西藏過去由佛教僧侶自治，中國中央政府只保持對該地區的名義控制。但中共政府遵循的是另一套理論。正如 Lodén（1996：282-283）所觀察到的，階級的概念在中共意識形態中發揮了核心作用，在定義公民身份時，階級認同將超越族群差異（另見 Townsend 1996：19）。種族差異已經不再重要，儘管中共在 1922 年宣佈將建立一個漢族和其他少數民族的邦聯，[1] 並且在 1934 年再次承認少數民族的自決權，[2] 正如我們在上一章中所討論的那樣。

中共一掌權，就以無產階級的名義在全國各地建立專政。他們會消滅剝削階級，所以西藏的農奴制度必須取消。[3] 叛亂、分離主義運動或可以被認為是分離主義言論或活動的東西必須被撲滅，就像從 1950 年代開始時那樣。佛教僧侶和穆斯林神學家的許多特權也必須取消。1957 年，一些少數民族幹部被打成右派，即使沒有被監禁，也會受到批評或降級處分。從那時起，直到 1970 年代文化大革命結束，民族特徵在政治上被認為是不正確的，必須消除。一大批少數民族幹部，也像其他共產黨幹部一

---

[1] 鄧小平認為，毛澤東明智的做法是不採用邦聯制，而是採取自治制度（見廖家生 1999：215）。

[2] 另見 W.W. Smith 1996：341-360 關於中共民族政策的討論。

[3] 有關自 1949 年以來中國在西藏統治的完整描述，請參閱 W.W. Smith 1996 和王力雄 1998。中共國家一開始並沒有改變西藏的制度，直到其他藏區的階級【鬥爭和】改革引起了很多衝突，以至於十年後大藏區發生了廣泛的叛亂或起義。關於 1959 年西藏的起義，另見 Suisheng Zhao 2004：192-194。目前尚不清楚有多少藏人被解放軍殺害。達賴喇嘛聲稱這個數字在整個西藏大約有 90,000 人（Patterson 1960：100）。中國官方統計將所有藏人傷亡加在一起，即 93,000 人，包括死者，傷者，俘虜和投降者。此後有多少人被監禁並死亡也不清楚。在解放軍方面，1,551 名士兵在鎮壓叛亂的努力中喪生，1,981 名士兵受傷。中國平民也有死亡，但數字尚不清楚（見王力雄 1998：192）。在叛亂和平叛中，藏人和漢人均遭受到無以復加的殘暴（見王力雄 1998：175-191 的具體描述）。

想像中國（2）——中共的中國民族主義和 1949 年後知識份子的作用

樣，遭到了批判鬥爭（見楊勝龍 1999：193-195）。

藏傳佛教的遭遇或許最能說明少數民族地區的鎮壓情況。在 1959 年起義後的平叛期間，許多寺院被摧毀，僧侶被解散。在 2,600 多座寺院中，只有 70 座被允許存在，超過 90%的僧尼被遣散（王力雄 1998：238）。鎮壓叛亂的風暴剛剛平息，1966 年文化大革命就爆發了。這場革命將進一步摧毀藏傳佛教，而藏傳佛教是藏人文化的主要組成部分。平叛後留下的少數寺院被洗劫一空，許多神像被摧毀（見王力雄 1998：320-321；另見 Karmel 1995：499）。

在文化大革命之後的幾年裡，西藏修復了許多寺院，並建造了新的寺院。到 1994 年，已有 1,787 座寺院和 46,400 名僧尼，約佔藏族人口的 2%。政府甚至向僧尼支付工資，並為他們提供免費醫療（Xu Mingxu 1998：372）。藏傳佛教如今發展得如此強大，在某些領域比黨的幹部更有影響力（王立雄 1993：333-334）。但寺院可能往往與分離主義運動有關。這顯然讓政府感到擔憂，後者現在加快了限制宗教活動的努力。

事實上，對宗教活動的限制在整個中國都是如此。但是這種限制引起了少數民族的進一步不滿，特別是在藏族和維吾爾族地區，助長了那裡的分離主義運動。國家強烈譴責任何在言論或活動上似乎損害中華民族「團結」或領土完整的人。許多人因此而入獄。國家給出的理由是，這些活動可能會導致「動亂」（見石茂明 1999：345）。然而，國家越是壓制宗教，少數民族的怨恨就越大，分離主義運動只會越來越強大。這是集體族群民族主義的一個特徵。

在經濟上，少數民族地區比漢族地區落後。他們資源豐富，森林覆蓋率佔全國的 38.4%，其中木材儲量佔全國的 57.4%，水資源佔全國的 52.5%，草原佔 75%，礦產佔 80-90%（見李華新 1999：255；Suisheng Zhao 2004：178）。國家的確採取了許多有利於少數民族的政策，包括政府直接投資和津貼、低稅收或不徵稅、低利率貸款、自由貿易等。國家還組織較發達省份向欠發達的少數民族地區提供技術援助。儘管如此，到

1993 年，少數民族地區的貧困縣仍然佔全國貧困縣的 74.8%。許多地區仍然不通電，沒有電話，沒有像樣的道路（見李華新 1999：255-262，271-272）。【這些情況現在似乎已有極大的改變。】少數民族地區仍然是中國最貧窮的地區。

　　中央政府的巨大經濟努力似乎也沒有在很大程度上改善了民族關係。正如我們上面提到的那樣，政治和宗教方面的和解努力仍然缺乏。在西藏，農牧民不交稅，發展資金和政府運行費用全部由北京支付。從 1951 年到 1995 年，中央政府向西藏提供了超過 350 億元人民幣，約合 48 億美元。這相當於在 44 年內每年給每個藏人 500 元人民幣，這個收入水準高於中國腹地的許多農村漢人的收入水準。但問題是，這筆錢並不經常用於發展農業，而是主要用於城市發展和行政管理。因此，大多數藏人沒有從政府的支援中受益。此外，即使是那些受益於政府財政援助的人，仍然不認同政府的政策，仍然希望獨立。例如，1992 年至 2000 年擔任西藏自治區黨委書記的陳奎元在 1996 年抱怨說，在過去的二十年裡，中央政府花在修繕寺廟上的錢比修繕政府機關大樓的錢還多。但許多僧侶仍然支持分離主義運動，因為他們憎恨政府對他們的宗教和人民的攻擊。似乎中央政府給他們的錢越多，他們就越想獨立（見王力雄 1998，2000）。[4] 這應該向國家發出一個明確的訊息，即他們的西藏政策有問題。

　　藏族幹部在政府中的比例也比我們上面提到的平均水準要高。例如，雖然 1990 年代比 1980 年代有所下降，但 1996 年藏族仍佔省級幹部的 60%，佔廳級幹部的 56%。所有 75 個縣的縣長都是藏人，其中 63 個縣的黨委書記也是藏人。儘管如此，這些高級幹部也往往高度尊重達賴喇嘛，

---

[4] 關於對陳奎元的一個很好的介紹，請參閱 Robert Barnet 的論文，題為 "The Chinese Frontiersman and the Winter Worms—Chen Kuiyuan in the T.A.R., 1992-2000"（〈中國拓荒者和冬蟲——陳奎元在西藏自治區，1992-2000〉）（2001），哥倫比亞大學網站 http://www.columbia.edu/itc/ealac/barnett/pdfs/ link29-chenpiece.pdf，上網日期 2009 年 5 月 12 日。

想像中國（2）——中共的中國民族主義和1949年後知識份子的作用

即使中央政府將達賴喇嘛視為分裂主義運動的領導人（也見王力雄1998）。許多在中國內地被培養為未來幹部的藏人後來成為獨立運動的活動家。[5]

Suisheng Zhao（2004：194-208）討論了中國平權行動或少數民族地區激勵政策的成功和失敗。更廣泛的政治參與和對宗教活動的放鬆限制導致了民族意識的提高和對獨立或至少是更多自治的強烈願望。平權行動的社會政策，鼓勵少數民族學生上大學，錄取他們的成績低於漢族學生入學所需的成績，強化了對少數民族的偏見，認為少數民族落後和原始，需要漢族人的幫助。經濟發展的特點是漢族在行政、專業和企業方面的強勢存在，使少數民族被邊緣化。就連青海格爾木到西藏拉薩的長達 1,118 公里的鐵路建設也存在爭議。正如西藏流亡團體的出版物所抱怨的（引自 Suisheng Zhao 2004：205），修建鐵路，

頁102

> 將為礦產開採和商業創造以前不存在的可能性。這將刺激「人力資本」流入該地區，使人口的轉變得以發生……過去的經驗表明，被這些新的商業機會吸引的移民可能比西藏原住居民受益更大。在礦產開採方面，中國政府和礦業公司將是開採更多西藏礦產資源的主要出資人【及主要受益者】。

現在鐵路正在運行。雖然它【每年】為拉薩帶來了數十萬遊客【現在每年到西藏旅遊的人數達數千萬】，但也出現了其他問題。居住在中國的藏族作家唯色（2007）的微博因為她同情藏人處境、批評中共政府而被當

---

[5] 林恩・懷特教授對這一段的評論值得全文引用：「王力雄關於受過教育的藏人成為分離主義者的數據遵循了一個常見的模式。將阿爾巴尼亞從土耳其人手中解放出來的 Skanderbeg 是完全在伊斯坦布爾長大的 Alexander the Bey；Emiliano Zapata 是（西班牙後裔）革命者；Benito Juarez（純印度人）是自由主義者。朝鮮歷史上的許多國王，在中國或日本的保護下長大，然後在保護者要求太多時便起來反抗。甚至那個前英國士兵喬治・華盛頓。很多例子。」

局關閉。她指責除了漢族企業家在當地藏族精英的幫助下開採礦產資源外，鐵路還破壞了西藏曾經寧靜和平的自然環境。

這是一個現代性問題還是民族問題，還是兩者兼而有之？如果兩者兼而有之，中共面前的任務仍然是建立一個什麼樣的國族的問題，並制定一套有助於而不是阻礙實現這個目標的政策。就目前的情況而言，甚至很難反駁中共國家政治實行「內部殖民」這樣的指控（Suisheng Zhao 引用的 Urdyn E. Bulag 的觀點，2004：205），這可能是 2008 年 3 月和 4 月西藏騷亂的原因之一。

此外，對於國家來說，同時兼顧政治改革和經濟發展一定是一個巨大的挑戰，因為政治需求往往伴隨著中產階級的增長（Lipset 1994）。這可能是政府目前奉行集體族群民族主義的原因之一。但隨著經濟發展和中共政府對管理國家事務的信心日益增強，可能會轉向個人族群民族主義【這一點對藏人來說，可能也是過於樂觀了】。達賴喇嘛和中共國家之間的談判已經進行了多年。儘管在撰寫本書時，會談尚未取得多大成果，但這些渠道畢竟是有用的【談判已經中斷多年，現在更加不可能了】。雙方，尤其是中國政府，都必須考慮下一步怎麼辦。目前中國在西藏的國家政策並沒有達到其和諧與穩定的目的（有關西藏的更多分析，見郝志東 2008a）。在其他少數民族地區也是如此。[6] 我們將在下面討論國家對台政策的變化，會為我們理解中國的國族問題提供更多的視角。（我們將在本章後面再回到西藏）。

---

[6] 譯註：最近幾年來，中國政府在新疆的高壓政策導致數以百萬計的少數民族人士被送入再教育營或監獄，這樣只會增加人們的分離主義情緒。也見 Zhidong Hao 2023。

二、中共的對台政策：從集體族群民族主義走向個人族群民族主義

正如我們之前簡單提到的，在 1920 和 1930 年代，當中共的實力仍在發展階段並且陷入了與國民黨的內戰時，他們的對台灣政策、對台關係並不十分明確。中共主要遵循國際共產主義運動的政策，將朝鮮和台灣視為正在試圖從殖民者手中尋求解放和獨立的國家。在其他時候，中共將台灣人視為少數民族，是中華民族的一部分（見史明 1980：1516-1523）。即使在孫中山的思想中，台灣作為清朝「失落領土」的角色也更具象徵意義，而不是實質意義，因為他將台灣與朝鮮、越南、緬甸和伊犁盆地並列（見 Hughes 1997：5; 孫中山 1967：I-12）。然後在 1942 年，蔣介石正式聲明台灣對中國的國家安全至關重要。1943 年，英、美、中（國民黨）代表出席的開羅會議宣佈，「日本從中國竊取的一切領土，如滿洲、台灣、澎湖列島等，都將歸還中華民國」（見 Hughes 1997：6）。這確實發生了，國民黨政府在第二次世界大戰日本人戰敗後於 1945 年接管了台灣。

1949 年，當蔣介石在隨後的內戰中失敗並撤退到台灣時，中共宣佈人民解放軍將盡一切努力在短時間內解放台灣。台灣在中共眼中的地位已經不是模稜兩可的了。在整個 1950、1960 和 1970 年代，中共政府一再聲稱台灣是中國神聖領土的一部分，沒有台灣，統一就不完整。它一再抗議美國對國民黨的支持，轟炸了離中國大陸最近的兩個島嶼金門和馬祖，與國民黨軍進行了一些小規模戰鬥，嘗試用軍事與和平手段將台灣統一於中國（見史明 1980：1523-1540）。

在 1980 和 1990 年代，隨著 1979 年與美國關係正常化，中共政府更加重視中國的和平統一。中共政府通過一系列信件、宣言、講話和白皮書，訴諸於台海兩岸中國人的血緣關係、兄弟情誼，正如原國民黨高級官員的兒子、後來變成中共高幹的廖承志（1982）所引的【魯迅】詩句：渡

頁104 盡劫波兄弟在，相逢一笑泯恩仇。[7] 這種對族群關係的訴求也反映在江澤民 1995 年說的一句話裡面：「中國人不打中國人」。[8] 大多數時候，中共國家呼籲愛國主義：每個中國人，無論他生活在台灣還是大陸，都有責任為中華民族的生存、發展和繁榮而努力，這是以中共全國人民代表大會的名義發出的呼籲（見盧義輝 2001：192-195）。

但中共對台政策的一個主要發展是鄧小平 1983 年的「一國兩制」概念，該概念將首先在香港實行（見 Hughes 1997：47-48）。中共也願意做出讓步，允許台灣成為一個特別行政區，但是可以維持自己的政治、經濟和社會制度，保留自己的軍隊。中央政府的一些職位也將提供給台灣人。但是，如果所有這些措施都不能贏得人心，中共願意使用武力來防止正式分裂。蔣經國的回答是三個不：不接觸，不妥協，不談判。

儘管如此，在 1980 和 1990 年代，海峽兩岸人民之間的接觸還是有所增加。原國民黨的老兵在 1980 年代能夠回到自己的家鄉探望鄉親，他們已經四十年沒有回去過了。兩岸進行了廣泛的社會、經濟和文化接觸。到 2001 年，台灣人在大陸已經投資了大約 1000 億美元，5 萬家台灣公司雇用了數百萬中國工人（Fromson 2001）。台商的直接投資目前估計為 1,300 億美元。[9] 許多台灣人訪問過中國，許多人甚至常住大陸。據說僅在上海就有 40 多萬台灣人在那裡生活和工作。[10] 也有人估計是超過一百

---

[7] 這讓人想起梁啟超在 1907 年和林獻堂見面時說的話：本是同根，今成異國！梁告訴林，今後的三十年，中國都將無法幫助台灣，後者應該想辦法用非暴力手段實現自己的目標（見盧義輝 2001：82；王曉波 2001：299）。

[8] 江澤民的話是雙方交流的八項原則之一，被簡稱為「江八點」。其他還有一中原則、除非有外國干涉或分裂否則一切爭端和平解決、雙方的進一步交流、促進互訪等。李登輝回應了六點，強調民主、平等、和平解決分歧的重要性，而不是使用武力（見 Hughes 1997：90-91）。

[9] 譯註：根據吳介民（2019：103-104）的研究，從 1992 到 2013 年，台灣官方統計台灣對大陸的直接投資累計達到 1,335 億美元。如果將盈餘進行增資推估，「台商對中國之累計原始投資金額介於 1,337 億美元至 2,979 億美元之間……」。

[10] 關於北京對1980和1990年代和平統一、台灣問題國際化、對台統戰工作等台灣政策的評估，另見 Hughes 1999。

想像中國（2）——中共的中國民族主義和 1949 年後知識份子的作用

萬。

1992 年，雙方政府實際上通過兩個半官方組織開始了談判：台灣的海峽交流基金會（海基會）和大陸的海峽兩岸關係協會（海協會）。正是這兩個組織達成了一個非正式的共識：一中各表。[11] 隨著台灣民主的發展和民進黨在 2000 年上台，中共已經看到其相當僵化的「一國兩制」政策可能行不通。自 1997 年以來，中國政府一直說，只要台灣承認一個中國原則，任何事情都可以商量，包括台灣在聯合國的席位（見盧義輝 2001：327）。

直到 2000 年，中共國家仍然堅持三個舊原則（即老三句）：「世界上只有一個中國、台灣是中國的一部分、中華人民共和國政府是中國唯一合法政府」。[12] 後來這個老三句又變成了新三句：「世界上只有一個中國，大陸與台灣同屬一個中國，中國的主權和領土不容分割」（《聯合日報》，2000 年 9 月 3 日）。然而，這個概念早在 1996 年就已經由海協會副主任唐樹備公開。這一新概念迴避了雙方地位平等的敏感問題。在新三句原則的指導下，任何事情都可以談，包括國家名稱、新國旗的設計、台灣在聯合國的席位等（另見張亞中 2000：69-70；唐樹備 2002）。現在似乎有希望解決僵局。我們將在下一章討論聯邦的可能性的時候會進一步討論這個問題。總之，中共國家似乎正在從集體族群民族主義走向個人族群

[11] 在這個問題上存在一些爭議。雖然前總統李登輝不認為有共識，但馬英九領導的現任國民黨政府斷言有一個非正式的共識：中國大陸人會說中國是中華人民共和國，台灣人會說中國是中華民國。與李登輝一樣，民進黨政府也不認為有共識，因為沒有正式協定。中國大陸政府尚未正式承認這種對一個中國的解釋，但在 2008 年 3 月，胡錦濤主席在與布希總統的談話中確實重申了這一共識，儘管措辭只出現在新華社新聞報導的英文版中，而不是中文版中。在過去幾年中，中國官員也曾在其他場合暗示有這一共識。正是這種非正式共識使雙方得以在 2008 年 11 月就其經濟協定開展工作成為可能。雖然中國大陸迄今為止能夠避免正式承認中華民國，但在未來的政治談判中，它需要界定中華民國的地位以及一個中國的含義。有關此問題的更多資訊，請參閱郝志東 2008b：148，164-167。

[12] 見 2000 年白皮書《一個中國的原則與台灣問題》，www.china.com.cn/chinese/TCC/haixia/18378.htm，上網日期 2003 年 2 月 12 日；另見 Wang Wei-cheng 2006：149-150。

民族主義，儘管走得有點遲疑不決，集體族群民族主義仍然主導著中共國家的思想。以下是一些示例。

中共國家的集體族群民族主義強調中華民族的利益，而不是人權和民主等問題。[13] 這在我們上面關於中國政府在少數民族地區政策的討論中已經很明顯了。這種民族主義也反映在國家對台灣和美國的政策上。政府的典型立場反映在國台辦在2004年中華民國總統在台灣就職前的5-17聲明中：[14]

> 中國人民不怕鬼、不信邪。在中國人民面前，沒有任何事情比捍衛自己國家的主權和領土完整更為重要、更加神聖。我們將以最大的誠意、盡最大的努力爭取祖國和平統一的前景。但是，如果台灣當權者鋌而走險，膽敢製造「台獨」重大事變，中國人民將不惜一切代價，堅決徹底地粉碎「台獨」分裂圖謀。[15]

第一句話針對美國等可能想干預兩岸前途的外國，其餘的話針對台灣政府。這一立場與政府在其他涉及美國和台灣事務時的立場是一致的。以下是吳儀在世界衛生組織就台灣在2003年申請觀察員地位所說的話。[16]

---

[13] 可以肯定的是，人權和民主已經進入了中國的政治話語。但我們可以說這些還絕對沒有變成主流話語。

[14] 本章其餘部分的大部分內容基於我發表的一篇題為 "Between War and Peace: The Role of Nationalism in China's U.S. Policy-Making with Regard to Taiwan"（〈在戰爭與和平之間：中國在台灣問題上的對美決策與民族主義的作用〉）的論文，第139-168頁，載於 Yufan Hao 和 Lin Su（編輯）*China's Foreign Policy Making: Societal Force and Chinese American Policy*（London: Ashgate Publishing, 2005年出版）。

[15] 見國台辦網站 www.gwytb.gov.cn/zywg/zywg0.asp?zywg_m_id=105，上網日期2005年1月28日。

[16] 以下引文見吳儀，2003年。

第五章

想像中國（2）——中共的中國民族主義和1949年後知識份子的作用

台灣發生 SARS 疫情後，中國中央政府十分關心，迅速採取了一系列加強兩岸交流與合作的措施。

與此同時，中國中央政府同意 WHO 派專家赴台考察 SARS 疫情，同意台灣醫學專家出席 WHO 將於 6 月舉行的 SARS 全球科學會議。

台灣當局的政治圖謀六年來均告失敗，今年也不會得逞。

事實已經證明，涉台提案無論以何種面目出現，最終都逃脫不了失敗的結局。

頁 106

吳儀多次提到中央政府，明確向台北發出資訊，即台灣政府是地方政府。這至少是中國民族主義對台海關係的看法。

這種民族主義進一步反映在全國人民代表大會於 2005 年 3 月頒布的《反分裂國家法》中。該法以暴力相威脅——即非和平手段。胡錦濤主席也同時就國家的對台政策發表了重要講話。但新法和演講都沒有對民主和人權有任何承諾。他們遵循的基本上仍然是集體族群民族主義。

不過人們仍然可以說，《反分裂國家法》和胡錦濤的講話也提供了一些個人族群民族主義的元素。反分裂國家措施的立法——包括和平與非和平手段，顯然是對迅速發展的台灣獨立運動的回應。[17] 正如我們在第三章中所討論的，自 1990 年代以來，台獨運動在李登輝和陳水扁的領導下取得了很大進展。在 2004 年的總統選舉中，泛綠再次勝選，民進黨開始

---

[17] 再次注意，台獨運動是通常被稱為「本土社團」組織的集體行動，他們傾向於支持台獨。這個詞具有誤導性，因為其他台灣地方組織，如現在的國民黨，並不被視為「本土社團」。這個詞與台灣獨立的意識形態有關。因此，所謂的台獨運動是一個各種鬆散組織的集合體。

準備長期執政。於是，台獨運動得到了前所未有的發展。給街道、公司等正名只是這種發展一個象徵。教育部當時正在著手從教科書中刪除任何關於台灣曾經屬於中國的提法。[18] 這些事情發生在陳水扁在 2000 年和 2004 年承諾了「四不一沒有」之後。正是在這種情況下，中國推動了反對分裂的立法。

此外，在反分裂國家法出台之前的很多年，大陸政府除了「一國兩制」方案外，對台灣沒有更有效的政策。台灣對此不能接受，但中國又沒有別的方案可以提供。因此，我們看到的不僅是相當僵化的政策，而且推動其實施的方式也是生硬、笨拙的。例如，人們仍然記得中國前總理朱鎔基在 2000 年台灣的總統選舉中嚴厲地、鐵面無情地警告台灣選民【不要選台獨的李登輝】。該畫面被電視台一次又一次地播放。人們還記得 2003 年陪同吳儀參加世界衛生組織會議的沙祖康等人的電視畫面，他們講話時面容嚴厲、言辭殘酷，也一次又一次地在當地電視台播放。台灣媒體要求他們解釋為什麼台灣做一個聯合國組織的觀察員都不可以，吳儀的團隊斥責這些媒體說，「誰理你們?!」「你沒看到投票結果嗎？」這些言辭顯得突兀、冷血、粗暴無禮、毫無外交策略。朱或沙當時怎麼想，我們不得而知。但結果是，中國的對台政策不僅無助於兩岸關係的改善，而且適得其反。

不過胡錦濤提出的四點方案和反分裂國家法倒是有一些新意。首先，胡錦濤明確表示，台灣和大陸都是中國的一部分。這意味著中國和中華人民共和國是不同的。不存在誰吃掉誰的問題。第二，中華人民共和國希望在平等的基礎上與台灣和平統一。第三，中華人民共和國希望與台灣進行

---

[18] 台灣在二戰結束前是否曾經屬於中國？對現實的社會建構在這個問題上可以給我們一個很好的解釋。對許多中國人來說，清廷代表中國，被視為就是中國。因此，台灣被清朝統治 200 多年，它自然就被視為中國的一部分。另一方面，有些人認為清朝不是中國，因此台灣在二戰結束之前從未屬於中國。

各種交流，包括向大陸銷售台灣農產品，客、貨航空公司直飛兩地。[19] 第四，儘管如此，中華人民共和國在台灣獨立問題上不會妥協，將堅決捍衛國家主權和領土完整。《反分裂國家法》進一步概述了雙方可能的交流。同時，它還指出，如果法理台獨成為事實，或即將成為事實，或者假如根本沒有和平解決的可能，那麼中華人民共和國將訴諸非和平手段來保護其國家主權和領土完整。

從上述討論中，我們了解到，國家在處理少數民族地區的社會問題、漢族與少數民族的關係以及兩岸關係中都發揮了至關重要的作用。很多時候，這個角色並非積極，造成的問題比國家希望見到的要多。但形勢並非完全沒有希望，從兩岸關係的發展可以看出。【當然這些年來，情況發生了逆轉。】至於西藏問題，目前尚不清楚未來會發生什麼。達賴喇嘛相當悲觀，儘管他還沒有感到絕望。【現在情況恐怕也不一樣了。】那麼，知識份子在中國民族主義發展中的作用又如何呢？他們信仰什麼樣的民族主義？他們對國家關於國族認同建構的政策有影響嗎？我們現在來討論這些問題。

三、有機知識份子與國家的集體族群民族主義

就像台灣民族主義和民主運動的有機知識份子那樣，中共和中國民族主義的有機知識份子也有其悠久的傳統。正如我在 2003 年出版的中國知識份子政治變遷一書中所討論的，中共本身是由革命知識份子在 1921 年成立的。從那時起，它就聚集了一大批有機知識份子。他們在制定和宣傳

頁 108

---

[19] 譯註：本人在 2000 年代就組織過幾個兩岸四地學者在澳門大學參加的研討會，主題分別為國家認同與兩岸未來、兩岸四地公民社會、兩岸鄉村治理比較等議題，而後還集輯出版了各個會議發表的文章，其中一本編著還在大陸出版。在 2020 年代，這些都是完全不可能的了。

中共政策、組織並領導共產主義革命方面發揮了【非常】重要的作用。

具體而言,中共國家兩岸政策上的官方民族主義的有機知識份子,既可以在體制內,也可以在體制外。[20] 體制內的知識份子包括許世銓、余克禮、徐博東、章念馳、李家泉、蘇格、辛旗等。[21] 以下是代表他們思想的一些典型例句。[22] 請注意,我們在這裡處理的仍然是理想型分類。我們在本節討論的是那些有機於中國集體族群民族主義的知識份子。我們將在下節討論支持個人族群民族主義的批判型知識份子。我們還是要記住,知識份子在不同情況下會互換立場。我在這裡重點介紹知識份子的集

---

[20] 在 1992 年冬季由 Peter M. Haas 編輯的、題為「知識,權力和國際政策協調」的 *International Organization*(《國際組織》)第 46 卷第 1 期特刊中,十位作者撰寫了文章,探討專家網絡或知識團體如何幫助民族國家創造、傳播和維持自己的思想和實踐。他們的研究表明,儘管國家決策往往基於政治考量,而不是專家的專業判斷,但知識團體仍然經常在國家決策中發揮著重要作用。無獨有偶,2002 年 9 月號的 *China Quarterly*(《中國季刊》)發表了五篇文章,探討了中國知識界如何影響中國的國際、軍事、經濟和公共安全政策。中國政府內外的知識份子和智庫都在努力試圖影響其外交政策的制定。雖然所有這些作品都集中討論了知識份子在國家決策中的作用,但我討論的重點則是兩種知識份子或知識傾向在他們各自支持的民族主義中所扮演的角色:一種是集體族群民族主義,另一種是個人族群民族主義。所有這些知識份子都是知識共同體的一部分,只是他們的觀點顯然不同。他們各自如何努力用自己的民族主義影響政府對台灣的政策,效果如何,是需要進一步研究的課題,我們在這裡所做的還遠遠不夠。探討知識份子與國家之間的互惠關係也將很有趣,我們在本書中談到了這一點。關於這個問題,也請見我 2003 年出版的 *Intellectuals at a Crossroads: The Changing Politics of China's Knowledge Workers*(《十字路口的知識份子:中國知識工作者的政治變遷》)一書,我在書中討論了國家與有機、專業和批判型知識份子之間的動態關係。譯註:如前所述,本書已有中譯本。

[21] 譯註:當然在十多年以後的今天,在公開場合露面的有機知識份子已經不是這些人了。他們有了自己的接班人。

[22] 這些例句來自中國網 www.china.com.cn/ chinese/TCC/haixia/17072.htm 和中國台灣網 www.chinataiwan.org/webportal/portal.po?UID=DWV1_WOUID_URL_2001006。上網日期 2005 年 1 月 30 日。我沒有引用具體作者有兩個原因,與我在第三章中關於引用台灣知識份子的解釋類似。這些例句總結了這些知識份子的典型思想,可以在他們撰寫的典型官方文章中找到。此外,附上例句的作者姓名,會給人們造成一個刻板的印象。事實上,個人的觀點是動態的,而不是靜態的。我不想讓讀者感到他們只有一種聲音、一個觀點。這兩種民族主義和支持它們的兩種知識份子都是理想型分類,而不是對政府或知識份子非此即彼的束縛工具。我想強調的是類型之間的動態,儘管我確實也強調了類型的作用。

想像中國（2）——中共的中國民族主義和1949年後知識份子的作用

體族群民族主義特徵，但並不意味著他們只有這些特徵。

> 只要台灣承認兩岸同屬「一國」，大陸就願意給予台灣最大的自治權。自治的程度和它所帶來的[其公民和政府]的權利在世界上是前所未有的。

> 任何形式的台獨圖謀都不會得逞。

> 台獨分子糾集在一起搞什麼正名運動。突然間，烏雲蔽日，昏天黑地。

> 任何人都不能用文字遊戲來迴避和模糊一個中國原則。否定一個中國原則就是發動戰爭。台北政權需要趕快覺醒，改弦更張，我們歡迎浪子回頭。

> 我不希望兩岸之間爆發戰爭，但一旦爆發戰爭，台灣將與中國統一。

我們可以看到，這些知識份子的作品所體現的民族主義與國家的集體族群民族主義非常相似。我們再次看到武力威脅和居高臨下的傲慢。我們看到的是中國就是中華人民共和國這樣一個唯一解釋，沒有任何疑問。

一些體制外的知識份子也有強烈的觀點。[23] 他們甚至批評政府，說政府太弱，需要用更加強勢的態度對待美國和台獨運動。他們的集體族群民族主義可以在諸如《中國可以說不》和《中國仍然可以說不》（1996）

---

[23] 這是指那些不是政府的智庫、不向政府直接供政策建議的人。他們往往任職於大專院校。

等由宋強、張藏藏、喬邊等編寫的著作中看到。以下是對他們觀點的總結。[24]

美國支持台獨，允許李登輝訪美，向台灣海峽派遣航空母艦，引起了中國人的反美情緒。

台獨運動的發展是由美國人協助推動的。與伊拉克【在美國入侵的最初幾天】的情況不同，中國人寧可與美國人作戰，也不願意失去自己的領土。

台灣人不可能通過獲得更多選票來實現獨立但同時又不陷入更多的麻煩。

問題不是台灣是否應該與大陸統一，而是何時與大陸統一。必須有一個時程表。

未來的中國不能沒有台灣。任何失去台灣的中國領導人都將成為中國歷史的罪人。

無人可以質疑台灣的未來是作為中國一部分的未來，無論是台灣的中國人還是大陸的中國人都不能質疑，因為它一直是中國的一部分。

統一是前提；這是一個不容討論的問題。

---

[24] 這裡是對這些知識份子所體現的民族主義主要觀點的總結。雖然我還沒有引用這些話的具體作者，但這種情緒是很明顯地滲透到這些文本中的。

第五章
想像中國（2）——中共的中國民族主義和1949年後知識份子的作用

台灣的生死，就是中華民族的生死。台灣的未來就是中國的未來。

王小東、楊帆、閻學通也表達了類似的想法。[25] 從政府及其有機知識份子的言論中，我們可以對國家關於中國民族主義的觀點和知識份子在其中的角色做一些總結。

首先，這種由國家和許多知識份子支持的民族主義是一種集體族群民族主義，強調無條件的統一，與個人族群民族主義不同，它對人權或民主隻字不提。然而，正是後者的缺乏顯然導致台灣人對中共政府缺乏信心，這反過來又阻礙了統一。王小東會聲稱他也相信人權，但他對這種民族主義的鼓吹使他對人權的主張黯然失色。[26]

其次，這種民族主義對台灣表現出來的是一種傲慢，這既體現在中央政府也體現在許多知識份子那種居高臨下的態度上。這種傲慢是一種排外主義的傲慢。對他們來說，只有一種統一的方式，那就是以大吃小，典型的集體族群民族主義。他們全然不顧日本殖民時期和國民黨統治下台灣意識的發展，台灣意識被蔑稱為台獨思維。正如張雪忠（2004）所說，中國人應該警惕任何形式的巧妙偽裝的看似統一實則台獨的情況。他們應該警惕任何可能想要做出太多妥協的領導人。

第三，這種民族主義將鼓勵為統一目的而使用武力。它的追隨者，包括國家和許多知識份子，都認為統一對中國和中國人民都有好處。為了迅

頁110

---

[25] 見中國經濟信息網上王小東、王文成、韓德強、秦暉、丁冬、楊帆等人的討論，www.cei.gov.cn/economist/doc/xryf/200108211506.htm，上網日期2005年1月30日；另見世紀論壇 at www.cc.org.cn/luntan/china/login.php3?db=1 關於楊帆的文章及其對台獨的看法，上網日期2003年10月4日。後一個網站在2006年左右被政府關閉，因為它在政治問題上直言不諱。

[26] 見中國經濟信息網 www.cei.gov.cn/economist/doc/xryf/200108211506.htm，上網日期2005年1月30日。

速達到統一的目的，他們必須訴諸最有效的手段，包括戰爭。當然，他們會聲稱要和平統一，但要實現和平統一，就必須發展中國的軍事力量，隨時準備使用武力，以遏制台獨。如果美國想在戰爭爆發時進行干預，就必須考慮與中國打核戰爭的後果（閻學通 2004；另見 Hughes 2006：133 對閻的討論）。這就是溫家寶所說的中國人將不惜一切代價捍衛國家領土完整的意思。根據這些人的思想，隨時準備使用武力是遏制台獨的唯一途徑。而這正是有機知識份子必須面對的責任倫理還是道德倫理的兩難境地。

第四，這種發展和準備使用軍事力量的渴望，是基於這些知識份子在國際關係中越來越傾向於接受政治現實主義，這種現實主義本質上是非常民族主義的：他們最強調國家利益。更有學者認為，美國「先發制人的打擊」軍事策略，比如在伊拉克那樣，是新帝國主義的策略，使美國變成了一個流氓超級大國（見沈丁立 2003；辛本健 2004；張銘 2003）。[27] 為了維持其在世界上，特別是在亞太地區的霸權，美國必須遏制像中國這樣的新興大國（蔡佳禾 2003）。2000 年前後的一系列事件（1999 年中國駐貝爾格萊德大使館被炸、2001 年中國戰機與美國間諜飛機相撞）以及美國繼續向台灣出售武器等，強化了這種印象。[28] 當喬治·W·布希在 2001 年表示美國將不惜一切代價保衛台灣時，其政策被清楚地揭示為對中國統一的威脅（潘忠歧 2003；張家棟 2003）。正如 2004 年美國國防部報告所總結的那樣，「目前，根據各種官方和半官方出版物的說法，中國認為美國是唯一對中國構成真正軍事威脅的國家，也是唯一可以[出於

---

[27] 根據張銘（2003：254）的說法，Samuel Huntington 首先使用了指代美國的「流氓超級大國」一詞。

[28] 關於使館被炸和飛機相撞事件在激起中國民族主義情緒、促使中國人重新評估西方文明並找到自己的立場方面的作用，另見 Joseph Cheng 和 Kinglun Ngok 2004；見郝志東 2000 關於1990 年代和 2000 年代初的民族主義的討論；也見 Ben Hillman 2004；Suisheng Zhao 2004：267-272。

任何目的]對該政權實施有效經濟制裁的國家」。[29]

另一方面，這些學者認為，美國也將中國視為對其霸權的威脅。他們認為，美國的一些新保守主義者——彷彿他們就能代表美國——將中國視為一個潛在的「敵對霸主」，將尋求取代美國，成為遠東的主導力量（見潘一寧 2003：334）。他們說，這些新保守主義者認為，中國的政治和宗教基礎與美國不同，會使之成為「一個新的邪惡帝國」（見潘一寧 2003：336）。他們認為，新保守主義者的觀點也反映了普通美國人對中國作為一個嚴重問題、威脅或敵國的焦慮（潘一寧 2003：338；時殷弘 2003）。事實上，「從 1989 年天安門事件以來，公眾對中國的態度從有利變為分裂、傾向於不利的看法，這個情況已經持續了十多年」。[30] 就連美中經濟與安全評估委員會在其 2004 年的年度報告中也持有上述觀點：[31]

頁111

> 根據我們迄今為止的分析，如我們的詳細報告所述，委員會認為，目前美中關係的一些趨勢對我們的長期經濟和國家安全利益有**負面影響**，因此美國在這些領域的政策需要得到急切的關注與調整。（粗體為原文）。

該委員會建議國會和行政當局共同努力，評估台灣海峽兩岸和香港的事態發展，並建議國會加強其在實施《台灣關係法》方面的監督作用。這些建議還包括「基於中國和台灣不斷變化的現實」而重新評估美國的一中

---

[29] 見美國國防部網站 www.defenselink.mil/pubs/d20040528PRC.pdf，上網日期 2005 年 1 月 30 日。

[30] 見世界輿論網站 www.americans-world.org/digest/regional_issues/china/ch_summary.cfm，上網日期 2005 年 1 月 30 日。

[31] 見美中經濟與安全評估委員會網站 www.uscc.gov/researchreports/2004/04annual_report.htm，上網日期 2004 年 10 月 10 日。

政策。

　　因此，如果台海兩岸爆發戰爭，那將是中國、台灣、美國三個民族主義之間的戰爭，這些民族主義本質上是集體族群民族主義。誠然，反恐戰爭在很大程度上分散了美國對中國威脅的關注，但在台灣問題上仍然存在許多民族主義因素，這些因素仍有可能將三方捲入一場熱戰（見 Swaine 2003；王緝思 2004）。

　　最後，在台灣問題上的民族主義立場和對美國的民族主義態度方面，國家與這些知識份子有著驚人的共識。正如一位西方記者所觀察到的那樣，人們過去對美國的幻想現在已經破滅（引自 Suisheng Zhao 2004：243）：

> 天安門事件後，人們認為美國會佔據道德制高點，比中國政府更好地保護中國人的利益，甚至超過美國對美國人民利益的保護——這個錯覺被打破了。許多中國人開始意識到，每個政府都在捍衛自己人民的利益——換句話說，是為了自己的國家利益。他們意識到，實際上北京政府和中國人民之間的團結程度比他們以前想像的要大。

頁112　　人們可以有把握地假設，體制內外的有機知識份子在影響國家的台灣政策和集體族群民族主義的形成方面發揮了重要作用，即使這種影響可能無法量化。他們無疑在這方面提供了一些理論。

四、批判型知識份子與個人族群民族主義

　　我們在第四章討論了五四運動的自由主義。1949 年後，台灣和中國大陸【的一些知識份子】延續了這一傳統。台灣的典型例子是 1950 年代

想像中國（2）——中共的中國民族主義和 1949 年後知識份子的作用

和 1960 年代由胡適支持的雷震的《自由中國》雜誌，1970 年代和 1980 年代的黨外運動，以及當前的統獨運動，特別是對涉及這些運動的、那些批判性大於有機性的知識份子而言。我們在第三章中討論了這些運動。

中國大陸的典型例子包括百花運動（1956-1957）中的知識份子，他們批評中共的一黨專政及其威權與獨裁的社會、政治、經濟和文化政策（見 Zhidong Hao 2003a）。其中包括 1940 年代【就已出名】的一些批判型知識份子，如儲安平和羅隆基，以及許多年輕的知識份子，如北京大學的知識份子，包括像林昭這樣因批評黨而被處決的知識份子（見徐覺民 2000）。還有那些本來【也可能】會成為黨的有機知識份子的作家，秦昭陽、艾青、劉賓雁、王蒙等。即使在文化大革命（1966-1976）期間，這是中華人民共和國最壓抑的時期之一，也有像顧準（1915-1974）和遇羅克（1942-1970）這樣的人，會挑戰幾乎沒有人敢挑戰的毛澤東及其共產黨的正統觀念。在文化大革命後的改革年代，黨內許多有機知識份子也開始質疑毛澤東的意識形態，就像他們中的一些人以前所做的那樣。但最重要的是，更多黨國體制之外的批判型知識份子也得到了發展，像挑戰一黨專政的西單民主牆運動（1978-1979）和 1989 年的民主運動中的知識份子那樣（另見 Zhidong Hao 2003a；金鐘 2003）。

民族主義話語中的自由主義與個人族群民族主義相聯繫。正如我們所觀察到的，集體族群民族主義強調國家統一和主權，但個人族群民族主義或自由民族主義會強調平等、人權和民主以及族裔／民族群體的利益。Lucian Pye 問，在進入中國革命的第二個世紀時，中國人民及其領導人正在為自己塑造一個什麼樣的民族國家呢？我們還提到了列文森對儒家中國及其現代命運的觀察。如果中國有意構建一個尊重人權和族群／民族權利的民主國家，政府的台灣政策應該與現在不同。在國族認同衝突或統獨問題上，個人族群民族主義首先關注的是公平、正義、人權和民主。

頁 113

與我們在第三章討論的台灣的批判型知識份子一樣，中國的批判型知識份子遵循個人族群民族主義，也應該提出以下問題：誰會從台海兩岸

的政治安排中受益？就像我們在第三章所引述的甘地所問的那樣，這樣的安排對大街上那些芸芸眾生有什麼好處？批判型知識份子會把公民意識、公民權利和義務，放在民族血緣關係或文化遺產之前，儘管後者也不會被犧牲。他們既注重促進個人權利，也注重促進集體權利。這與國家的集體族群民族主義不同，後者強調集體的權利，無論這個集體是民族還是國家。

這些知識份子，或一個人知識的這一方面，會批評對台獨運動的那種咄咄逼人的侵略性立場。他們會同情和欣賞台灣的民主發展。他們也會批評反西方主義，認為所謂的反西方知識份子，如《中國可以說不》中的那些知識份子，極大地扭曲了西方文明，對西方正在發生的事情一無所知（凌志軍、馬立誠 1999：264-326；劉曉波 1997）。這種激進主義無法治癒中國的疾病，反而會被統治階級用來抵抗進一步的社會變革（何家棟 2000；蕭功秦 1999；許紀霖 1997）。

中國領導人偶爾也會表現出對台灣民主的欣賞：我們尊重台灣人民當家做主的權利。如前所述，胡錦濤主席在 2005 年 3 月的全國人大年會上也說過，和平統一並不意味著一方吃掉另一方。相反，雙方將在平等的基礎上就雙方的分歧和中國的未來進行談判。這種平等意識也是民主的精神，儘管胡錦濤在講話中沒有提到民主或人權。

的確，即使是那些相信政治現實主義的人們，也即意味著是民族主義感比較強烈的人，也指出政治改革是抵消台灣和美國挑戰的一種方式。例如，時殷弘（2003：39）認為，只有民主政治制度【的改革】才能增加中國人在世界上的信心，贏得台灣人的民心，抵消來自美國人的壓力。反對在台灣問題上作出任何妥協的張雪忠（2004：7）認為，中國現在最重要的任務是加快政治和法律改革的步伐。其他人還討論了人權和民主在國際關係以及國家內部關係中的重要性（黃嘉樹 2004；王逸舟 2004）。在人權和民主問題在北京-台北和美中關係中佔有重要地位的當下，我們有理由認為，這些方面的進展可能會在很大程度上改變中國的對台政策。這種

想像中國（2）——中共的中國民族主義和 1949 年後知識份子的作用

民族主義將更容易接受未來其他形式的兩岸關係模式，儘管不一定是台灣獨立這種模式。這些我們將在下一章討論。

可以說，關於民族主義的批判型知識份子中最典型的是王力雄。他生於 1953 年，1980 年起成為自由撰稿人。1989 年民主運動後不久，他出版了《黃禍》，一部描述中國和世界黯淡未來的政治寓言小說。1994 年，他是北京一個環保組織「自然之友」的聯合創始人。1998 年，他出版了《天葬：西藏的命運》，一部政治史，贏得了國內外的廣泛認可。1999 年，他被指控洩露國家機密在新疆被捕，但一個月後獲釋。同年，他出版了《溶解權力：逐層遞選制》，探討了一種能夠保證中國權力安全交接的政治民主制度。2001 年，由於不滿當局對作家的政治限制，他退出了中國作家協會。2002 年，他參與了為四川一名被控從事分裂活動的西藏喇嘛的辯護活動。他和其他 24 名知識份子一起質疑這些程序的合法性，並幫助尋找律師為這位喇嘛辯護。2003 年，由王力雄擔任理事的「自然之友」在政治壓力下將王開除出該組織。[32]

我們最感興趣的是他在理解西藏問題方面所做的努力，以及他對西藏和中國【本部】關係的立場。他的努力象徵著批判型知識份子在漢族與其他少數民族之間或中國大陸與台灣之間的關係問題上的努力。首先，從 1984 年到 1998 年，王力雄先後十次到西藏、青海、四川、甘肅、雲南等很多藏人居住的地方，和當地各行各業、各種政治觀點的藏人和漢人聊天。在如此廣泛的民族志研究基礎上的對西藏的認識，是非常有價值的。中國大陸的所謂台灣學者，無論是有機的還是專業的，在這方面和王力雄相比，無論出於何種原因，都相形見絀。

其次，他的著作《天葬：西藏的命運》（1998）是他對西藏的民族志研究和對西藏問題的歷史和比較研究的結果。它不像中國國家民族主義或

---

[32] 見中國人權網站 http://big5.hrichina.org，上網日期 2003 年 2 月 14 日。

西藏獨立運動那樣的宣傳書，後面兩者都傾向於誇大或忽視歷史事件（另見王力雄 1999）。它探討了西藏和中國面臨的困境：西藏是一個高度宗教化的社會，但共產主義意識形態和現代化卻與之衝突。

頁115 　　正如王力雄（2000）所說，目前政府貶低達賴喇嘛的運動將慘遭失敗，就如迄今為止的失敗一樣，但西藏獨立運動也將失敗。藏人是一個虔誠的民族，達賴喇嘛是這個宗教的一部分。如果你無法消除宗教，你就不能把達賴喇嘛從人們的心目中抹去。宗教在西藏這個自然條件惡劣的地區有其一定的功能。另一方面，如果中國同意西藏獨立，並將達賴喇嘛指定的其他藏區都納入獨立的西藏，中國將失去約四分之一的領土。此外，西藏獨立將不可避免地導致穆斯林和蒙古人提出類似的要求。如果他們都成功了，中國將失去目前領土的一半以上（另見王力雄 1999）。因此，中國同意西藏獨立幾乎是不可想像的。王的分析是冷靜的、專業的。的確，即使中國是一個民主國家，中國選民也可能不會允許這種情況發生。首先，國家或選民不太可能希望看到西藏獨立公投。第二，即使把這個問題付諸表決，中國政府會希望 13 億人民全部參加表決，正如它在台灣問題上所說的那樣。在這種情況下，大多數選民不太可能贊成西藏獨立。

　　但王並沒有止步於專業的分析。所以第三，作為一個典型的批判性知識份子，他關心的是普通人的命運。如果獨立運動成功，普通人的生活是更好還是更壞？可能沒有多大變化。王說，作為來自不同文化的人，我們很難理解藏人對幸福的看法。但獨立與否，精英們總還是有更多的機會，他們一直生活在與普通藏人不同的世界裡。因此，為了普通藏人的利益，最好的結果是中共國家和達賴喇嘛合作，並制定出對雙方都有利的解決方案。這種解決方案將是某種邦聯，藏人仍然是大中華的一部分，但將擁有比現在更多的自治。人民的公民權利和義務將得到尊重。這也適用於台灣案例。這確實是下一章的主題。

　　但這樣的政治安排可能會招致堅持中華民族的集體族群民族主義的有機知識份子的批評。正如我們前面提到的，張雪忠（2004：7）反對任何

第五章
想像中國（2）——中共的中國民族主義和1949年後知識份子的作用

妥協，包括看似統一但實際上獨立的安排，這種混合體可能是他詬病的一種形式。從歷史上看，民族主義情感越強烈，自己在政治上就越安全。周恩來總理在1970年代與尼克森政府談判時作了一些妥協，被毛澤東批評為投降主義（高文謙 2003）。在台灣、美國問題上表達與國家不同的觀點或多或少是禁忌的。因此，大陸的批判型知識份子面臨著與台灣的批判型知識份子相同的困境：如果他們不想有機於國家，他們就【可能】與歷史發展進程無關，就像王力雄一樣。

這些知識份子及其個人族群民族主義的影響仍然有限，基本取決於他們的聲音能否被聽到。問題是他們很難讓自己的聲音被聽到。即使人家聽到了他們的聲音，也不是直接而是間接聽到的。[33] 近年來，中共國家加強了對言論自由的控制。一些直言不諱的媒體組織已被關閉。例如，《戰略與管理》雜誌和互聯網網站《世紀沙龍》就被政府關閉了。直言不諱的持批評態度的記者，如《中國青年報》的李大同已被撤職。正如我們在本章前面提到的，藏族作家唯色經營的互聯網博客也已被關閉。批判型知識份子往往需要找到其他方式來表達自己的聲音，要麼在中國講話時使用更溫和的語氣，要麼在有機會時通過外國媒體發言。

儘管如此，個人族群民族主義和批判型知識份子確實揭示了不同於簡單統一或簡單獨立的其他模式，讓人們質疑任何簡單解決方案的必要性與合理性（參見張念馳的類似觀點）。[34] 這種思維方式確實【有時候也會】以某種方式進入決策圈，有可能改變中國的台灣決策和少數民族問題的決策，使其更加具有和解的可能，更易產生一個有利於和平的、卓有成效的解決方案，這也是各方似乎都堅持是自己想要實現的目標。【所以批判型知識份子或許並不總是與歷史發展進程無關。】

---

[33] 這一點還需要進一步研究，看相信個人族群民族主義的知識份子如何以及在多大程度上會影響國家對台灣或西藏的政策。

[34] 關於張的觀點，見《僑報》，A6，2004年3月30日。

五、專業知識份子或有機和批判型知識份子的專業面向

就像中國的批判型知識份子一樣，與有機知識份子相比，【純】專業知識份子的數量較少，影響力也較低【這裡指的是在台灣問題研究方面】。但是，由於有機和批判型知識份子都有專業的一面，專業精神在影響國族認同的形成中仍然至關重要。我們在上一節分析了王力雄的專業面向，儘管我們稱他為批判型知識份子。有機知識份子也會表現出專業的一面，不同於我們迄今為止看到他們的論戰性和政治性的一面。他們知識話語的專業方面更側重於描述他們從專業視角看到的事實，並探索不同事實之間的關係。在知識份子的典型專業話語中，無論是專業、批判還是有機型知識份子，都會避免其論戰性和宣傳性，他們可能會這樣表達自己的觀點：

頁117

台灣不同於香港或澳門，所以統一的方式也會不同。

大陸和台灣，誰也吃不掉誰。

用「中國」這個概念來豐富「一國兩制」的內涵。

台灣的政治舞台現在以政黨政治為特徵，一方傾向於逐漸獨立，另一方傾向於最終統一。

與台灣的專業知識份子一樣，中國大陸的專業知識份子在辯論中也佔少數。這一節的簡短也象徵著這個問題。有機知識份子往往不得不在他們的專業精神告訴他們應做什麼和他們作為有機知識份子被要求做什麼之間掙扎。我們大概可以在中國大陸一些台灣研究的學者身上看出這一點。

第五章

想像中國（2）——中共的中國民族主義和1949年後知識份子的作用

綜上所述，我們在這一章討論了中共的中國民族主義和有機、批判和專業型知識份子的角色，考察了自 1949 年以來國家的集體族群民族主義在少數民族問題政策中的發展。一方面，國家極大地促進了民族地區政治、社會、經濟、文化的發展。另一方面，我們也看到了國家對任何可能被解釋為分裂主義的言論或行動的鎮壓。國家顯然在集體族群民族主義和個人族群民族主義之間掙扎。國家的對台政策也表現出類似的困境。多年來，儘管《反分裂國家法》措辭激烈，但國家已經從軍事解放的強硬立場轉變為和平統一。只要台灣同意一個中國原則，它願意討論任何事情。【這是十五年前的情況，現在的情況似乎有所變化。】

持這種國家立場和這種中國民族主義觀點的有機知識份子，無論是在體制內還是體制外，都在情願或不情願地為官方立場出謀劃策、鼎力宣傳。然而，批判型知識份子則遵循強調個性和自由、人權和民主的自由主義傳統，更有可能支持個人族群民族主義，但由於可能的政治後果，他們中的大多數人並不敢暢所欲言。像王力雄這樣的批判型知識份子是罕見的。但是，批判型知識份子是社會的良知，他們可能更傾向於尋找創造雙贏局面的方法。這方面的專業型知識份子也很少。但是，他們與批判型知識份子一起，是對抗國家經常代表的激進中國民族主義的平衡力量。

中國人已經建立了一個集體族群民族主義。階級鬥爭的意識形態與個人族群民族主義並不相容，少數民族發現自己的地位並不高。的確，不僅是少數民族的權利比較缺乏，人權在中國也普遍缺乏。1990 年代國族構建的努力，例如將中國民族主義與儒家思想相結合，將愛國主義、社會主義和中共國家之間的界限模糊起來，對處理台灣、西藏、新疆或內蒙古的問題方面並沒有多少幫助。[35] 然而，中共政府近年來對台灣做出的考慮

頁118

---

[35] 關於這一點的更多討論，見 Baogan He and Yingjie Guo 2000：195-197；也見 Gries 2004 關於中國的新民族主義的討論；Hughes 2006：122-130 關於現狀的討論；Suisheng Zhao 2004：147-150，226-231 關於他稱之為中國文化民族主義的討論。

更靈活解決方案的姿態可能表明，畢竟，個人族群民族主義並非不可能。這種民族主義將促進個人和族裔群體的權利。國家和知識份子也許能夠權衡各種方案，找到真正有利於普通人的辦法。下一章將分析這些可能性，特別是民主邦聯的可能性。我們或許能夠解決我們在第四章中提出的岳飛難題，如果中國的民族認同在視野上變得更加多元的話。

第六章　想像一個聯邦和邦聯的混合體

　　我們在前幾章研究了不同類型的民族主義，以及台灣和大陸的國家和知識份子的定義，討論了他們在塑造自己的國族認同方面所採取的步驟。我們發現，大家對現在正在構建的那種民族國家並不很滿意，他們對兩岸關係的現狀也不滿意。即使國民黨於 2008 年贏得總統大選，兩岸的局勢仍然充滿著不確定性和模糊性。如何才能避免 1996 年發生的那種危機並阻止緊張的關係升級為兩岸的戰爭呢？【在 2024 年的今天，戰爭危機已經更加明顯，解放軍軍機軍艦繞台已經是常態。問題是是否及何時會升級為戰爭。】換言之，【問題仍然是】雙方的國家和知識份子到底想構建一個什麼樣的國族，未來又有哪些可能性？自從清末民初以來，像梁啟超和孫中山這樣的人就已經在談論如何建立一個民主的多民族國家（見 Suisheng Zhao 2004：65-70 關於這個問題的討論）。一個多世紀後，這樣一個民族國家仍在建構中。

　　本章將進一步討論各種民族主義背後所代表的民族國家的性質，並研究中華人民共和國和中華民國都有哪些可能的選擇。我們將看到，雖然集體族群民族主義可能導致戰爭，但個體族群民族主義或自由主義的民族主義應該將兩岸引向和平。作為一個解決方案，我們將討論台海兩岸的聯邦和邦聯的混合模式，這種解決方案基於個人族群民族主義，更有可能被各種政治傾向不同的人們所接受。

一、人們意欲建構的民族國家的性質

　　正如我們在第一章所分析的，國族認同實際上是在不同民族、不同國

家或不同民族國家之間的選擇以及如此選擇的原因。那麼，選擇的原因是什麼呢？他們意欲建構的國族的性質是什麼？這些原因可能是文化的、歷史的、政治的、社會的和經濟的，正如我們在過去四章對大陸和台灣經驗的探索所表明的那樣。這些原因可以進一步歸納為集體族群民族主義或個人族群民族主義。

頁120　　我們注意到，國民黨、中共和民進黨統治下的國家大多奉行集體族群民族主義，強調集體利益，要麼是漢族主導的大陸文化共同體，要麼是閩南人（可以說是漢族的一個分支）主導的台灣族群。我們還討論了五四運動以來知識份子的自由主義傳統，這種傳統傾向於遵循個人族群民族主義，強調個人和每個民族的權利，以胡適和王力雄為代表。這種自由主義經常與集體族群民族主義交替出現，儘管它很少【基本沒有】在中共、國民黨或民進黨國家的民族主義話語中佔據主導地位。我們希望在本節更深入地探討集體族群民族主義和個人族群民族主義背後的哲學思考，並了解它們對台海兩岸國族建設的意義，以及國家和知識份子到底在想什麼。

（一）民族主義及其對統獨的影響

在第一章中，我們簡要地對民族主義進行了定義和分類。如果我們想更清楚地看到雙方所聲稱的民族主義的性質，如果我們想更合乎邏輯地理解其對未來國家建構的可能影響，我們就需要對這些民族主義進行更詳細的分析。正如江宜樺（1998：39）所總結的，民族主義有多種假設，其中一些假設如下：每個民族都有自己的民族血統、歷史、文化和生活空間；一個人對自己民族的忠誠應該超過一個人對其他集體的忠誠；一個民族應該是獨立的或高度自治的，以保護自己文化的連續性（也見 Tamir 1993：9，79）。[1] 這個總結，尤其是後一點，與 Gellner（1983：1）對民族主義

---

[1] 江宜樺（1998：40）還補充說，民族主義認為國家應該由自己的人民所統治，自己的民族在世界民族大家庭中是最好的。但這些似乎在其他三個特徵中也可以體會得到。

的定義是一致的,即認為政治和民族應該是一致的。那麼,台灣人和中國大陸人在多大程度上共用種族、歷史、文化和生活空間呢?他們應該對自己的民族有多忠誠?基於這些民族主義意識形態,台灣和大陸是否應該也能夠相互獨立於對方?

Harrell(1999)列出了中國民族主義對包括台灣在內的邊緣地區的六種民族主義訴求:文化、語言、家族譜系、種族、歷史和政治。這些訴求可以被看作是對上述問題的部分答案。現在讓我們分別研究一下這些訴求,看看台灣和大陸在多大程度上可以基於這些民族主義原則而相互認同。

文化:中國政府利用文化作為統一中國大陸少數民族(如藏族和維吾爾族)的訴求,可能面臨更多困難,因為他們的文化與漢族文化截然不同。但是,他們在台灣問題上的文化訴求,難度要小一些,因為中國的大多數人或核心人口和台灣的大多數人擁有許多共同的可見文化,如語言、食物、家庭制度、當地的宗教傳統、休閒活動以及藝術和音樂。這使得獨立運動很難利用文化差異來作為一個獨立建國的訴求。的確,曾經擔任過具有台獨傾向的民進黨的主席、並在 2008 年之前擔任了兩屆中華民國總統的陳水扁,也曾宣稱中華民國是一個華人國家。他的副總統呂秀蓮也聲稱自己是中華兒女(見施正鋒 2003:22)。游錫堃表示他是華裔台灣人(劉榮等 2006)。我自己的訪談也發現很多獨派人士也都表示自己是中國文化的一部分(例如,我在 2003 年採訪過的李筱峰)。林滿紅(2002:37)觀察到,在民間宗教、孝道、使用繁體字等方面,台灣人比大陸人更像中國人。

另一方面,一些台獨理論家則努力將台灣文化與中國文化區分開來。正如其中一位理論家吳密察所指出的,你不能依賴民間藝術形式或歌劇來區分兩地的文化,如歌仔戲或布袋戲等歌劇,因為當你去中國福建省南部時,你會發現我們有什麼,他們(大陸)就有什麼。你必須將原住民元素融入台灣文化,使其與中國文化區別開來(見江宜樺 1998:150)。但台

灣人並沒有成功地創造出這樣的文化。然而，其他人則解釋說，中國移民在台灣創造了一種海島文化，即一種對外來統治的抵抗精神（見江宜樺1998：151-152）。但問題是，中國的民族主義也可以聲稱有同樣的抵抗精神。儘管存在許多差異，但台灣人民對日本殖民統治和國民黨腐敗的抵抗與中國人對日本殖民統治和國民黨腐敗的抵抗精神是一致的。這不是台灣人獨有的精神。

　　語言：在這方面，與大陸的很多少數民族如藏族、維吾爾族、蒙古族、傣族、納西族和彝族的各個分支相比，大多數台灣人與大多數的大陸人的相似性也多於差異性，（Harrell 1999：144-146）。由於漢族和各少數民族之間的差異，中國政府可能很難利用語言吸引力作為大陸內部實現統一的訴求，但是利用語言向台灣的大多數人提出訴求則相對容易。畢竟，可以說98%的台灣人會說漢語的某個分支，如閩南語、客家話和普通話。如果台獨運動想利用語言特徵來呼籲建立一個獨立的國家，他們會感到很困難。

　　的確，當台獨主張者在談到台灣的語言問題時，他們主要談論的是不同方言之間的平等問題，而不是將語言看作台獨訴求的一個工具（見李筱峰 1995：73-74，86-91）。台獨運動所反對的是利用普通話【即他們之前所稱的國語】來壓制閩南話，許多人認為普通話仍應是台灣的通用語，因為它在世界上使用得更普遍。

　　家族譜系：對於台獨運動來說，這將是一個更加困難的論點，因為除了血統完全不同的原住民之外，台灣沒有人可以否認他們與中國祖先的聯繫。我們已經提到了陳水扁和呂秀蓮的例子。台獨的另一位先行者彭明敏也不得不在 1996 年總統選舉的一次電視辯論中承認他的中國血統（見 Harrell 1999：147）。如果家譜是獨立的關鍵要素，那麼新疆的維吾爾族人有更有力的論據，因為他們「不僅與中國人沒有共同的祖先，而且長得也不像他們，說著與漢語完全無關的語言，並且在阿拉木圖和塔什干的邊界上有真正的親戚，包括血緣和近親」（Harrell 1999：148）。在這個問

題上，即使是藏人、傈僳族和蒙古人，也比台灣人有更好的理由來爭取獨立（另見 Harrell 1999：148 和 W.W. Smith 1996：1-17）。

種族：種族是指身體特徵，在種族主義意識形態中，不同的族群會有不同的心理能力、才能和技能，或道德品質。這種意識形態為許多民族主義者提供了包容還是排斥的邏輯，就像德國納粹、南非種族隔離者、美國奴隸主和其他各種種族主義者的極端情況一樣。中國人也使用種族來區分中國人和外國人，尤其是歐洲人，抑或其他亞洲人，並就此認為自己是低劣還是優等的民族（Harrell 1999：149-151）。

這些種族感情也可能反映在中國大陸漢族與其他少數民族的關係上，特別是在種族特徵明顯的情況下。最明顯的例子是新疆的維吾爾人。雖然有些人很容易被看作是漢人，但另一些維吾爾人是藍眼睛和金髮，更像挪威人，而其他人的特徵仍然介於兩者之間（Harrell 1999：151；另見李筱峰 1995：15-16）。因此，建立在種族上的民族認同訴求，對維吾爾人來說比對台灣人更有效，因為絕大部分的台灣人在種族方面與大陸的漢人沒有區別。這就是為什麼支持統一的人的訴求之一是「同文同種」。正如我們上面提到的，除了原住民之外，絕大多數台灣人的祖先都來自中國，儘管一些台灣人可能聲稱他們與平埔部落有血緣關係，而平埔族已經被漢族同化，現在與漢人沒有區別。有學者估計，可能有 200,000 漢族和平埔族混血的後裔（《聯合報》，B6，2003 年 5 月 25 日；另見李筱峰 1995：6；施正鋒 2003：26-28）。但這仍然不到全台人口的百分之一。

歷史：歷史訴求對中國民族主義和台灣民族主義來說，其吸引力都是含糊不清的。正如我們在第四章所討論的，前現代中國更多的是由文化而不是政治和領土邊界來定義的。因此，漢族與中國其他少數民族之間的歷史接觸，可以被視為也可以不被視為決定其他少數民族是否是中華民族的一部分的原因，因為一開始就沒有現代意義上的民族。例如，即使在民國時代，西藏也可以被視為中國的一部分或是獨立於中國的政治實體（Harrell 1999：153）。台灣在 1895 年至 1945 年間被割讓給日本，就

不是中國的一部分了,但可以說在此之前的清朝統治的 200 多年裡,它一直是中國的一部分,因為清朝代表中國。當國民黨在 1945 年接管台灣時,它再次成為中國的一部分。因此,這種歷史訴求對台獨運動也不奏效,至少不如對藏獨的訴求來說那麼有效。

人們可能會將台灣歷史看作一個特殊的悲情歷史,如吳乃德和葉啟政那樣(見江宜樺 1998:153;葉啟政 2004),其特點是外國入侵、台灣人的災難深重,但這也是中國現代史的特徵。鄭永年(2001a:35)把它叫做「中國悲情」。另一方面,在過去的 400 年來,台灣與大陸的歷史和政治聯繫以及文化和經濟交流是佔主導地位的事實(見林滿紅 2002:163-165,272-353)。

政治:對民族主義者來說,政治訴求不如其他訴求那麼強烈,除非政權能夠證明它能夠為其統治下的人民帶來切實的利益。這些利益必須包括物質和社會進步,或者說經濟和政治發展。這是中華民國和中華人民共和國向本國人民和少數民族承諾過的。國民黨政府讓台灣人民相信,他們正在拯救中華文化,保護台灣人免受國際共產主義的威脅。但是當尼克森於 1972 年出現在中國時,情況發生了變化。以中國為中心的話語失去了對台灣人的吸引力,他們開始尋找台灣人的根源,【就像日據/日治時期的一些台灣人一樣】。中共政府說服了中國大陸的漢族和少數民族,他們正在推翻剝削階級,以便勞動人民能夠成為國家的主人(見 Harrell 1999:154-156;王力雄 1998)。當然,問題是人們是否真的從他們的政治統治中獲益。

台獨宣導者和理論家李筱峰(1995:97)評論說,如果北京政權是一個民主政府,尊重人權,中華人民共和國是一個自由國家,台灣人就不會這麼千辛萬苦地尋求獨立。他並不是唯一一個有這種想法的人。政治訴求顯然對台灣海峽兩岸的統獨來說至關重要,在目前的狀況下成為來一個決定性的因素(另見蕭新煌 1999:239-240;也見本人於 2003 年與瞿海源和明居正的分別訪談)。這個訴求比我們討論過的任何其他訴求都更有分

量。

　　總而言之，一個建立在民族主義意識形態之上的國家會強調文化、歷史和種族的紐帶。但對於台灣民族主義來說，用文化、語言、家族譜系、種族和歷史的訴求，來為台灣從中國獨立出來作辯護，是有些困難，就像中國民族主義試圖用這些訴求來將藏人或維吾爾人統一到中國來一樣困難。因此，中國的少數民族和台灣民族主義者最有力的訴求是政治上的：統一或某種形式的融合能否給台灣和中國的少數民族帶來社會、經濟和政治利益？儘管這種政治訴求不如任何民族主義意識形態中的其他訴求那麼強大，但在目前中國的情況下，它是如此強大，以至於它可以成就或破壞中國或台灣民族主義【的國族建構】。這就把我們帶到了下一個話題，自由主義，看看它對統一和獨立意味著什麼，以及它是否能解開這個統獨謎題。

頁124

（二）自由民族主義及其對統獨的意涵

　　我們在第一章討論了強調個人權利的個人主義和公民主義的民族主義。正如我們在第四章所討論的，胡適對自由主義的解釋除了強調個人批評的權利外，還強調民主、寬容和漸進式改革（另見 Cheng Yinghong 2008，了解更多關於當代中國自由主義的討論）。江宜樺（1998:104-106）在對自由主義的各種理論進行考察後，總結了自由主義的六大原則，涵蓋了上述所有原則以及更多。除了個人權利、寬容和民主之外，江還增加了私有財產、市場經濟和中立的國家。國家不能只代表某些利益集團，而必須代表多數人的利益，同時尊重少數人的利益。

　　因此，自由主義有可能與民族主義發生衝突。前者強調個人的權利和自由，但後者往往強調族群集體的權利，並要求個人為了集體的利益而約束自己。前者強調個人可以走許多不同的道路，而後者則強調核心價值觀和共同的命運。前者強調普世人權和普世的法治原則，後者可能強調自身

文化習俗的特殊性（見江宜樺 1998：53-54）。這就是我們在第一章中也討論過的個人族群民族主義和集體族群民族主義之間的衝突。

然而，有些人認為自由主義和民族主義是可以調和的，因此就有了自由民族主義，或者我們在第一章中所說的個人族群民族主義。正如Yael Tamir（1993：79）所指出的。

> 自由主義傳統尊重個人自主、反思和選擇，而族群傳統則強調歸屬感、忠誠和團結。二者看似相互排斥的，但其實可以相互包容。自由主義者可以承認歸屬感、成員身份和文化關係的重要性，以及隨之而來的特定的道德承諾。民族主義者也可以欣賞個人自治、個人權利和自由的價值，並能夠維持對國家之間和國家內部社會正義的承諾。

因此，民族主義者和自由主義者都可以從彼此身上學到很多東西。雖然政治獨立可能是民族自決的一種方式，但在一個民族多於國家的世界裡，理想的自決可能是對文化自治的追求。因此，自由民族主義將鼓勵多元文化主義、民族自治、聯邦和邦聯，而不是分離。只要文化差異得到尊重和保護，政治是否獨立就不是那麼重要的一個問題了（參見江宜樺1998：55-59；Tamir 1993：9）。[2]

換言之，有可能建構一個無論什麼種族、性別和階級，尊重所有人的人權和個人自由的民主國家，但這也是一個尊重族群集體利益的國家。於是，我們承認彼此的、將我們分為不同的群體的族群遺產，但我們也認識

---

[2] 文化在何種方式上能夠而且應該得到尊重和保護，這是另一個問題。在和其他文化的互動過程中，各自的文化都會發生變化。當面對現代化時，各自的文化都會面臨著艱難的抉擇，即改變什麼和不改變什麼。西藏的情況就是一個突出的例子。這使民族主義、國族認同和民族融合問題複雜化，但這不應阻礙自由民主的發展。有關這個問題的更多討論，請看郝志東2008a。

第六章　163
想像一個聯邦和邦聯的混合體

到我們可以重塑世界以適應我們各自的要求（見 Yack 2000）。正如 Greenfeld（2000：36）所指出的，這可能很困難，因為一個群體的族群利益可能與另一個群體的個人權利不一致。對美國平權行動的批評之一，是其犧牲了當今美國白人的利益，以補償少數族裔在其祖先手中遭受的歧視。[3]

這種反對平權行動的指控可能並不完全【合理或】符合事實，因為美國的偏見和歧視仍然存在（見 Zhidong Hao 2003b）。但是，這種衝突確實存在於種族利益和個人利益發生衝突之時，或者說集體和個體發生衝突之時，甚至在個人自己的不同利益之間也會發生衝突。王力雄（1998）在書中講述了他與一位藏人的遭遇，這位藏人生活貧困，但仍然想將相當一部分積蓄捐獻給班禪喇嘛。正如 Donnet（1994：106）所指出的，「就像他們在 1950 年之前所做的那樣，許多藏人節衣縮食以便能夠向寺院慷慨地捐贈金錢和犛牛油。一些家庭會借錢為數千盞在西藏聖地閃爍和發光的酥油燈購買黃油」。在我們看來，這些人自己獲得物質享受的權利似乎與他們宗教信仰所要求的個人義務相衝突。但他們願意為了一個權利而犧牲另一個權利。

同理，調和自由主義和民族主義並不容易，人們往往不得不為了一個主義而犧牲另一個主義。但是，我們應該探討的是一種動態的現象，或者說是如何管理這種衝突而不是解決這種衝突。雖然這很困難，但人們可以學會既民主又愛國。問題是沒有其他更好的方法來處理國族認同問題。[4]

---

[3] 另見江宜樺 1999：67-68, 213 關於自由主義與民族主義之間衝突的更多討論。譯註：美國的平權行動在受到諸多法律挑戰後，現在幾乎沒有學校或公司在真正實行了。但是對歧視的補償仍然是個有待解決的問題。

[4] 參見 Baogang He and Yingjie Guo 2000：172-175, 200 關於現代中國的民主與民族主義衝突的更多討論。另見該書第 206-210 頁關於澳大利亞人如何能夠調和民主和民族主義的討論。在第 210 頁，他們報告說，一些澳大利亞人甚至認為，「在全球化時代，要真正民主，澳大利亞人必須超越民族國家，成為全球公民社會的公民」。

頁126　這種衝突管理意味著構建一種能夠處理此類衝突的國家，或者說一種能夠容納所有複雜性的國族認同。我們在第一章提到自由、多元、民主的國家體現了這種難以實現但卻是最理想的個人族群民族主義。現在讓我們來考察一下中國民族主義和台灣民族主義可以選擇的各種國家模式，看看哪種模式更有可能較好地管理這些國族認同衝突。我們可以說，這種最理想的形式似乎是一個建立在自由民族主義或者說個人族群民族主義基礎上的國家。

二、可供中國大陸和台灣選擇的國家形式

台海兩岸未來的政治安排有多種選擇：1）覆蓋台灣的中華人民共和國；2）「一國兩制」方案；3）「一邊一國」；4）覆蓋大陸的中華民國；5）將兩岸視為平等實體的中華聯邦；6）一個將雙方作為平等實體納入的邦聯；7）一個聯邦和邦聯的混合體。[5] 備選方案 1 至 4 建立在集體族群民族主義之上，而備選方案 5 和 6 則可基於個體族群民族主義。事實上，選項 7，即聯邦和邦聯的混合體，可能比其他選項更符合這種民族主義的原則。在這裡，混合體可以被定義為一個政治實體，台灣和中國大陸都將分享中國的主權，這樣做，每個主體也都會失去一部分主權。例如，

---

[5] 林恩·懷特（Lynn White）教授在這裡的評論值得全文引用，因為他指出了一些我沒有在文中涉及到的細節：「有趣的是，儘管美國聯邦憲法在美國內戰後進行了重要的修訂（奴隸制在憲法上被宣佈為非法，增加了『法律的平等保護』款，以及其他重要變革），國會並沒有通過任何修正案來反對各州今後可能的獨立。美國各州可以在未經華盛頓任何批准的情況下重寫憲法──他們偶爾的確這樣做。（例如，喬治亞州在 1983 年修改了自己的憲法，蒙大拿州在 1972 年製作了一份帶有美麗序言的長長的憲法，新澤西州在 1947 年也修改了自己的憲法。這些憲法不是聯邦法律；聯邦政府不能通過或廢除它們。美國憲法第九和第十修正案──《權利法案》的定音之作──值得一讀。請注意第九修正案中『貶低』一詞的含意以及其中『某些』一詞的故意含糊其辭。這是必不可少的、後法律主義的聯邦制。這是郝對中國的建議，還是至少對台灣的建議？這對中國來說是一種可能性，但是只有中國人自己想要的時候才有可能。只有他們才能賦予它一種國族特色」。

中華人民共和國必須同意中華民國在聯合國的席位，無論這意味著什麼，例如，在聯合國的某種成員資格、觀察員地位等。這是邦聯中的每個國家都有自己主權的邦聯特徵，從而保證它在聯合國擁有一個席位。但是，中華民國必須根據憲法承諾不脫離聯邦，這是聯邦制的特徵【儘管美國憲法沒有這個硬性規定】，每個州都是國家的一部分。[6] 這樣一來，來自中國大陸、台灣和美國的民族主義情緒、人權和民主都可以被考慮在內。

我們現在將分別討論以下幾種國家模式：中華人民共和國、「一國兩制」、中華民國、台灣共和國。這些更有可能是基於相當排他性的民族主義原則的國家模式，但每一種模式都會被證明是困難的，因為這些排他性的民族主義原則遠遠不足以使中國民族主義或台灣民族主義得到滿足。這兩種民族主義的未來可能取決於國家的政治吸引力。在這方面，以自由民族主義為基礎的聯邦和邦聯的混合體似乎能夠克服每一種民族主義所構成的障礙。我們現在來看看這些可能的國家模式及其優點和缺點。

（一）中華人民共和國和「一國兩制」

正如我們在第五章所討論的，中國大陸對台政策發生了一些變化，但政策的主旨仍然是最終的統一。具體來說，毛統治下的中共國家或中華人民共和國在軍事解放台灣與和平統一之間交替。但無論哪種情況，台灣都會成為一個地方政府，台灣的領導人可以在中央政府中擔任某些職務。在鄧小平的領導下，中共國家的主要政策是「一國兩制」，這為台灣提供了更多的自治權，但同樣，台灣將成為中華人民共和國的地方政府。換言之，台灣政權可以保留自己的憲法、軍隊等，可能在國際組織中佔有一席之地，但它仍然是中華人民共和國的一個省，並且會受到比人們想像的更

---

[6] 關於對創造性想法的需求和聯盟的可能性，另見 Cabestan（2003）；張亞中（2000）；陳毓鈞（2001）；南方朔（2003）談到的費希平；葛永光（1991）；Kinderman（2003）；施明德（1990）；魏鏞（2002）；和嚴家其（1992）。

多的限制，包括在購買武器方面，不可能就現在的情況那樣了。在江澤民的領導下，中共的政策似乎有所放鬆，它說如果台灣承認一個中國原則，任何事情都可以討論，包括國家的名字。

胡錦濤掌權後，儘管中共的政策在走向和解，但有時仍然非常僵化。台灣多次申請加入世界衛生組織，或至少獲得觀察員地位。但是它一再失敗，主要是因為中共政府堅持認為台灣是中國的一個省，因此已經由中共政府代表。在 2003 年 5 月 19 日的講話中，時任國務院副總理兼衛生部代理部長吳儀（2003 年）多次提到台灣是一個省，中華人民共和國政府為中央政府。但事實是，這兩個政治實體並沒有像央地關係那樣互動。事實上，它們是兩個獨立的政治實體，並在過去 60 年的大部分時間裡處在政治上的敵對狀態。國民黨統治下的台灣【2008-2016】與中國大陸的關係比民進黨執政時更加密切，台灣終於在世界衛生組織的最高決策機構世界衛生大會中獲得了觀察員地位，但是以「中華台北」的名義。台灣最終能否使用「中華民國」這個名字，成為該組織的正式成員，是對未來兩岸政治佈局的真正考驗。（這將是「一個國家，兩個政府」，在世衛組織中有兩個平等的代表）。

但是，這種堅持一個中國就是中華人民共和國的做法，是犧牲個人權益的一個很好的例子，是為了民族主義的目的，犧牲台灣的個人權益。這是一種集體族群民族主義。這裡隱含了中共的政治專制和霸權主義，因此，人們完全可以理解，大多數台灣人，尤其是國民黨對面的反對黨派，對中共國家的對台政策感到不滿，抵制任何將台灣視為非主權國家的統一措施【其實國民黨中的絕大多數也會反對一方吃掉另一方的統一措施】。中共國家這樣的對台政策顯然不會成功。但是，台灣目前提出的方案行得通嗎？

頁 128

（二）中華民國和台灣共和國

正如我們在第二章和第三章所討論的，兩蔣統治下的中華民國政府認為只有中華民國代表中國文化和中國人民。1991 年，在李登輝的領導下，《國統綱領》確定了一個中國兩個政治實體的政策，這兩個實體應首先發展經濟、社會和政治關係，然後才能在未來真正統一。但在李登輝執政的後期，特別是自 1996 年以來，中華民國的政策逐漸轉向實際上的獨立。與此同時，中國也在繼續將台灣排擠出國際社會，使越來越少的政府承認台灣。2000 年至 2008 年陳水扁執政時，中華民國甚至不再提及一個中國。相反，民進黨政府認為一個中國原則也要通過談判解決，他們暫停或實際上廢除了《國統綱領》。他們最終希望得到的是一個台灣共和國。因此，陳水扁沒有信守不進行獨立公投的承諾，而是在 2002 年表示贊成公投【儘管沒有真正實施】，將「一邊一國」的政策納入法律。

台灣人堅持中華民國在台灣，或者一個獨立於中國大陸的台灣共和國，也是集體主義的公民主義和集體族群民族主義的一個很好的例子。它強調與大陸不同的台灣人的集體利益，以及他們的政治和族群的差異與對立。正如我們之前所分析的，族群訴求是微弱的。但是，基於個人主義的、公民民族主義之上的政治訴求是強大的。此外，為了集體利益而犧牲個人利益，限制台灣的政治進入中國是集體主義的民族主義。因此，以這些形式所體現的台灣民族主義，遠非有利於個人的福祉。

陳水扁領導下的中華民國政策遭到中華人民共和國的強烈反對，在 2008 年國民黨重新掌權之前兩個政府之間的談判陷入僵局。甚至民族主義的強烈政治訴求也杳無蹤影。從目前的情況來看，中共政府不太可能放棄一個中國政策，但台灣不太可能接受「一國兩制」的方案。[7] 與此同

---

[7] 譯註：在 2024 年的今天，在香港和澳門被中央政府全面管治的今天，「一國兩制」已經基本走樣，被自我污名化，完全不可能成為兩岸整合的模式了。

時，許多人也一直在試圖找到妥協方案。這使我們想到了聯邦和邦聯的可能性，它或許更能利用政治訴求，實現個體族群民族主義的目標。

（三）聯邦和邦聯

頁129

如果我們把所有選項放在一個連續體上，我們將看到中華人民共和國和台灣共和國將位於連續體的兩端，意味著要麼一方吞掉另一方，要麼完全分離。「一國兩制」和中華民國更接近中間，因為它們表明了某種和解：至少有兩種制度，但只有一個中國。然而，就目前情況而言，能夠將雙方聯繫起來的機制並不明顯。聯邦和邦聯更接近中心，因為它們意味著中國大陸和台灣之間的關係更加寬鬆，連接機制可以確保兩岸處於平等地位。連續體的中間是聯邦和邦聯的混合體。離中心越遠，【排他性的】民族主義就越強。越靠近中心，民族主義就越自由。因此，兼顧個人利益與集體利益的個人族群民族主義或自由民族主義，可以更好地在聯邦制或邦聯制中實現，但是它在聯邦和邦聯的混合體中則實現得最好。現在讓我們仔細看看聯邦、邦聯及其混合體的可能性。

理想型的聯邦是一種政府形式，在這種形式中，聯邦政府對所轄領土保留一些主權，包括例如國防、外交事務和本國貨幣。「一個相當統一的法律體系，以及文化和地理上的親和力，通常是聯邦成功所必需的」（《哥倫比亞百科全書》，第6版，2001年）。聯邦政府和州政府各自的權力分配在憲法中有所規定。另一方面，在邦聯的政府形式中，組成邦聯的所有國家各自保留自己的主權，並可能拒絕遵守邦聯的決定。他們還保留脫離邦聯的權利（見 Wagner 2003）。

聯邦的例子包括瑞士、澳大利亞、加拿大、美國、德國、俄羅斯、墨西哥、巴西、阿根廷、南非和印度等。邦聯的一個例子是 1643 年成立的由北美四個殖民地組成的新英格蘭邦聯。它協調防禦和邊界的劃定，但邦聯對自己內部的政治實體的運作只能提供建議，其他無能為力（《哥倫比

亞百科全書》，第 6 版，2001 年）。但人類歷史上最著名和最持久的邦聯是易洛魁人的五個部落的聯盟，該聯盟於 1570 年在現在的紐約州北部建立。聯合國是當今時代的一個邦聯。

在歐盟，成員國保留其主權，但他們採用了共同貨幣。根據加拿大女王大學政治學榮休教授 Ronald Watts 的說法，這使得歐盟更像是一個「聯邦／邦聯混合體」（見 Wagner 2003）。歐盟還考慮了更多的整合措施，包括起草一部憲法，來「管理諸如如何製造汽車和香煙、公司如何進行收購、一個國家允許有多高的預算赤字、誰能當牙醫、可以使用哪些防腐劑來製作啤酒、人們每周可以工作多少小時，以及獵人何時可以射擊小鳥」（Sciolino 2003）。這似乎使它們更接近聯邦，但是歐盟幾乎不可能要求自己的成員國放棄其大部分主權。放棄部分主權有可能，但不會太多。所以它仍然是聯邦和邦聯的混合體。

頁130

中國的未來到底是聯邦好還是邦聯好，中國人歷來有不同的看法。在 1920 年代，曾發生了一場名為「聯邦自治」的運動。當時都討論了省級自治、人民主權和民主改革等問題。一些省份實際上已經開始實行聯邦自治（Duara 1995：177-204；另見 Suisheng Zhao 2004：70-78）。然而，孫中山（[1924] 1967：I-86）卻強烈反對聯邦自治，認為這將是一個由中央鬆散管理的國家，中央政府缺乏權威，因為各省的軍閥政府在很大程度上獨立於國家，且相互獨立（另見 Fitzgerald 1999：106）。（雖然孫中山使用了「聯邦」一詞，但他實際上指的是邦聯。）他說，如果我們需要一個邦聯，它應該是中國、日本、緬甸、印度等國組成的聯盟，聯合起來共同對抗歐洲列強。[8] 他似乎贊成一個類似於美國的由一個中央政府統一管理的國家（另見嚴家其 1992：225）。正如我們前面提到的，中共在 1920 和 1930 年代贊成與少數民族結成聯盟，他們可以選擇留在中國這個聯盟

---

[8] 有趣的是，將近八十年後，大前研一（Ohmae Kenichi 2003：228）又提到了由中國（包括台灣和香港）、日本和韓國組成的經濟聯盟的可能性。

裡面或脫離該聯盟（另見 W. W. Smith 1996：337；Suisheng Zhao 2004：173-175）。他們也使用了「聯邦」一詞，實際上他們的意思是「邦聯」。毛在 1936 年的一次採訪中特別對埃德加・斯諾說，中共將支持朝鮮和台灣的獨立以及內蒙古的自治（見 Hughes 1997：12）。

正如我們之前所討論的，國民黨和中共一旦掌權都更喜歡中央集權政府，尤其是當台灣在開羅會議上被確定為中國或中華民國的一部分時。[9] 戰後，台灣便成為中共和國民黨之間的問題。之前的很長時間內，中共和國民黨都沒有談到聯邦或邦聯的問題，只是毛在 1950 年代與達賴喇嘛的會晤中提到西藏自治（見 Donnet 1994：24-25）。雖然毛對達賴喇嘛說西藏落後，宗教是毒藥，但他也說，一旦西藏發展起來，他將把中國軍隊、全體漢人從西藏撤出。人們當然可以質疑毛說這句話的誠意（見王力雄，1998 關於這個問題的討論），但公平地說，自治作為一種可能性在毛的腦海中應該是存在的。與此同時，少數民族幹部在 1950 年代也要求增加自治權，包括聯邦地位，但也都無功而返（W.W. 史密斯 1996：433）。

1984 年，鄧小平提出「一國兩制」構想，這是一種聯邦制，將台灣視為地方政府。這就是中央政府和港澳的關係，當然實際上已經超過了人們通常想像的一國兩制關係。其實在某種程度上，這種關係更應像是一個邦聯：香港和澳門都不向中央政府納稅，而且各自都有自己的貨幣體系。台灣政府甚至可以保留自己的軍隊。2002 年，時任中華人民共和國副總理錢其琛在與一些國民黨立委的會晤中表示，中共政權願意考慮一個邦聯的構想（《中央日報》，2002 年 10 月 16 日）。中國大陸的一些知識份子也持類似觀點。例如，他們認為應該更多地強調形式上的統一，而不一定是實質性的統一。應該採取一些措施，讓台灣在國際組織中有代表權（見陳毓鈞 2001：146-147）。可見早在 2002 年之前，各方就已經討論過邦

---

[9] 正如我們之前提到的，1943 年的開羅會議有英國、美國和中華民國參加（見 Hughes 1997：7，13）。

聯的想法。的確，正如我們在第五章中提到的，中共政府之前一直在說，只要台灣同意一個中國原則，任何問題都可以談（另見張亞中 2000：91）。

在台灣方面，第一個提出邦聯可能性的人可能是 1962 年的施明德，為此他被判處無期徒刑（施明德[1980] 1990：104）。[10] 根據南方朔（2003：251-254）的說法，民進黨資深立委費希平於 1984 年在立法院再次提出這一觀點，以對抗鄧的「一國兩制」。在費希平的構想中，中國大陸和台灣可以在「三民主義」的基礎上以邦聯的形式統一。每一方都將各自管理自己的內部事務、保留自己的外交使團、國防權和分離權。但當時中共和國民黨政府都不會接受他的想法，因為雙方都認為台灣不能以任何方式從中國分裂出去。其他人則希望獨立於中國。

儘管如此，一些人還是對這個想法產生了共鳴，包括林正傑、朱高正、陶百川、王作榮、丘宏達、鍾琴、余繼忠等。他們都想在統獨之間找到第三條道路，因此在他們看來，邦聯是最好的選擇（另見陳毓鈞 2001：95-97；葛永光 1991；林滿紅 2002：44；參見魏鏞 2002 關於台灣學者在聯盟問題上的各種理論的總結以及國內聯盟發展的總結）。

在 1996 年的總統競選中，代表新黨的林洋港和作為獨立候選人的陳履安都主張建立一個類似於歐盟的中國邦聯（Chao and Myers 1998：298-299）。2001 年，時任國民黨主席的連戰提出了建立邦聯的可能性。雖然這一觀點沒有成為黨綱的一部分，但它至少是一個主要政黨的一種可能的選擇（南方朔 2003：256；另見施正鋒 2003：224，244）。的確，連戰對兩岸關係的立場一直是國民黨 1991 年的《國統綱領》的立場，即強調兩岸在民主、自由、均富的原則下，通過平等與和平的交流過程實現兩岸的融合（見陸鏗、馬西屏 2001：47）。

---

[10] 事實上，蔣渭水在 1924 年對台灣作為日本殖民地與日本的關係問題設想過聯邦和邦聯的可能（見吳叡仁 2001：70-75）。

頁132　但是，如果邦聯意味著每個組成部分都保留其完全主權，並且可以隨時脫離這個聯盟，那麼中共國家就不會接受邦聯。這無異於分離。然而，從「一國兩制」的角度來看，中共國家也有可能接受這樣一種情況，即國家主權只有一個層次，各個組成部分都沒有脫離這個層次的國家的權利，但幾乎所有其他主權指標都保留在自己的國家中，如國防、稅收、外交、以及國內事務，包括法律制度。因此，這樣的混合體將比聯邦更靈活，儘管和邦聯相比在分離問題上還是有一些限制（參見南方朔 2003：256-260）。

的確，這也是流亡西方的政治學家、持不同政見者嚴家其（1992：225-231，281-283，369-375）所想的問題。他認為，在聯邦和邦聯之間的政治實體中（他將其稱為聯邦），聯邦政府將保留對國防和外交的主權。香港、澳門和台灣等主要盟邦將擁有自己的法律制度和貨幣制度。台灣也將擁有一些自己的防禦能力。西藏也由於其自身的文化和宗教差異，將擁有自己的民主制度，但會要求聯邦政府負責國防和外交（另見 Donnet 1994：211-217 和嚴家其在這個問題上的對話）。這也是達賴喇嘛自 1988 年提出西藏和中國之間的聯盟後所一直宣導的。他是在法國斯特拉斯堡歐洲議會的一次演講中提出了這個建議的（見 Donnet 1994：177-179; W. W. Smith 1996：608-616）。

這種聯邦制看似「一國兩制」，但不像香港和澳門那樣，不是意味著只有一個中央政府，其他盟邦都是地方政府。因此，這可能是一個各方都可以接受的想法。【我們會在下一章討論阻礙問題。】嚴家其（1992：283，374）認為，這樣的聯邦將是一個民主國家。作為繼中華民國和中華人民共和國之後的第三共和國，它將保留其他兩個共和國的合理要素。然而，我們也可以說，在建立這樣一個聯邦制之前，中國大陸並不一定非要成為一個完全的民主國家，因為即使中華人民共和國還不是一個完全的民主國家，聯邦制內的各個盟邦除了失去一些主權之外，不會失去任何東西，相反，它們將在這個過程中獲得更多。這個過程也將幫助中國大陸找

到政治改革的最佳方式。一個類似於美國的聯邦制,只有在這種擬議的聯邦和邦聯混合體之後很久才會出現(見石齊平 2003 年)。[11]

以上是可供選擇的國家形式,聯邦和邦聯的混合體似乎最可能為雙方所接受。但具體來說,這樣的混合體可以做什麼呢?讓我們從自由民族主義者或個人族群民族主義的角度來審視一下這個問題。

三、聯邦和邦聯的混合體可以做什麼

為了簡潔起見,我們將混合體稱為「邦聯」,但要理解它是一種混合體,並且有發展成為更全面的聯邦的空間。無論這個混合體做什麼,它都需要實現民族主義和自由主義的目標。

首先,這樣的聯盟將能夠更好地保護台灣、香港和澳門的個人權利。這些地區的民主化程度已經超過了中國大陸。但是,邦聯憲法也必須要求中國大陸向民主方向發展。毫無疑問,中國存在著對更多民主化的【堅強】抵制。但無論如何,【從長遠來看】中國也正在逐步朝著這個方向前進。村一級的民主選舉雖然仍存在許多問題,但並非沒有可能會擴大到鄉一級,甚至到縣一級,【就像當年國民黨在台灣那樣】,儘管需要的時間比許多人希望的要更長。此外,在省級和中央級中共幹部的選拔方面也有一些競爭性措施。[12] 畢竟,中共上台時承諾要結束國民黨的一黨專政(見 Suisheng Zhao 2004:112; 笑蜀 1999)。因此,中國現在的一些做

---

[11] 正如林恩・懷特(Lynn White)教授所指出的那樣,「一種實際的聯邦制現在正從英國的單一制政府中產生出來——蘇格蘭的獨立性超過了威爾士或北愛爾蘭——這也很有趣」。

[12] 關於中央政府對中國民主化的思考,參見 John L. Thornton, "Long Time Coming: The Prospects for Democracy in China"(〈姍姍來遲:中國民主的前景〉),見 *Foreign Affairs*(《外交事務》),2008 年 1 月和 2 月。作者引用了對溫家寶總理等國家領導人的訪談,內容涉及中國進一步民主化的途徑,除了競爭性選舉之外,還包括法治、新聞自由等。譯註:現在看來,在習近平時代民主化是不可能的了。現在是會倒退多少、是否完全回到毛時代的問題。

法與邦聯的要求是一致的【這是指在習近平上台之前】。更多的民主化將是解決中國民族主義缺乏實質內容的有效方法，即很多人都在關心的、【中國民族主義還沒有處理的】公民民主主義部分。在中國大陸，就像文化中國的其他地方一樣，基於道德秩序的合法性將轉變為「一種基於法律的政治秩序，並對由相互競爭的利益組成的政治進程中各種力量的互動做出反應」（Pye 1996：111）。台灣和中國大陸的和平統一或結盟需要一種有利於信任的氣氛，而這只有在權力相當分散的民主邦聯中才能實現（Friedman 1996：180；另見 Baogang He and Yingjie Guo 2000：123-127）。這就把我們帶到了聯邦邦聯混合體的下一個論點。

其次，由於國家的邦聯性質，中國大陸不需要在一夜之間變成一個全面的民主國家，儘管這需要成為目標。它將被允許逐步改變，而不是革命式的轉變。這與胡適（1948）所闡述的寬容和漸進改革的自由主義原則是一致的。許多人，如李澤厚和劉再復（1999：93-106），認為中國已經發生了足夠多的革命。我們可以理解，中國人在歷史上遭受過很多失敗，清政府將台灣割讓給日本是其中之一，也是引發激進民族主義情緒的主要原因之一，從而又激起了共和革命，然後是共產主義革命。但現在是漸進變革的時候了，因為從人的【代價】角度來看，革命或其他激進的改革形式成本太高，這一點從法國、俄羅斯和中國的革命以及 1989 年的民主運動中都可以看出。儘管人們可能不滿意中國民主化的緩慢速度，但中國需要時間來學習如何發展經濟、處理多民族關係，最重要的是學習如何實踐民主，即在國家和國族建設中，經濟、社會、政治三管齊下（見鄭永年2003 年）【可能需要好幾代人的功夫】。

第三，在經濟上，台灣和中國大陸已經密不可分。根據台灣政府2000年的統計數字，雙方貿易額為323億美元，台灣在中國大陸的投資額為 26 億美元。但是大前研一（2003：262-3）說這個數字只反映了冰山一角。由於政府勸阻和限制在中國大陸的投資，許多商人在中國投資並在那裡建廠時，便不讓政府知道。的確，其他人估計自 1980 年代以來，台灣

在中國大陸的投資到 2000 年為 465 億美元,到 2009 年將達到 1500 億美元(Baum 2008:333; Adams 2009)。2002 年中國大陸和香港已經是台灣最大的貿易夥伴,超過了美國(何飛鵬 2003:12-13)。此外,2001 年的一項調查顯示,超過 64%的台灣人希望在中國大陸工作(大前研一 2003:143)。

大前研一(2003)認為台灣應與中國大陸結成邦聯,打通商業、資訊、人才的管道,成為中國大陸工廠的研究設計中心。他警告說:Taiwan passing, Taiwan nothing (錯過機會,一無所有)(第 66 頁)。大前認為,即使是日本和韓國也應該成為中華共同體的一部分,因為它們一半的商業機會來自中國大陸。正如我們前面提到的,這也是孫中山所想到的。邦聯更有可能保證大家在自由主義的市場經濟中的競爭機會。(另見 Hughes 1997:108-109 關於台灣和大中華地區尋求後國族身份的進一步討論。)

第四,這個邦聯維護了一個中國,符合中國民族主義的族群訴求原則。但它也滿足了台灣民族主義的要求,因為儘管台灣和中國大陸都是那個中國的一部分,但每個盟邦都是其中的一個獨立實體。正如張亞中(2000:96-97)所設想的那樣,他們將在法律上有義務像兄弟一樣留在一個中國內。他們承諾永遠不會打破家庭紐帶,但他們過著各自獨立的生活。相互關係是內部關係,而不是外交關係。張稱之為「整個中國」,實際上就是我們所定義的聯邦和邦聯的混合體。也有人將之稱為 The China Commonwealth(中華共同體)(Kuo and Myers 2004),The Chinese Union(中華聯盟),或者 The United States of China(中華合眾國)(Steve Tsang 2004)等,其內容或多或少相似,不同組成部分之間的關係更鬆散或更緊密,不一而足。

正如 Baogang He(2001)也指出的,在當今「身份重疊、國籍多重、邊界共用、經濟命運共享」的時代,雙方應該有可能在類似於歐盟的政治安排中分享主權(另見 Baogang He 和 Yingjie Guo 2000:123-126, 202

頁135　關於聯邦制的更多討論）。或者正如 Paltiel（2001）所觀察到的那樣，兩者之間的聯盟確實存在許多可能性，台北可以承認只有一個中國，北京可以承認中華民國是合法政府。在這樣的聯盟中，台灣不會被降級為一個地方政府，並將保持其政治和文化身份，而中國大陸也將從台灣在大中華地區的政治、文化、社會的參與中獲利。

西藏也將繼續留在一個中國。只要西藏的文化自治得到保護，留在一個中國並不一定意味著就違反了西藏民族主義的原則。與此同時，中國民族主義也得到了保護。這就是達賴喇嘛對西藏和中國未來關係的看法。達賴喇嘛就與中國的聯盟所說的話值得在這裡引用（見 Donnet 1994：178-179）：

> 從理論上講，六百萬藏人可能會發現，與中國超過 10 億的人聯合起來符合他們自己的利益。我相信這一點。如果中方在完全平等的基礎上把我們當作真正的兄弟姐妹來對待，如果中方願意和我們同甘苦共患難，我們就沒有理由堅持要和中國分開……。不管我們喜歡與否，我們都是鄰居，我們必須肩並肩永遠在一起。只要我們人與人之間加強接觸，我們就會找到一個適當的解決方案。我們必須見面並交談。我們必須相互理解。

的確，儘管達賴喇嘛的大多數幕僚反對他在國防和外交方面與中國分享西藏主權的提議（Donnet 1994：185-187），但自 2002 年以來的過去幾年中，達賴喇嘛的代表幾乎每年都訪問中國。【現在這種接觸已經被終止。】儘管他們與中國政府官員的八輪會談沒有取得具體成果，這讓藏人感到非常沮喪，但藏人最近決定還是繼續尋求更多的自治而不是分離（Edward Wong 2008）。中國政府應該有更大的信心，重新審視其在西藏長期基本失敗的政策，並走向體現在聯邦和邦聯混合體中的個人族群民族主義。除了保護藏族文化和個性外，這種混合體還將減輕中共政府在西藏

的一些責任,因為藏人將在很大程度上照顧好自己。這樣的邦聯也將有助於處理新疆和內蒙古的民族衝突,因為在這種安排下,他們也將獲得更多的自治權。

然而,這種自治的先決條件是,自治區域必須保留在邦聯中,正如達賴喇嘛現在所倡導的那樣。從技術上講,這可能是一個比較容易的問題。最困難的是評估每一方應該和能夠擁有多大程度的自治,以有利於各方的政治、社會和經濟發展,但又不會同時引發足夠的彼此分離感,從而再次破壞可能的力量平衡。民族主義將繼續是一股必須加以管理的強大力量,我們在下一章討論融合的障礙時會接著討論這個問題。

第五,邦聯有可能會得到各方最多的支持。我們在上面回顧了海峽兩岸在聯邦和邦聯問題上爭論的歷史及人們對這一主張的支持。馬里蘭大學榮休法學教授、國際法和中國法著名學者丘宏達也報告說,這一想法甚至得到了江澤民、陳水扁和一些美國外交政策顧問的讚賞和支持,其中包括福特和布希總統時期的國家安全顧問 Brent Scowcroft(見《中國時報》,2002年5月24日)。正如我們上面所看到的,達賴喇嘛也表示支持邦聯。

第六,這個邦聯近似於杜維明(1991)所設想的文化中國。這個文化中國將包括三個象徵性空間:1)中國大陸、台灣、香港和新加坡;2)世界各地的華人社區;3)學者、教師、記者、實業家、商人、企業家和作家,他們分享關於文化中國的國際話語。或者,用 Townsend(1996:28)的術語來說,它將結合四個不同的中華民族:1)由包括少數民族在內的所有中華人民共和國公民所構成的官方的中國;2)中華人民共和國的漢族;3)中華人民共和國以及台灣、香港、澳門同胞;4)在世界其他地方的中國人。很難想像一個沒有這些組成部分的中華民族,而這只有在邦聯中才有可能。

第七,統一的成本比分離要低。對此類問題的各種研究表明,分離的壞處遠遠多於好處。除非是和平分離,否則不對稱的聯邦、邦聯或聯盟總是更好的解決方案(參見 Walker 1998 關於韃靼斯坦和俄羅斯之間關係的

例子)。就中國而言,就像在大多數其他情況下一樣,分離過去不是,將來也不會是和平的。在世界範圍內,分離的負面後果往往包括少數民族地位的下降、局勢的動盪、地緣政治權力真空和持續的分裂(見 Spencer 1998:4-5,307)。

第八,其他國家的成功和失敗的經驗似乎表明一個中華邦聯成功的可能性更大。正如 Smith(1995:119)所指出的,迄今為止的區域聯盟和聯邦的記錄確實並不令人鼓舞。它們要麼是短暫的,例如敘利亞和埃及共組的阿拉伯聯合共和國,以及包括新加坡的馬來西亞。或者他們可能承受著沉重的【內部不同族群緊張關係的】壓力,例如比利時、印度和加拿大的情況。[13] 而那些運轉良好的聯盟國家,如美國、澳大利亞和瑞士,「依賴於人口之間一定程度的初始歷史和文化的親和力。他們以一個核心族裔為基礎……」(Smith 1995:119),即這樣的聯盟常常有一個核心族群。這些可以幫助聯盟成功的因素,似乎在台海兩岸也都存在。

總而言之,這種聯邦和邦聯的混合體將是一個多元的自由民主國家。每個政治實體都享有完全自治權,儘管它們都是中國的一部分,並非完全擁有自己政治實體的主權。在國際關係上,這個邦聯是一個主權國家。憲法規定,這是一個民主國家,但中國大陸以及香港、澳門、西藏等地被允許逐步轉變為民主政體。我們將在下一章討論這個邦聯式的聯邦所面臨的障礙,並觸及邦聯的哲學基礎,但在這裡只需說,這樣的邦聯體現了個體族群民族主義,因為它不僅保護個人權利,而且保護群體權利,即各個族群為其成員或努力為其成員提供充分自治權,比如在台灣和西藏。這個混合體保護市場經濟中的競爭,而不是像過去在台灣和中國大陸之間那樣禁

---

[13] 林恩・懷特(Lynn White)教授指出,「實際上,比利時、印度和加拿大維持得還不錯。Selig Harrison 在 1960 年代之前寫了一本書《最危險的十年》(*The Most Dangerous Decade*),預言充滿貧困和分裂的印度將分崩離析。他有更有力的證據,這些證據的維度可以使我們對中國做出相反的預測。然而,印度並沒有四分五裂。他錯了。」

止競爭。它之所以有可能成功,是因為它建立在高度的歷史和文化親和力之上,而且在文化中國內部,它比其他任何模式都更容易得到不同政治取向的人的支持。因此,這是解決台海兩岸困難成本最低的辦法。

我們在本章分析了民族主義、自由主義和自由民族主義,作為對國家性質的定義。民族主義將國家建立在種族和族群特徵、文化遺產和歷史背景之上,而自由主義則強調保護個人權利是國家最重要的特徵。自由民族主義將努力建立一個既保護個人權利又保護族群集體權利的國家。

此外,我們還分析了台灣和中國大陸可用的各種國家形式:中華人民共和國、「一國兩制」、中華民國、台灣共和國、聯邦和邦聯。我們注意到,除了某種形式的邦聯之外,其他任何選擇都不會被台海兩岸所接受。最可能被各方接受的似乎是聯邦和邦聯的混合體。這是因為這樣的一個國家所體現的是一種個人族群民族主義或者說自由民族主義,這種民族主義既保護個人也保護族群的權利。

正如人們可以想像的那樣,在中國和台灣民族主義之間尋求第三條道路的知識份子很可能是專業和／或批判型知識份子。回想一下我們在前幾章關於有機知識份子的討論。主張「一國兩制」或主張台灣共和國的知識份子,就是有機知識份子,至少他們在這樣做的時候是有機知識份子。他們也可能會轉向其他角色,無論是專業的還是批判的角色,從而支持邦聯,即第三條道路。聯邦和邦聯的混合體能否運作、如何運作,在很大程度上取決於批判型知識份子、有機知識份子和專業知識份子之間話語對決的結果,或者至少取決於知識份子的不同面向的對決結果,因為這些會反映在國家政策中。

這就把我們帶到了下一章,研究融合的障礙以及對兩岸之間可能建立的邦聯支持以及反對的哲學論證。這些問題比我們迄今為止提出的論點更加深刻,更具有制約性,國家和知識份子都有義務在他們的民族主義話語中仔細權衡它們。

頁 138

第七章　整合的障礙
——兩岸如何才能和解？

到目前為止，我們在書中看到，在過去的一個【多】世紀裡，台灣和大陸一直在努力界定自己，但各自到底要構建一個什麼樣的國族，目前還不清楚。它們仍然是兩個獨立的政治實體，在過去 60 年的大部分時間裡，兩岸關係的特點是「冷戰」，如果不是「熱戰」的話。我們分析了各種民族主義，以及由此產生的各種國家政體，我們還觀察到聯邦和邦聯的混合體【以下簡稱為「邦聯式的聯邦」】可能是雙方以及大陸其他少數民族最可能接受的未來。

然而，目前尚不清楚目前這種關係將實際【最終】走向何方。這是因為人類的行為總是受到許多已知的、未知的和不斷變化的政治、經濟、社會和心理因素的影響，其中一些是國家內部的，另一些是國際的，還有一些是個人或人際關係性質的。因此，像邦聯式的聯邦這樣的聯盟的形成會面臨著各種障礙。我們將在本章討論 1）跨越文化邊界的困難，或克服我們與他人關係中的偏見和歧視態度的困難；2）克服政治現實主義的困難。政治現實主義基本上認為人和國家都是自私的，會不惜一切代價來促進自己的利益；3）對上述觀點不以為然的某些形式的理想主義，包括台灣、中國和美國之間的社交性、世界主義和政治理想主義。這些理想主義承認個人和國族的基本人道性，因此他們有能力制定出有利於相關各方的決策。我們將以自由民族主義的形式重新審視個人族群民族主義，因為它既有現實主義也有理想主義的成分。

我們將看到，雖然各種形式的理想主義可能會在某些方面拉近雙方的距離，但體現在文化分歧和個人感知的國家利益上的政治現實主義往往會

頁139

導致其他走向。平衡這兩種相互衝突的力量絕非易事，有關各方需要作出巨大努力才能達成這種妥協。兩岸關係的未來，取決於各黨派特別是國家和知識份子克服這些困難、達成妥協的能力。[1]

一、跨越文化界限與克服偏見和歧視態度的困難

頁140

人們屬於不同的文化。種族或族群在人際關係以及國內、國際關係中都很重要。[2] 那麼，台灣海峽兩岸的文化邊界是什麼呢？社會學認為文化是指一個社會的行為規範、價值觀、信仰、語言、技術等。我們現在將分別看一下台灣和大陸在這些方面的情況。我們將只關注彼此如何看待對方，以及他們在多大程度上能夠（克服困難）超越這些觀點並克服他們的偏見和歧視性態度，以便達成像邦聯式的聯邦那樣的妥協。

（一）台灣人克服偏見和歧視態度的困難

正如我們在第二章所討論的，日本在台灣的五十年殖民統治在很大程度上改變了台灣的中華文化，儘管中國人在台灣進行了各種抵抗和自治運動。五十年後二戰結束日本投降台灣回歸中國，終止了這個日本化進程，國民黨開始了重新中國化的過程。但是，以 1947 年 228 的事件、騷亂和大屠殺為標誌的這後一個過程的殘酷性，催生了一個台灣意識和新的台獨

---

[1] 本章的部分內容基於我在 *Issues and Studies*（《問題與研究》）上發表的一篇論文，題為 "Obstacles to Integration：What Would It Take to Reconcile People on the Two Sides of the Taiwan Strait?"（〈融合的障礙：台海兩岸如何才能和解〉），2006 年 3 月第 1 期，第 47-80 頁。

[2] 種族是一個有問題的術語，通常是指一個人的身體特徵，並且經常被賦予低劣或優越的含義。因此，當使用這個詞時，我主要指的是【以文化為特點的】族群。中國文化和美國文化是兩種不同的民族文化，也是兩種不同的族群文化，大陸中國人和台灣人大多共享一種中國文化，但卻是兩種不同的中國亞文化。關於（亞）文化衝突及其對國族認同的意義和影響的討論，另見 Huntington（2004）。

運動。國民黨的反共意識形態只是進一步加劇了許多台灣人對中國人的厭惡。因此，後者現在認為他們與中國大陸的文化不同，許多人認為他們不是中國人，儘管他們的祖先來自中國，他們使用中文，分享中國文化和中國歷史的大部分。正如我們前面提到的，在文化上，台灣的中國人可能比大陸的中國人更像中國人，但是這並不重要。他們中的許多人認為，他們過去 100 年的經驗使得他們與中國大陸人不同，這也正是 Anderson（1991）所說的克里奧爾民族主義。即使他們是中國文化的一部分，也是一種不同的亞文化，尤其是現在他們有民主制度，而大陸沒有。

這種台灣意識或民族主義在孕育了台灣人民的自尊的同時，也產生了對中國大陸人的偏見和歧視態度，產生了對台獨的堅定信念，正如中國人意識也產生了對台灣人的偏見和歧視態度以及對統一的強烈信念一樣。這後一點我們將在下面討論。這種民族主義傾向於將人們分開，而不是將他們團結為一個整體。下面的例子可以幫助我們理解我所說的偏見和歧視性態度是什麼意思。

2005 年初，在陸委會副主委邱太三的告別記者招待會上，記者開玩笑地問邱太三，陸委會是否有計劃向大陸配偶開放「八大行業」（即性產業）的職位，因為後者真的很適合台灣男人的口味（黃國良 2005）。[3] 雖然這被視為一個笑話，但看不起大陸人的輕蔑的態度是顯而易見的。

事實上，對婦女的性別歧視和對大陸人的歧視在台灣一直存在。與來自世界其他地區的配偶相比，前往台灣的大陸配偶必須在那裡度過更長的歲月才能獲得居民身份證。即使拿到了居留卡，他們仍可能受到員警的監視。一個國家為了自己的國家安全，要做自己必須做的事情，這是可以理解的。但是，懷疑幾乎所有大陸血統的學者、配偶、勞工甚至性工作者都從事間諜活動，可能不僅僅是對國家安全的擔憂。[4] 前行政院長謝長廷甚

---

[3] 八大職業常指賓館、舞廳、理髮店、桑拿、娛樂廳、茶館、KTV、MTV 等場所的性工作。

[4] 這同樣也適用於美國，國家也懷疑中國學生和學者可能在為中國政府進行間諜活動。

至說，外籍配偶降低了台灣人的品質（也見黃忠榮 2002；李順德 2005；龍英台 2004；修淑芬 2004）。

繼美國前國防部長 Rumsfeld 之後，[5] 一些台灣人認為中國大陸還不文明。正如行政院前發言人卓榮泰所說，如果中國沒有通過反分裂國家法，它還有機會進入文明世界（溫貴香 2005）。既然中國已經通過了反分裂國家法，那麼和野蠻人對話有什麼意義呢？黃偉力（2005）在《台灣日報》上發表的一篇有趣的文章將中國大陸人描繪成骯髒、自私、無恥和不可理喻的人，無論他們在什麼地方。那些到台灣來定居的人對這個地方根本沒有感情。難怪他們應該被受到區別對待。

一些台灣人的這些偏見和歧視態度強化了台灣內部的獨立運動。這些歧視的信念和行為很容易轉化為政治和政府決策，從而進一步阻礙雙方的談判和溝通。這也可以從一些台灣人對與大陸有聯繫的另外一些台灣人的反應中看出，這也表明了在兩岸關係問題上台灣內部的族群衝突。例如，國民黨副主席江丙坤於 2005 年 3 月訪問大陸。他被稱作「叛徒」，國民黨被稱作「中共的代表」、「外來政黨」等。[6] 連戰和宋楚瑜也被視為在

---

[5] Rumsfeld 的原話是：「我們希望並祈禱中華人民共和國是一個有序地進入文明世界的國家，沒有伴隨著齒輪的摩擦聲，希望他們成為世界上那個地區的建設性力量，成為全球環境中的建設性參與者」。「他們在增長慾望和他們的獨裁制度之間存在著張力，前者需要自由經濟而不是指令經濟，後者卻不是一個自由制度。兩者之間是有一種緊張關係的，我不知道他們怎麼解決這個問題，但我完全同意你的觀點，我們需要關注它」。五角大廈發言人 Lawrence Di Rita 後來表示，Rumsfeld 並不是說中國不是一個文明國家。他的意思是中國的制度過於封閉。見 Eric Schmitt，2005 年。

[6] 另外一些反應如下：國民黨「公然容共親共」（副總統呂秀蓮語）；國民黨「喪權辱國」（民進黨秘書長李逸洋語）；「台灣敗類江丙坤不要臉」、「出賣台灣」、「台灣民族主義萬歲」（獨台會和台灣教授協會語）；我們「一定要正視中國是台灣敵國的最大問題」（黃昭堂語）；江丙坤此行「自失立場、也失國格」（陸委會副主委邱太三語）；「國民黨形同共產黨在台灣的『一個中國』的代理人，國民黨已成『以台制台』工具」，「國民黨把自己變成中國的『統戰工具』」（台聯黨主席蘇進強）；「中國國民黨副主席江丙坤到中國去『賣身投靠』，這是『外來政黨現形記』，五四運動時的『國賊』是曹汝霖、章宗祥、陸宗輿，今天的『國賊』是連戰、江丙坤、張榮恭」（金恆煒語），等等。見林朝億，「呂秀蓮：反共變親共價值錯亂」（2005-04-02《台灣日報》）；林朝億，「《國民黨聯共制台》李

第七章
整合的障礙——兩岸如何才能和解？

協助共產黨接管台灣。[7] 台灣的這種內部裂痕與海峽對岸的內部裂痕相對應。

台灣人對大陸人的偏見和歧視態度，他們在兩岸關係上的分歧，很可能是政治問題，我們將在本章後面討論。但這些問題也源於感知到的文化差異所引起的文化衝突。那麼，這些偏見和歧視性態度如何才能克服呢？在討論了中國大陸的案例之後，我們將回到這個問題上來。

頁142

（二）中國大陸人在克服偏見和歧視態度方面的困難

就像台灣的亞文化一樣，大陸也有中國人的亞文化。這種亞文化的信徒和實踐者也會發現自己難以跨越文化邊界並克服他們的偏見和歧視態度。

對於大多數中國人來說，台灣是中國過去 150 年來屈辱歷史的最後一個象徵，在這裡，中共的宣傳與政治敏感的普通民眾的民族意識交織在一起。在他們看來，日本在 1895 年戰爭中擊敗清政府後從中國手中奪取了台灣。在 1895 年之前，台灣在清政府的統治下已過了 200 多年。1945 年後，台灣處於中華民國的統治之下，而大陸則【在內戰後】處於中華人民共和國的統治之下。從那時起，中國被分為兩個部分，由兩個政府領導。他們很難理解，為什麼作為中國人的台灣人不想與大陸人統一，以消除外國勢力造成的中國最後的屈辱象徵。有人可能會說，台灣不想與大陸統

逸洋：喪權辱國」（2005-04-02《台灣日報》）；劉裕彬、王姵雯，「史明率眾抗議江『賣台』，江丙坤返台指中國行非國共和談台教會獨台會群眾赴機場斥責」（2005-04-02《台灣日報》）；張振峰，「黃昭堂：造成台海問題中國內政化」（2005-04-02《台灣日報》）；張國政、王姵雯，「謝揆：商談當比賽不利台灣，邱太三批江丙坤自失立場及國格」（2005-04-02《台灣日報》）；鄒麗泳，「蘇進強：國民黨成制台工具，形同台灣『一個中國』代理人批中共分化作法卑劣」（2005-04-02《台灣日報》）；金恆煒，「外抗強權內除國賊」（2005-04-02《台灣日報》）。

[7] 這種對共產主義的厭惡源於內戰的遺產。這也表明對共產主義以前和今天是什麼樣子缺乏理解，可以被視為一種偏見。

一,因為大陸不民主。[8] 但是,在一個全球化和相互依存的世界里,幫助中國實現民主化難道不符合台灣人的最佳利益嗎?某種關聯難道不是做到這一點的最佳方式嗎?

　　這些中國人還會認為,如果從歷史上看,台灣人大多是中國人,那麼他們在文化上肯定更是如此。他們很難理解為什麼傾向於獨立的台灣人不想承認他們在文化上也是中國人。例如,很少有中國大陸人知道葉啟政家族的故事。他的祖父、父親和他自己三代人經歷了三次「朝代」更迭:首先生活在清朝統治下,然後是日本人,最後是國民黨的統治。伴隨著這些變化,他們不得不忍受巨大的心理動盪,更不用說身體上的傷害了(見葉啟政 2004)。他們一直在被迫懷疑自己是否中國人,即使在文化上也是如此。如果不了解這一段歷史,中國大陸人會繼續想,儘管簡體漢字和繁體漢字之間存在差異,但他們不是說和寫同一種文字嗎,他們不是在信奉相同的宗教嗎,如儒教、佛教和道教?難道他們不像其他福建人和廣東人那樣相信媽祖嗎?

　　這裡的偏見是,大多數中國大陸人沒有意識到,儘管所有這些都可能是統一的好理由,但它們並不是必要或充分的理由。如果台海兩岸都同意,他們仍然可以建立兩個獨立的國家。他們不能達成一致是另一回事。

---

[8] 在本章的部分內容作為一篇關於兩岸整合障礙的論文發表在《問題與研究》上之前,一位審稿人評論說,在關注文化障礙的同時,我沒有探討對台灣海峽兩岸對峙的其他解釋,其中包括被台灣海峽分隔的兩個實體之間在意識形態和政治制度上的差異;自 1949 年以來,台灣數十年的反共教育放大了的內戰遺產揮之不去的影響;與大陸的人均收入差距仍然巨大,等等。修訂後的內容進一步納入了這些想法,強調由於這些差異和內戰遺產的揮之不去的影響,各方都缺乏理解和共情。但我再次將它們置於文化障礙的框架中,因為它們與價值觀、行為規範和信仰有關。人均收入差距經常被政客用來嚇唬選民,但它們可能沒有實質性的意義,因為中國政府從未說過會掠奪台灣的財富來養活中國的窮人。香港和澳門統一的例子也不能證明這一論點:這兩個地方都不向中央政府納稅。相反,後者一直在向前者提供經濟支援,儘管兩者之間的人均收入差距可能大於台灣海峽兩岸。因此,人均收入差距造成的困難,很大程度上是兩岸關係中的觀感問題,而不是現實問題。我們又回到了偏見和歧視性態度問題上來了。

第七章　187
整合的障礙——兩岸如何才能和解？

從理論上講，台灣問題不是說只有一個解決辦法。如果大陸人希望兩岸關係朝著某個方向發展，他們就不能想當然地認為這將是他們想像的方向。

此外，由於台灣民主中遇到的各種問題，一些大陸人認為民主畢竟也沒有那麼好。大陸缺乏新聞自由使得這種看法更加流行。他們對台灣的了解大多是官方媒體或政府希望他們知道的那些內容。

因此，大多數中國大陸人對台灣社會的了解有限，這是可以理解的。儘管他們聲稱意識到這個問題，但是他們對台灣人過去100年的不同歷史還是缺乏理解和共情。很難讓他們相信人們會有不同的民族主義，因此就產生了他們對台灣人表現出的偏見和傲慢。

但是，那些本來應該對情況有全面了解的人呢？例如，2005年3月，時任中華人民共和國外交部長李肇星在全國人民代表大會上對台灣記者說，他不知道謝長廷是誰，也不知道台灣有憲法，這時，人們不禁要問，他到底是什麼意思。[9] 再舉一個例子，我們聽到人們使用像「既往不咎，不計前嫌」這樣的詞來描述政府的新政策，表示只要那些以前支持台獨的人現在不支持了，即可被原諒，當作自己人一起工作。這些話不是讚美。它們代表的是一種不寬容和傲慢，並暗示只有一種思維方式。這當然不是民主的思維，而缺乏民主正是中國無法統一的【主要】原因之一。

如果見多識廣的人仍然難以克服他們的偏見和歧視性態度，那麼消息閉塞的人可能更難做出合理的判斷。這將使台灣海峽兩岸可能的聯盟變得更加困難。（在下一節進一步討論這個問題時，我們將更多地舉例說明海峽兩岸的偏見和歧視態度。）

同樣的問題也出現在漢人和藏人之間的關係上。W. W. Smith （1996：588-589）觀察到一些政府智庫學者對以前藏人不吃蔬菜、不吃魚、不養家禽感到困惑和不理解。對鍋碗瓢盆、碗或器皿沒有需求，因為

---

[9] 李肇星的臉一再出現在電視廣告上，作為中國傲慢的負面例子，該事件被用來號召人們參加2005年3月26日反對中國政府反分裂國家法的大規模抗議活動。

他們吃的是生肉。[10] 這些學者不確定他們如何在那裡發展工業。

王力雄（1998：361-362）在關於西藏的著作中描述了漢人和西方人如何認為藏人骯髒、落後和懶惰，因此歧視是顯而易見的。例如，如果一片農田裡佈滿巴掌大的石頭時，漢人不認為這是水土保持的一種方式，而是認為藏人只是懶惰（p.361）。在去西藏的一次旅行中，他目睹了藏人被要求坐在公共汽車的後面，因為漢人認為他們髒。當他拒絕允許這樣的做法，並要求一個藏人坐在他身邊的位置上時，其他漢人就移到其他座位上。在這些情況下，種族中心主義、偏見、種族主義和歧視都在起作用。王評論說，這些都是普通的藏人，可能沒有接受過多少正規教育。如果這些人是受過良好教育的藏人呢？

顯然，偏見、種族主義和歧視也存在於中國人對少數民族的態度中（另見我們第五章關於民族關係的討論），就像台灣人對中國大陸人也有這種態度一樣。同樣，像王小東這樣的民族主義學者也認為，美國和中國之間的衝突是不可避免的，因為美國人和歐洲人是出於種族動機而反對中國人。在他們眼裡，「東方」人是低人一等的。同樣，丁學良認為，除了政治制度和國家能力的差異外，種族和文化的差異將使中國成為美國的頭號敵人（有關上述討論，請參閱 Suisheng Zhao 2004：153-155）。王和丁可能有點誇大其詞，但偏見、種族主義和歧視是一種生活方式，無論我們談論的是內部關係、族群關係還是國際關係。

---

[10] 譯註：據中國藏學研究中心網站，http：//www.tibetology.ac.cn/2022-04/10/content_41931122.tm，「如同其他生產、生活用品一樣，藏族的飲具、餐具和炊具在當代生活中也發生了許多新的變化，人們既使用古老的陶罐、『漢陽』鍋、酥油桶、【筷子】、木碗等器皿，同時高壓鍋、電鍋、玻璃製品、不鏽鋼炊具和餐具等現代工業製品也大量進入普通人家，日常生活中處處都能見到傳統與現代的混融交匯」。另據藏人行政中央網站，https：//xizang-zhiye.org/，「肉的吃法一般以紅燒、青煮、坨坨、生冷、包子、餃子、燒烤和風乾生吃為主，很少炒吃」，「蔬菜有白菜、蘿蔔、圓根、馬鈴薯、辣椒、瓜類、韭菜、菠菜等品種。由於交通和氣候原因，西藏牧區的日常飲食中一般較少吃蔬菜。吃蔬菜的主要為河谷農區和城鎮」。上網日期 2024 年 8 月 1 日。

（三）為什麼很難克服人們的偏見和歧視態度，這對像邦聯式的聯邦這樣的聯盟會有什麼影響？

人們為什麼會有偏見，如何克服偏見呢？造成嚴重衝突的原因之一是有關各方之間缺乏理解。他們不了解彼此的文化和亞文化，也不了解彼此不同的歷史經歷。這種缺乏理解很容易導致種族中心主義、偏見、種族主義和歧視，衝突將進一步加劇。當人們根據自己的標準評判他人的文化，發現自己的文化實踐優於他人的文化實踐時，種族中心主義就發生了。種族主義和歧視自然而然地隨之而來。這樣一來，更嚴重的言語的還是身體的衝突，包括戰爭，就可以理解了。本節將討論一些導致台海兩岸缺乏理解的更深層次的原因。

有些人真正相信台獨（詳見陳重生 2005），也有人真正相信海峽兩岸的統一。他們彼此不能理解。我們將在下一節中討論政治原因，現在我們重點關注來自不同（亞）文化的人們相互理解能力的局限。

我們在本章後面會討論 Martha Nussbaum 所倡導的世界主義。Elaine Scarry（1996：100）對她的世界主義有下面的觀察：

> 想像〔和理解〕他人是困難的，這表現在這樣一個事實上：一個人可以站在另一個正在經歷痛苦的人的面前，卻不知道這個人正在痛苦之中。對另一個人痛苦的一無所知，很容易讓他對其再傷害，甚至擴大這種傷害，而自己卻感到無動於衷、理所當然、無須負責。在施行酷刑的政權中，這種現象的持續和反覆是顯而易見的。

即使我們用我們的腦力去想像一個物體，或者其他人的痛苦，與真實的東西或感情相比，我們的想像也遠非準確和生動。Scarry（1996：102-103）引用了 Jean-Paul Sartre 對想像力的研究來強調想像力的局限性。讓我們閉上眼睛，想像一個心愛的朋友及其熟悉的臉龐，或者想像我們面前

頁145

的任何東西。睜開我們的眼睛,看看那個真實的人或東西,我們會發現真實的臉部是充滿活力與精神的,而想像中的臉部則是瘦弱、乾燥、二維、惰性的。真實的人或事物是生動的,而想像中的人或事物是沉悶的。

　　如果我們連自己最熟悉的人都不能完全理解或認識,或者不能完全理解我們眼前的事情,我們怎麼能理解我們甚至沒有見過的人,或者我們每天看不到的事情呢?中國大陸人在多大程度上能理解和自己有不同歷史記憶的兩千萬台灣人?台灣人在多大程度上能理解數以億計的中國大陸人還沒有從他們認為是在大國手中經歷的百年屈辱中恢復過來,而台灣正是這種屈辱的痛苦提醒?因此,Scarry(1996:103)得出結論,「*人類傷害他人的能力非常之大,恰恰是因為我們想像他人的能力非常之小*」(斜體原文)。

　　即使所有的通訊管道都是暢通的,如互聯網、電視、報紙和書籍,想像別人也是困難的。像台海兩岸這樣通訊管道被【大】部分關閉時,情況就更加困難了。這將使雙方之間的和解在本質上變得更加困難重重。

　　由於人類想像他人的能力有限,我們就會依賴於刻板印象和籠統概括。中國大陸人往往認為台灣人心胸狹隘,台灣人則認為大陸人傲慢自大。此外,我們經常使用「人民」這個詞,好像每個人的想法或行為方式都是一樣的。[11] 所以,每個贊成獨立的台灣人都像前總統李登輝或副總統呂秀蓮一樣,他們對中國(政府)的批評經常是很不客氣的。同時,每一個贊成統一的大陸中國人,都像我們上面提到的李肇星,或者像我們在第五章中提到的中國前總理朱鎔基一樣,他在 2000 年總統選舉中以緊繃著的面孔警告台灣選民不要選台獨候選人。他們也會像沙祖康和 2003 年

---

[11] 另一個例子是政客們經常重複地聲稱,有 2300 萬台灣人想要獨立,或者 13 億中國人想要統一。兩者都是誇大其詞。即使是學者也可能會偶爾使用這種語言。例如,蕭新煌(2006:11)說,「台灣人民」不認為分裂主義等於民主,就像「中國」所認為的那樣。這些是粗略的筆觸,實際上只描繪了某些人群。

第七章
整合的障礙──兩岸如何才能和解？

陪同吳儀參加世界衛生組織會議的那些人，我們在第五章也提到了他們，他們的名言是：「誰理你們」?!「你沒看到投票結果嗎」？

一旦這種刻板印象和過度概括被建立起來，它們就有了自己的生命力。從那時起，每個群體的人都被刻板印象化，甚至被妖魔化。他們就必須承受這種污名化。Goffman（[1963] 1999：57-58）將污名化定義為一種被嚴重詆毀的屬性。種族、民族和宗教經常成為攻擊目標。為了說明污名化對人的影響，Ferrante（2000：314-315）舉了一個16歲女孩的例子。她是個好學生，好舞者，身材也不錯。但她生來就沒有鼻子。在與他人的互動中，沒有人能真正「看到」她的良好品質，因為他們無法忽略這個女孩沒有鼻子這個現象。

頁146

同樣，性別、種族和階級都會對目標人群產生污名化作用，而佔主導地位的群體成員，或未被污名化的人或「正常人」，無法克服這些差異而看到別人另外的面向。污名化會給被污名化的人，即「他們」，與「正常人」，即「我們」，之間的互動造成困難。後者發現很難將前者視為多維的、複雜的人，一個可以有不同的、複雜的感情的人。因此，前者就不那麼像人了。單一的屬性掩蓋了被污名化的人可能具有的任何其他屬性。在台灣人和中國大陸人的關係中，污名化、刻板印象和過度概括仍在繼續，這進而導致偏見、種族主義、歧視，甚至可能引發戰爭。[12]

當 Samuel Huntington 談到文明的衝突時，他一定也考慮到了這些問題。Huntington（2002：134, 301）觀察到，我們經常（並非總是）感到自己比那些與我們不同的人更優越。我們害怕「他人」，不信任他們。此外，文明的差異，或與此相關的文化和亞文化的差異，使我們難以相互交

---

[12] 再舉一個例子，影響台灣人對中國大陸人看法的關鍵事件之一是1994年中國大陸犯罪分子在千島湖搶劫和謀殺台灣遊客的事件。當時的總統李登輝沒有將此視為純粹的刑事案件，而是將中國人民和中國政府稱為土匪。這種刻板印象逐漸形成，人們隨後對中國的印象很難改變。

流。因此，我們無法理解其他群體的設想、動機、社會關係和社會行為。我們不認同他們。這是偏見、種族主義、歧視、戰爭和各種其他衝突的根源之一。亨廷頓甚至說，我們與他人的互動越多，我們看到的「我們」和「他們」之間的差異就越多，這將導致更多的偏見。亨廷頓認為，為了和睦相處，文明之間應該學會協商分歧，避免捲入其他文明的衝突。

雖然越來越多的人有機會在台海兩岸互相訪問，但這個數字仍然非常小。大多數訪問都是短暫的，那些訪問者可能會帶著比以前更多的偏見回國，特別是因為中國在很多情況下與台灣相比仍然更像是一個發展中國家。能夠做到與其他人的文化或亞文化產生共鳴或共情，人們需要接受人類學訓練，而絕大多數遊客都沒有這種訓練。因此，我們對其他文化的大部分理解都來自大眾媒體，大眾傳媒則本質上傾向於報導他人負面的事情；這種理解也會來自政客，他們會利用對方的負面事件來推進他們的政治議程。

頁147

這種跨越文化界限、克服個人偏見和歧視態度的困難，使人們難以欣賞彼此的差異。因此，他們彼此缺乏信任。他們就可能不太願意成立任何建立在信任基礎上的聯盟，如邦聯式的聯邦。一些中國大陸人堅持將台灣視為地方政府，就是這個問題。一些台灣人不想與中國有任何關係，也是這個問題。[13] 缺乏理解會導致偏見。偏見越多，在政治和社會上，人們離理解就越遠。[14] 衝突加劇到某個程度後，戰爭等政治暴力就可能發生。雙方都需要付出比現在更多的努力，以克服他們的偏見和歧視性態

---

[13] 儘管胡錦濤在2005年3月的講話中表示，任何一方都不會吃掉另一方，他們是平等的，但中國憲法仍然規定台灣是中華人民共和國的一部分。中國尚未調和這兩種立場。另一方面，台灣一些人也不想與中國有任何關係。如前所述，在2003年的一個場合，我問前總統李登輝為什麼不嘗試一個邦聯式的聯邦。他回答說：有這個必要嗎？我也和台灣的其他人談過這個問題。他們的回答是，別管我們就好。

[14] 關於台灣內部主張獨立和主張統一的人之間的衝突，以及一方難以理解另一方的問題，另見李丁讚（2004）。

度。這就是為什麼像邦聯式的聯邦這樣的和解不容易實現，但並非不可能實現的原因之一。由於人類學培訓不可能擴展到所有人，因此，如果希望實現邦聯式的聯邦，肯定需要進一步的文化、社會和政治交流。[15]

二、不能不考慮的政治現實主義

本節將首先定義政治現實主義，然後討論台灣和中國的國家利益以及美國在台海兩岸的國家利益。政治現實主義與集體族群民族主義相對應，因為兩者都強調集體（族群）的利益而不是人權。

（一）政治現實主義與保護國家利益

如果很難克服一個人對他人的偏見和歧視態度，那麼同樣也很難摒棄政治現實主義。對他人的信念（偏見和歧視性態度）和對一個人與他人的關係的信念（政治現實主義）是緊密相連的，它們相互加強。

那麼，什麼是政治現實主義呢？政治現實主義的核心概念是權力。雖然許多理論家都討論在國際政治關係中的權力問題，但我們將只引用 Max Weber 的簡要解釋。[16] 我們先來看看韋伯對國家和政治的清醒定義。國家是「人支配人的關係，一種由合法（即被認為是合法的）暴力所支持的關

---

[15] 在政治學的詞彙中，本節討論的文化障礙也可以被視為人性問題。換句話說，人類天生就是有缺陷的、自私的、追求權力的，也即是不完美的（見 Dougherty 和 Pfaltzgraff 2004：71）。他們將盡一切努力使自己的利益最大化。他們不會做出必要的努力來相互理解和照顧彼此。【譯註：這也是下面討論的政治現實主義的思維方式。】但是，如果從文化上看的話，事情或許不那麼悲觀，因為它假設一個人的文化信仰是可能會發生變化的，因此本性的東西或許也可能得到修正。然而，這個論點也類似於自然論的觀點，從某個意義上講，改變一個人的信念的確是困難的，儘管並非完全不可能。

[16] 有關政治現實主義的更全面討論，請參閱 Dougherty and Pfaltzgraff, Jr.（2004），特別是第 2 章，「從現實主義到新現實主義和新古典現實主義理論」。

係」。國家是「一個（成功地）聲稱具有在*特定領土內*合法使用武力的壟斷權的人類社區」（Weber 1946：78）。另一方面，政治「意味著努力在國家之間或在國家內部的群體之間分享權力或努力影響權力的分配」。而「政治的決定性手段是暴力」（Weber 1946：121）。在這種對國家和政治的清醒觀點中，每個國家或團體都試圖最大化自己的權力和利益，必要時訴諸暴力。人們不願意分享權力和主權，即使是在一個邦聯化的聯邦中，除非被迫這樣做。正如 Weber（1946：127）本人所說，這很可能是「生活中的現實」。因此就有了政治現實主義。

  對於韋伯來說，爭奪權力、爭奪主導地位的鬥爭是不可避免的，這也是社會生活的基礎。因此，政治上獨立的個體國家都將爭奪更多的權力，就像在個人層面上，獨立的個體將努力實現自己的主觀價值一樣。一方會奮力爭取權力、爭取主導地位，另一方需要投降、變為從屬。[17] 那些相信現實主義的人將決定世界的命運。他們會使用道德上可疑的手段來實現他們認為是好的目標，因為目的往往可以證明這些手段的合理性。他們成功的機率較高。正如克林頓政府的國家安全顧問 Anthony Lake 所評論的那樣，克林頓政府的對華政策從價值取向轉變為利益取向，因為「在人性改變之前，權力和武力仍將是國際關係的核心」（見 Rourke and Clark 1998：219）。

  如果政治現實主義涉及到群體和國家之間的關係，涉及到權力和主宰權，那麼群體和國族利益將是他們想要保護和擴大的最終目標。這將包括國家的內部福利，對外部侵略的抵禦，保護自己國家在國外的公民，以及維護自己的價值觀和生活方式（參見 Kegley 和 Wittkopf 1996：120-121；1997：519）。例如，在十六世紀，西班牙人和荷蘭人來到台灣進行貿易，以增進他們自己的內部財富。他們對台灣原住民的鎮壓可以被視為在

---

[17] 有關韋伯思想的總結，請參閱 Bologh 1990：275, 296-298, 306。

保護自己在海外的公民。在 1800 年代，美國人還派遣他們的商人、傳教士和海軍到台灣及周邊地區尋找機會促進他們的國家利益（鄭浪平 1995：79-80）。1895 年，日本在一場戰爭中擊敗清朝後佔領了台灣，在美國的默許下，他們想以台灣為基地，為了自己的國家利益向整個東亞和東南亞推進。事實上，日本的大東亞共榮圈（包括東南亞）地圖將台灣置於中間，使其處於日本在亞洲發展的關鍵戰略地位（見林滿紅 2001：82）。在二十世紀上半葉，台灣被日本用作其在亞洲的侵略戰爭的基地。自二十世紀中葉以來，台灣再次被西方列強，尤其是美國利用，作為平衡共產主義中國的一個力量。

（二）台灣和中國的國家利益

但是，在兩岸的權力關係中，雙方都試圖保護的最重要的國家利益是什麼？對於 Hans J. Morgenthau 來說，核心的國家利益是一個國家的物理的、政治的和文化的身份和完整性（由 Dougherty 和 Pfaltzgraff 引用，2004：76-77）。台灣和中國大陸的情況正是如此。那麼，他們認為根據政治現實主義，需要做些什麼來保護這一重大利益呢？我們將重點關注這兩個問題：人們最重要的國族利益和保護它的方法。

對於台灣來說，雖然在一些人眼裡，獨立是最重要的國族利益，但對大多數人來說，應該是對中華民國的保護。兩者是不同的，但它們是密切相關的。正如民進黨所辯稱的那樣，他們不需要宣布獨立，因為他們已經獨立了。因此，中華民國事實上的獨立似乎是台灣的核心國家利益。

正如我們在第三章提到的，陳水扁和宋楚瑜在 2005 年 2 月的會晤中都同意，中華民國及其憲法應得到國內外各方的尊重。這一說法後來遭到了台灣團結聯盟的批評，台灣團結聯盟是主張台灣獨立最堅決的政黨。[18]

---

[18] 2007 年，台灣團結聯盟的精神領袖李登輝宣稱自己從不堅持台獨，引起軒然大波。當泛綠和

但他們是泛綠陣營的少數派。在這個問題上，陳水扁似乎得到了多數泛綠的支持。國民黨重新執政後，台灣大多數民眾更願意支持中華民國這面旗子了。馬英九（2005 年）在競選國民黨主席時，在競選宣言中聲稱，他之所以要參選，是要保護中華民國免受中華人民共和國的軍事威脅和台獨運動的政治威脅。現在情況仍然如此，儘管來自中華人民共和國的威脅現在主要是政治威脅。【在本譯著出版的今天，情況已經發生了變化，軍事威脅與日俱增。】

那麼，他們如何保護台灣事實上的獨立呢？泛藍黨一直試圖與大陸談判和平解決方案，但一直無功而返。在 2005 年訪問大陸時，連戰和宋楚瑜連讓大陸正式承認中華民國都沒有做到。另一方面，信奉政治現實主義的泛綠，則試圖從美國購買更多武器。長期以來，政府一直試圖推動立法機關批准其斥資 6000 億新台幣購買潛艇和防禦導彈。正如前行政院長游錫堃曾經說過的那樣，「你打台北，我打上海」。這就是所謂的恐怖平衡，一場軍備競賽，【困難】尤其是在台灣方面（李祖舜 2004）。美國國防部 2005 年 7 月發表 2005 年中國軍事力量年度報告，預測了來自中國的軍事威脅，[19] 此後，台灣政府加快了從美國購買武器的步伐。誠然，台灣的軍費開支十多年來一直在下降，但盡可能保持軍事實力，是建立在政治現實主義原則基礎上的，即相信每一方都在努力最大化自己的利益，只有暴力，或者說以暴力相威脅，才能對抗暴力。[20]

泛藍人士追問他是什麼意思時，他說，他的意思是，既然台灣已經獨立了，就沒有必要再談獨立了。李登輝和台灣團結聯盟仍然是台獨運動的旗幟，陳水扁即使陷入法律糾紛，他和民進黨【當年】已經做好了準備來接管台獨運動的領導權。

[19] 參見美國國防部「向國會提交的年度報告：2005 年中華人民共和國軍事力量」，www.defenselink.mil/news/Jul2005/d20050719china.pdf 頁，上網日期 2005 年 7 月 23 日。報告說，「從長遠來看，如果目前的趨勢持續下去，解放軍的能力可能會對在該地區活動的其他現代軍隊構成可信的威脅」。

[20] 譯註：近年來，台灣也加強了軍備投資，但是在整體上，其戰備的努力卻仍然差強人意。見《華盛頓郵報》2024 年 8 月 3 日 Christian Shepherd 和 Vic Chiang 的署名文章 "Taiwan Is Readying Citizens for a Chinese Invasion. It's Not Going Well." 台灣正在訓練市民對付中國入

第七章
整合的障礙——兩岸如何才能和解？

頁150

中國大陸也認為，國族認同和地理、政治和文化的完整性是他們至關重要的國家利益，但中國是將台灣納入其中的。它不會容忍台灣在法理上的獨立。它準備為它打一場戰爭。這不僅是因為該島的戰略位置，還因為中國的集體族群民族主義。台灣的戰略重要性可以從美國國防部在其2004年報告中看得出來：

> 許多中國戰略家和分析人士認為，台灣佔據了一個關鍵的地緣戰略位置，對台灣的控制將使解放軍海軍能夠將其海上防禦邊界進一步向【其東部】海域移動，並提高北京影響該地區海上交通線的能力。或者，根據一些觀察家的說法，台灣與大陸的永久分離將限制中國投射力量的能力，並為美國提供在中國沿海經濟中心附近的戰略立足點。[21]

按照政治現實主義的思路，台灣的地緣戰略位置如此重要，以至於中國不太可能將它放棄。

正如我在整本書中所解釋的，個人族群民族主義既強調個人利益也強調族群利益，如個人自由、人權、平等和民主，而集體族群民族主義強調的則是族群利益，而不是個人利益，比如國族利益，包括國家主權和領土完整。這兩種民族主義存在於幾乎每個國家，儘管一種民族主義可能在某個時候佔主導地位。在中國大陸，集體族群民族主義佔主導地位，就像在

侵，但是市民不太配合。也見《大西洋月刊》2024年10月25日 Michael Schuman 的署名文章，"Taiwan Has a Trump Problem." 文章說面對大陸可能的入侵，台灣除了面臨軍備和軍事訓練遠遠不足、民眾對一場大戰的心理準備也不足的問題之外，還面臨著美國國民的厭戰從而不願意支持介入一個遠離自己國家的戰爭、未來的政府（尤其是川普政府）也不一定會出兵相救的問題。結果就會如台灣一些觀察家自己估計的那樣，要麼美中大戰，要麼台灣與大陸血戰一場後以失敗告終。

[21] 參見美國國防部發布的中國軍事力量年度報告，2004年5月28日，www.defenselink.mil/pubs/d20040528PRC.pdf，上網日期2005年1月28日。

台灣或美國一樣。正如我們前面提到的，台灣是中國過去150多年來屈辱歷史的最後一個象徵。它不太可能被從中國人的記憶中抹去，因此無論中國是否民主，集體族群民族主義都將繼續強大。

為了保護自己的國家利益，中國一直在發展自己的武器系統並從俄羅斯採購進攻性武器（見 Andrew Nien-Dzu Yang 2004）。正如我們之前所觀察到的，如果美國干預台海戰爭，一直就有議論，中國是否會使用核武器。從政治現實主義的角度來看，無論是台灣的戰略位置還是中國的民族主義，都不會允許台灣不戰而獨。這不僅僅是中共的宣傳，也代表了大陸普通民族主義者的想法。暴力甚至可能是統一中國的唯一途徑。正如 Paltiel（2001：27）所指出的，

> 當前對峙最危險的特徵之一是解放軍的戰略家們將台灣海峽作為在國際外交中使用武力的實驗案例。人們察覺到一種渴望甚至熱情，想要測試現代化的解放軍在實際行動中的能力，並將其作為中國權力地位的標誌。

那麼，政治現實主義對像邦聯式的聯邦這樣的未來同盟有什麼影響呢？事實上，某種形式的軍備競賽仍在進行中，雙方仍在進行軍事演習。這些行動是否會像現實主義所說的那樣在台海兩岸形成力量平衡，還是有機會升級為更嚴重的衝突，包括熱戰？後者目前看起來不太可能，但至於未來，目前還不清楚。然而，有一點是清楚的，那就是政治現實主義對邦聯式的聯邦並不是很有利，因為人們彼此缺乏信心，並且相信零和博弈。

（三）美國在台海的利益

那麼，台灣對美國來說，在哪些方面很重要呢？換句話說，美國在台灣的國家利益是什麼？或者說，美國的國家利益是什麼？自從國民黨政府

第七章
整合的障礙——兩岸如何才能和解？

撤退到台灣以來，美國一直是保護台灣不被中國大陸佔領的唯一最重要的力量。為什麼台灣對美國的國家利益如此重要？我們需要先回答這個問題，然後才能知道是否有可能建立聯邦，因為台灣的未來對美國來說也是利益攸關。無論台灣與大陸之間的問題如何解決，美國都必須感到可以接受。否則，從現實主義的角度來看，任何解決方案都是不可能的。

如果我們把保護和擴大美國的政治、經濟和軍事力量看作是其國家利益，那麼在後冷戰時代，我們或許可以看到以下幾點是對這種利益的威脅：全球恐怖主義和大規模殺傷性武器的擴散帶來的安全威脅；日本、德國、中國和歐盟的經濟威脅；更加民族主義的俄羅斯和大膽而強勢的中國的軍事威脅；以及地區和族群爭端，例如在朝鮮和韓國、中國和台灣、印度和巴基斯坦、以色列及其鄰國、巴爾幹國家、前蘇聯加盟共和國以及整個非洲的其他國家之間的爭端（見 Carter 1998：116）。

在信奉現實政治的美國政策制定者眼中，中國是所有這些重大潛在威脅的一部分。更具體地說，雖然中國在反恐戰爭中基本上一直站在美國一邊，因為中國也有自己類型的恐怖主義需要對付，但是美國對中國在制止大規模殺傷性武器擴散方面的合作並不完全有信心。自 2003 年以來，中國在朝鮮和美國的關係之間發揮了積極的調解作用，說服雙方就朝鮮半島無核化進行談判（參見 Kahn 2003）。然而，中方的努力未必能改變中國是美國競爭對手的觀點。2000 年，國會成立了一個跨黨派機構——美中安全審查委員會，以「監督、調查並向國會報告美國和中華人民共和國之間的雙邊貿易和經濟關係對國家安全的影響」。[22] 該委員會在其 2002 年的年度報告中說，

頁152

在一些重要領域，中國的政策與美國的國家安全利益直接背道而

---

[22] 請參閱其網站 www.uscc.gov。

馳，例如不控制有助於大規模殺傷性武器擴散的貨物的出口[中國是導彈相關技術的主要國際來源]；它與伊朗、伊拉克、敘利亞、利比亞、蘇丹和朝鮮等支持恐怖主義的國家的密切關係；它不斷擴大的遠程導彈力量；它對台灣採取的威脅政策[在台灣對面部署了400多枚短程和中程導彈，2008年已超過1000枚，並增強了利用特種作戰、空軍、海軍和導彈部隊在台灣海峽進行攻擊的能力]；它追求可能威脅美國軍隊的不對稱戰爭能力和現代化軍事技術。

因此，在安全問題上，美國，或者至少是美國的一些人，仍然將中國視為競爭對手和威脅。中國在這些問題上的進展與美國的利益息息相關（另見 Levine 1994：84-85）。

此外，美中安全審查委員會認為，如果中國變得富裕但不自由，美國可能會面臨一個富裕、強大的國家，這個國家可能會對其民主價值觀懷有敵意，並在亞洲及其他地區直接與之競爭。在經濟上，美國是中國經濟的重要投資者，越來越多的美國製造商在中國開展業務，但其中許多製造商將中國作為「出口平台」，在美國和全球市場上競爭。委員會進一步指出，

> 外國直接投資幫助中國在經濟和技術上實現了跨越式發展。這些發展為中國提供了大量的美元儲備、先進的技術和更大的研發能力，這些都有助於使中國成為重要的世界製造業中心和不斷增長的研發中心，這有助於中國的軍工現代化。

該委員會擔心美國在該地區的影響力會在一定程度上減弱，特別是在經濟和貿易事務方面。而且，由於「中國有一套完善的政策和計劃，來獲取為其工業發展、軍事能力和情報服務的先進技術……，中國的行動對美

第七章 201
整合的障礙——兩岸如何才能和解？

國人民和我們的國家利益將具有越來越重要的意義」。[23]

該委員會描繪了一幅中美關係的現實政治圖景，美國面臨失去其全球影響力的威脅。因此，從現實主義的角度來看，可以合乎邏輯地認為，制衡中國崛起的力量的方法是增加美國在該地區的軍事存在。一個例子是1996年向台灣海域派遣航空母艦，以應對中國對台灣的打擊威脅。另一個例子是美國努力維持其對台軍售（見 Rourke and Clark 1998：213, 216-217），儘管這種貿易在過去十幾年中有所下降。在布希執政初期，這位美國總統甚至表示，美國將不惜一切代價保衛台灣，這是一些共和黨人一直主張的立場（見 Rourke and Clark 1998：217; Van Ness 2001：14）。[24]

頁153

換句話說，支持台灣獨立，讓台灣從中國分裂出去，並在該地區建立一個盟友，可能是抵消中國影響力的一種方式。[25] 此外，軍備競賽將增加中國建設軍事力量的負擔，使其發展速度不足以在經濟和技術上與美國競爭。因此，該地區就能實現平衡（另見 Kegley 和 Wittkopf 1996：171-172 關於平衡中國力量的問題）。

儘管遏制中國並未被正式表述為美國政府的一貫政策，但正如美中安全審查委員會的報告所指出的那樣，它一直是美國外交政策制定者心中的一縷【重要的】思路。在後冷戰時代，美國戰略的指導思想無疑是防止在世界任何地方出現任何對等競爭對手。因此，一個激進的美國民族主義議程將是以壓倒性的軍事力量遏制中國，甚至摧毀這個共產主義國家，就像

---

[23] 另見 Van Ness 2001，關於中國從國外獲得經濟現代化所需東西的更多討論：資本、技術和市場准入。

[24] 一位評審指出，我在這幾頁中給該委員會留了太多的篇幅，布希總統這次是口誤。然而，我主要是想強調政治現實主義可以走多遠，我在這裡沒有做任何價值判斷。我認為這些資訊與我在書中的論點有關，因此將其保留在文本中。譯註：拜登總統在執政期間多次回應記者提問，說如果需要，美國會出兵保衛台灣。但是白宮幕僚在這些情況下，通常會出面澄清說美國沒有改變其戰略模糊政策。顯然，無論是共和黨還是民主黨，政治現實主義在外交關係中仍然在起著重要的作用。

[25] 台灣曾經被稱為美國的「永不沉沒的航空母艦」，儘管它的地位現在不那麼重要了。

蘇聯被摧毀一樣，也即在民主的掩護下將中國分裂為獨立的地區，特別是台灣和西藏的分離（Lieven 2002）。

正如我們在第五章所討論的，許多激進的中國民族主義者似乎也相信這就是美國的現行對華政策，他們的信念也基於亨廷頓的文明衝突理論。1993年，亨廷頓發表了他的文章「文明的衝突」。儘管他在文章標題的末尾有一個問號，但亨廷頓確實認為不同文化之間的衝突是不可避免的。在他的預言十年後，美國和英國對伊拉克的戰爭爆發了，正如他和阿拉伯世界的其他人所預測的那樣，這場戰爭已經演變成基督教和伊斯蘭世界之間的戰爭（第35頁）。[26] 激進的中國民族主義者一直認為亨廷頓提出了一些非常好的觀點，並認為他們也應該為即將到來的與美國的衝突做好準備，就像美國正在為即將到來的與中國的衝突做準備一樣，正如Bernstein和Munro的書名《即將到來的與中國的衝突》（1997）中所恰當地描述的那樣。[27] 他們認為美國是對中國經濟和軍事實力的頭號威脅。因此，像何新這樣的強硬派一直在談論要與那些最反對美國霸權的大國建立反美統一陣線（見Van Ness 2001：12）。[28]

對中美關係採取現實主義的態度似乎對兩岸建立一個邦聯的前景來說

---

[26] 請注意，自奧巴馬於2009年就任總統以來，情況發生了變化，美國與伊斯蘭世界之間的關係正在得到改善。譯註：在川普和拜登執政期間，雙方的關係進一步得到了改善，只是以色列為了報復哈馬斯侵入以色列屠殺猶太人後對加沙的入侵與報復性屠殺，又使得雙方關係有些緊張。

[27] 亨廷頓（Huntington 1993：43）所建議的保護美國在亞洲利益的措施包括：「限制儒教和伊斯蘭國家的軍事力量擴張；緩和西方軍事能力的削弱，保持在東亞和西南亞的軍事優勢；利用儒教國家和伊斯蘭國家之間的分歧和衝突；支持其他文明中同情西方價值觀和利益的團體……」2002年的中美安全審查委員會也提出了許多類似的建議。一位評審認為亨廷頓在這裡無關緊要，但委員會的報告似乎表明情況並非如此。譯註：川普執政時期對中國產品加大徵稅力度，拜登在執政期間實施了更多對中國高級技術進口的限制措施，比如高級芯片的進口等。川普在第二任期發動的貿易戰以及在教育與科技上對中國的更多限制，是這種現實主義最新的例子。

[28] 譯註：中國、俄羅斯、朝鮮和伊朗等國似乎正在建立這樣一個聯盟。

不是好兆頭，因為它可能會更加鼓勵中國，讓它變成一個【在專制方面】更大、更強的國家。從亨廷頓（1993）的觀點來看，在中國與香港、台灣、新加坡和海外華人社區的經濟關係中，意識形態的差異不再像他們的文化共性那樣重要。由於這些參與者之間的經濟一體化，一個以中國為中心的東亞重要經濟集團正在形成。亨廷頓（Huntington 2000：26）對 Murray Weidenbaum 的引用值得我們充分關注：

> 儘管目前日本在該地區佔據主導地位，但以中國為基礎的亞洲經濟正在迅速成為工業、商業和金融的新中心。這個戰略領域包含大量的技術和製造能力（台灣），傑出的企業、行銷和服務的智慧與敏銳度（香港），良好的通訊網路（新加坡），巨大的金融資本庫（在三地之間），以及非常龐大的土地，資源和勞工稟賦（中國大陸）……。從廣州到新加坡，從吉隆坡到馬尼拉，這個有影響力的網路——通常基於傳統宗族的延伸——被描述為東亞經濟的支柱。

聽起來一個經濟邦聯已經在醞釀之中，它已經準備好與美國競爭，從而損害美國在亞洲的利益。從這種現實主義的觀點來看，經濟邦聯之後的情況很可能是一個以日益增長的以軍事力量為特色的政治邦聯，這將進一步侵蝕美國在該地區的利益。[29] 因此，美國一些人可能不會歡迎邦聯。大前研一（2003）甚至談到將日本納入大亞洲經濟區，孫中山在 1920 年代也提到了這一可能。這與亨廷頓的文化領域劃分是一致的。在文化領域

---

[29] 譯註：在 2025 年的今天，拜登政府已經成功地與日本、韓國、印度、越南、菲律賓等亞太地區的重要國家建立起了一個相對鞏固的聯盟，以遏制中國的勢力擴張（川普第二任期這個聯盟的前景如何還不得而知）。而中國在該地區的影響在習近平時代已經大大減少。由於中國在國內和國際上的政策問題，台灣和大陸漸行漸遠，香港由於一國兩制的緊縮，正在失去過去的商業、金融等地位，新加坡對中國的態度基本上是敬而遠之。

中，亞洲，尤其是中國，將對美國構成更大的威脅。[30]

因此，對於現實主義者來說，應該盡可能避免邦聯，美國的戰略應該是分而治之。的確，2003 年在東京舉行的東亞安全會議上，來自美國、日本和台灣的專家們認為強大的中國是對該地區的威脅。一些人正在尋找遏制這一事態發展的方法，包括向台灣出售武器和阻止台灣與中國統一（《中國時報》，2003 年 7 月 27 日）。此外，日本還修改了憲法，允許作戰部隊駐紮在伊拉克，幫助美國在那裡執行任務。這只是日本為加強其軍事存在並開始在世界和該地區發揮更積極作用而採取的步驟之一。關於發展核武器的討論也有所增加。人們相信，這些舉措不僅能夠幫助日本擺脫多年的經濟衰退，而且還將在美國軍隊忙於與穆斯林世界打交道時，幫助美國在該地區進行權力平衡（見 French 2003; Schmitt 2003）。

總而言之，到目前為止，我們已經分析了邦聯式的聯邦的兩個障礙：一個是難以跨越的文化界限，克服偏見和歧視態度的困難；另一個是不能不考慮的政治現實主義，即關心自己的重大國家利益和保護國家政治、文化和領土完整的重要性。第一個困難是如何能夠理解對方、處理不同文化和政治實體之間的差異。一個人保護自己利益的願望越深刻，困難就越加劇。這和第二個困難有關係，即假設他人的利益與自己的利益相衝突，這是政治現實主義的觀點。這兩個障礙都導致人們相信，維持該地區的權力平衡、防止中國和台灣之間可能的聯盟是可取的。這一結果與集體族群民族主義密切相關：它們相互影響。邦聯式的聯邦將非常困難。

史密斯（1995：viii，5，14）在這個問題上的觀點是對的：無論出於何種原因，國族仍然是人類社會的基石，民族文化和歷史在這個全球化時

---

[30] Huntington（2000）還認為，儒家與伊斯蘭國家的軍事聯繫已經形成，其成員獲得了對抗西方軍事力量所需的武器和製造武器的技術。所以這是西方（the West）與其他國家（the rest）之間的衝突。

代仍然很重要（另見 Yack 2000）。此外，正如現實主義者會告訴我們的那樣，國家、種族和族群利益可能會繼續主導國際關係。在族群和種族群體之間、在國內和國際的關係上，人們那種相互理解能力的缺乏，將使有意義的聯盟很難發生，我們看到的更可能是那些只是基於某些方便的原因而發生的聯盟。儘管如此，下面的哲學思考還是可能會為更富有成效的聯盟帶來一線希望，例如，台灣和中國大陸之間的邦聯式聯邦，以及中國和美國之間的合作和良性競爭。這些論點不僅承認個人之間和群體之間衝突的必然性，而且承認和解的可能性。

三、支持邦聯的理論根據

兩岸關係的未來可能並不總是像文化壁壘和政治現實主義所暗示的那樣黯淡。儘管以下概念並不總是像政治現實主義那樣廣為人知，但是像社交性、社會聯盟、世界主義、政治理想主義卻確實為我們提供了這個硬幣的另一面。他們從反面論證了邦聯的可能性。

（一）社交性／合群性和社會聯盟

Georg Simmel（1950：48）說社交性或者說合群性是「一個理想的社會學世界，在這個世界中，個人的快樂與他人的快樂緊密相連」。因此，「原則上，如果必須以他人可能具有的截然相反的感情為代價來換取自己的滿足感，那麼沒有人能在這裡找到滿足感」。Bologh（1990：213）進一步澄清說，社交性是「一種關係，在這種關係中，一個人的存在對另一個人產生了愉快的差異，影響了另一個人」。換句話說，一個人的幸福是建立在另一個人的幸福之上的。如果他或她周圍的人不快樂，沒有人會真正快樂。

事實上，馬克思的社會主義就是這樣一種人與人之間相互合作、相互

頁156

關心的社會性。但是，Bologh（1990：26）評論說，馬克思的問題在於「他重視的是一種男性化英雄行動，強調戰勝外部敵人」，而沒有意識到社會主義可以像資本主義那樣產生父權制的、壓迫性的生活方式。另一方面，韋伯雖然有時呼籲為了國家的榮譽而英勇地犧牲自己，但大多數時候卻「沒有認識到社會生活中固有的對社區的渴望」（Bologh 1990：284）。

社會性，就像 Bologh（1990：284）的女權主義社會主義一樣，將承認韋伯和馬克思對社會生活的見解，同時也「明確承認個人與社區、分化與認同、分離與依戀之間不可避免的內在緊張關係，這種緊張關係必須被接受和承認，而不是被否認和壓抑」。它是一種「以人們相互合作和彼此關心以及關注彼此的需要、感情和獨特性為特徵的生產方式」，這樣人與人之間和國家與國家之間的關係就不會退化為脅迫。因此，社會性是「整體與部分、社區與個人之間、群體之間與個人之間差異的相互博弈」。這也是個人族群民族主義的典型特徵。

因此，社交性將要求我們將壓迫理解為不可避免的和注定會發生的，這是社會生活的一個特徵（Bologh 1990：284）。換言之，正如政治現實主義所聲稱的那樣，國家相互之間確實可能都想支配對方。但是，社交性也要求我們明白，抵抗和要求解放的鬥爭也是不可避免的、注定會發生的。從壓迫到解放的運動是一場進步的運動。在這場運動中，被壓迫者和壓迫者以及他們之間的關係都將發生變化。

最重要的是，社交性假設，正如我們剛剛討論的那樣，除了衝突和為了自己的利益而鬥爭外，人們還有對社區的渴望，以及犧牲或從屬的意願（Bologh 1990：284）。事實上，這也是民族主義的意義所在：一方面要為眾多民族中的一個民族的自身利益或個性而奮鬥，同時為了維護或推進這個國族的利益而放棄自身的利益——例如死亡，為了一個比個人和家庭更大的集體的利益。這種自我犧牲非常重要，因為正如 Bologh（1990：303）所觀察到的，

如果一個人不能將自己的與眾不同和權力交給他人（暫時不要把自己和自己的利益看得那麼嚴重），那麼奮鬥和追求（偉大）最終就會變得空洞和毫無意義；自我發展和自我改變成為不可能。如果我們的奮鬥和慾望不會引起他人的奮鬥和慾望，而是扼殺了它；如果我們的奮鬥在抑制、阻礙或損害他人的利益時，我們還不放棄自己並暫停我們的努力，那麼，套用馬克思的話來說，我們的奮鬥是軟弱無能的，是一種不幸。[31]

因此，犧牲是人際關係和國際關係中的常態。當然，如果我們不維護自己、不聲張我們自己的利益，那麼投降／退讓也是一種不幸，因為它扼殺了自我。相互奮鬥和退讓可以確保自我改變、自我發展、社會變革和社會發展（Bologh 1990：303-304）。如果人們願意為更大的集體（如一個國家）做出犧牲，那麼從邏輯上講，他們可能願意為一個比國家還大的集體，比如邦聯，而犧牲。這是因為在這樣一個邦聯中，正如 Bologh（1990：298）所說，

> 不是所有的事情都是衝突和主宰、權力鬥爭，以便將自己的意志強加於抵抗的他人頭上。當為獲得承認而進行的相互鬥爭成為為了相互承認而鬥爭時，那麼一個社交性而不是敵對性的世界，或者說創造性的、生成性的而不是主宰性、從屬性的世界，簡而言之，一個相互渴望、相互理解和相互賦權的世界就成為可能。

這種相互承認、相互犧牲、相互奮鬥，並不意味著放棄自己的差異。相反，它意味著充分利用一個人的優勢。例如，一個邦聯將帶來的是相互

---

[31] 譯註：這一點使人想到了中國革命的經驗、教訓和意義，的確值得認真反思，尤其是對現在台海兩岸的民族主義而言。

刺激和相互快樂。的確，雖然中國大陸為台灣企業家提供了廣闊的市場和勞動力，但台灣人除了在政治改革方面的經驗外，還為中國大陸提供了他們的資本和管理技能（見大前研一 2003）。雖然台灣資本家可能正在實踐非人格化、可計算性和注重效率的形式理性，但中國大陸的社會主義傳統或可能用經濟平等和兄弟之愛的實質理性相抗衡，這也是孫中山三民主義的傳統。[32]台灣人可以自由地承認和享受他們的中國【文化和歷史】遺產，這與目前的情況不同，因為這樣做在政治上是不正確的。中國大陸人也可以享受融合了中國、日本和原住民文化傳統元素的台灣文化。根據社交性原則，邦聯可以使所有這些成為可能。

但請記住，由於人與人之間和國族與國族之間的差異，壓力和緊張局勢將成為這樣一個社區的特徵，就像在任何其他社區中一樣。這是必然的、無可避免的，並且是所有社區所固有的。用 Gellner（1997：103）的話來說，「文明可能總是有它的不滿，我們可能註定要在本能所渴求的滿足和文明生活所需要的制約之間、在對令人滿意的、『有意義』的秩序的渴望與理性和懷疑主義的要求之間做出痛苦的妥協」。然而，在相互爭取和退讓中，社會取得了進步，個人和文化得到了發展，社區和團結得到了繁榮。這是因為相互衝突和合作的各方都可以相互提升、互通有無。他們在差異中欣賞各自的身份，在各自的身份中欣賞他們的差異（見 Bologh 1990：304, 306）。

換句話說，我們需要分離和獨立，以發展我們的價值觀、權力和偉大。但是，我們渴望發展這些價值觀和力量，與我們渴望有所作為、改變世界、讓我們的差異得到承認的願望是一致的。因此，分離和獨立發生在一種關係（社區）中，這種關係（社區）是由相互

---

[32] 譯註：這裡指的當然是一種類似西歐那樣的民主社會主義傳統，而不是專制社會主義的傳統。

第七章 209
整合的障礙——兩岸如何才能和解？

承認的願望而維繫在一起的（第 306 頁）。

這個社區完全可以是一個邦聯。

與 Georg Simmel 的社交性相對應的是 John Rawls（羅爾斯）創造一個秩序良好社會的正義理論。我們將簡要討論正義的概念、秩序良好的社會，和社會聯盟，看它們對邦聯的意義是什麼。Rawls（1999：13, 53-54, 266）的正義理論基於兩個原則。首先，在一個為所有人服務的自由制度中，每個人都應享有一系列平等的權利和義務。第二，社會中存在著社會和經濟上的不平等，但這些不平等的安排方式是，社會中處於最不利地位的人也應該從這一制度中得到最大的利益，他們可以在機會公平的條件下晉陞到對所有人開放的職務和地位。似乎在羅爾斯看來，只要實際情況是公平的，就是正義的。公平則意味著社會中每個人都享有平等的權利和平等的機會。這些都是很好的概念，但問題是在什麼情況下我們可以說事情是公平公正的，人是平等的。讓我們看一下兩個具體情況：一個秩序良好的社會和一個社會聯盟。

一個井然有序的社會是「每個人都接受並知道其他人也接受相同的正義原則，基本的社會制度也能保證這些原則的實施，這一點大家也都認同」（Rawls 1999：397）。換言之，事情公平公正的程度，不僅取決於人們在多大程度上理解和接受正義的含義，而且取決於基本社會制度在多大程度上能夠滿足這些正義原則。從正義原則來看，像中國這樣的威權國家與像美國或台灣這樣的民主國家之間的區別，主要是程度上的差異。沒有一個社會必然比其他社會更公正；這取決於特定的人、特定的情況和處理事情的具體方式。例如，如果我們談論的是社區，那麼什麼樣的社會聯盟將是一個公平的聯盟，也是一個公正的聯盟呢？

按照羅爾斯的邏輯，一個公平的聯盟必須是這樣一個社區，在這個社區中，基本的社會制度能夠滿足正義原則，例如，所有人的機會均等。那麼，這樣的社會聯盟就是：

建立在其成員的需求和潛力之上，[其中]的每個人都可以參與其他人已實現的自然資產的總和。[這是一個]人類共同體，其成員享受自由制度所激發的彼此的優點和個性，他們承認每個人的善良與優秀是整個人類活動的一個要素，整個活動計劃都得到所有人的同意，並給所有人帶來快樂。

頁159　　在闡述這一點時，Rawls（1999：458-460）還引用了亞里士多德、威廉・馮・洪堡、康德、馬克思、約翰・斯圖亞特・密爾和亞當・斯密。

在這種社會聯盟中，不同的人或不同的國家，「具有相似或互補的能力，可以合作……以實現它們的共同或匹配的人性」（Rawls 1999：459）。這種合作很重要，因為每個人和每個國家都註定要進行局部修鍊和培養，沒有人能做他或她可能想做的所有事情。音樂家可以接受各種樂器的訓練，但他或她只擅長其中一種樂器。他或她的所有力量都是在他們的共同表演中實現的。人們喜歡鍛煉自己的個人技能，但同時欣賞和欽佩他人所展示的才能。

這也是社交性的概念，即描繪或想像了一個社區，在這裡大家可以像人一樣享受彼此並欣賞彼此的才能。每個人和每個國家都可以在這樣的社會聯盟中成長。為了實現各自的國族理念，鑒於目前的情況，台灣和中國大陸之間的邦聯可能是一個不錯的主意。當然，這樣的制度需要有一個「由政治正義觀念所規範的社會基本結構」，其基礎是「合理、全面的理論的重疊共識」和公共討論（Rawls 1993：14-15, 44; 1999：340）。[33] 這種基本結構也是 Scarry（1996：239）所認為的每個人的平等價值的制度

---

[33] 這種重疊的共識「包括所有合理的但是立場相左的宗教、哲學和道德教義。它們很可能是代代相傳的，並在或多或少公正的憲政制度中獲得相當規模的信徒群體。在這樣的政權中，正義的標準是一種政治的正義觀念」（Rawls 1993：15）。另見江宜樺（1998：115）關於重疊共識的更多討論。

化。之所以需要這種制度化,是因為人類對他人的同情心是脆弱和不穩定的。在公平即正義的基本原則上達成的重疊共識使得具有不同意識形態的群體有可能為共同的事業而合作。換言之,邦聯制是一條通向中國政治變革的道路,而且會使得真正的聯邦成為可能。

(二) 世界主義

從世界主義看邦聯,會比社交性、秩序良好的社會聯盟更進一步。它認為,一個人首先應該效忠的是整個世界的人類共同體,而不是像愛國者所說的那樣對民族國家或自己的文化和族群的效忠（Nussbaum 1996：2-20,131-144）。因此,這個社區現在甚至比邦聯或邦聯式的聯邦還要大。人們可以想像,雖然文化邊界和政治現實主義會給邦聯式的聯邦帶來困難,但世界主義卻有助於它的構建,因為世界主義者最關心的是人類的總體,無論何種文化或族群。所有的問題都是人的問題,我們出生在什麼地方本身只是一個意外,【不是最重要的問題】。

做一個世界主義者並不意味著一個人必須放棄自己在地的身份認同,這個本地的身份認同「往往是豐富多彩的生活的一個源泉」（Nussbaum 1996：9）。我們仍然有自我、小家庭、大家庭、我們的鄰居或當地的社群、我們的城市居民同胞和我們國家的同胞,以及建立在族群、性別、階級、職業、語言和其他特徵之上的其他群體。（因此,從這個意義上說,世界主義與個人族群民族主義是一致的,正如政治現實主義與集體族群民族主義是一致的。）

然而,最重要的是,我們有人類,我們的其他人類同胞。隨著世界在政治、經濟和文化上的進一步全球化,這一點變得越來越明顯。Himmelfarb（1996：77）抱怨說,世界主義模糊甚至否認了諸如父母、祖先、家庭、種族、宗教、遺產、歷史、文化、傳統、社區和國籍等生命給定,說這些都是偶然的屬性。但正如 Nussbaum（1996：141-143）所回答

的那樣，儘管我們具有所有這些屬性，人一誕生就是人類的一員，就會和其他人互動。作為概念的那些其他屬性是在自己出生之後的生活中發展起來的。

　　Nussbaum（1996：11-15）為世界主義提供了幾個論據，這也是邦聯式的聯邦的充分理由。首先，更多地了解其他人有助於我們看到在我們自己的實踐中哪些是地區性的和不必要的。然後我們可以看到，中國大陸和台灣之間的許多衝突是不必要的。第二，我們更有能力解決需要國際合作才能解決的問題，2003年的SARS就是一個很好的例子。在疫情期間，台灣人認為他們沒有從世衛組織那裡獲得足夠的資訊來幫助他們，因為他們不是世衛組織的成員，即使世衛組織當時有駐台代表。正如我們前面提到的，中國政府堅持認為台灣由中華人民共和國代表，儘管實際上並非如此。因此，台灣無法獲得世界衛生組織成員資格，甚至無法獲得觀察員地位。正如我們之前所討論的，這成為一個非常有爭議的問題，並在當時引發了大量的民族主義情緒。

　　第三，我們認識到其他人和我們一樣是真實的人，對生命、自由和對幸福的追求有著相同的感情和渴望。因此，我們在道德上有義務採取相應的行動，例如，在移民、國際勞工、戰爭等方面。第四，我們將能夠以完整的人而不是偽君子的身份在世界事務中行事。例如，我們會比現在更珍惜別人的生命，即使還沒有像我們對自己的生命那麼珍惜。如果說像崇拜神一樣崇拜自己的國家或民族，就是給它帶來詛咒的話，那麼人們就會比較容易接受邦聯式的聯邦，因為後者更適合他們的需要。一個世界主義者會「把【個人】權利放在國家【權利】之前，把普遍理性放在民族歸屬感的象徵之前」（Nussbaum 1996：16-17）。中國和台灣民族主義的惡的方面將會消失。

　　換句話說，如果我們明白，與我們不同的人確實會以與我們自己受苦的方式相同的方式受苦，如果我們認為人們在道德上是平等的，無論他們的國籍、族群、宗教、階級、種族和性別是什麼，那麼我們就能找到更好

的方法來處理我們的衝突。正如孔子所說，人們會像對待自己的親戚一樣對待他人，並且像對待自己的孩子一樣對待別人的孩子（不獨親其親，不獨子其子）。這種世界主義（即大同主義）也是康有為和孫中山所宣導的（見王國琛 1995：112-125）。全人類價值平等的觀念將是「對我們政治行動和抱負的規範性約束」（Nussbaum 1996：132-133, 138-139）。因此，我們應該在我們的心靈和思想以及我們的法律準則中培養世界公民意識，因為正如亞當‧斯密所指出的，正如我們前面提到的，對他人的同情是一種脆弱和變化無常的品行。一個有憲法約定的邦聯式的聯邦可能是兩岸關係的一個很好的起點。[34]

（三）台灣、中國、美國之間關係中的理想主義

如果社交性或社會聯盟是一個理想的社會學世界，而世界主義提供了對整個人類社區的效忠，那麼政治理想主義就會告訴我們為什麼這是可能的。與政治現實主義不同，它假設人性本質上是善的，人們從根本上還是關心他人福祉的，這使得合作和進步成為可能。暴力或戰爭的發生不是因為人們在道德上有缺陷，而是因為邪惡的組織或機構在鼓勵人們自私的行為，去傷害他人。這是休謨、盧梭、康德和 Richard Cobden 等所強調的理想主義（見 Kegley and Wittkopf 1997：20-24; Scott and Crothers 1998：4-5; Van Ness 2001）。

在台灣與中國大陸的關係中，合作與衝突一樣司空見慣，甚至可能超過衝突。儘管政治現實主義可能認為這種合作是出於自身利益，但理想主義則認為不應否認相互理解、相互關心和相互渴望的因素之存在。這是使進步成為可能的原因。

人們可以找到許多中國和台灣之間相互依存的例子。我們已經在上一

---

[34] 有關世界主義的更多討論，另見江宜樺 1998：121-122。

章討論了雙方之間密切的經濟關係。事實上，在經濟上，如果沒有對方，任何一方都無法像現在這樣做得那麼好。2005 年至 2008 年春節期間兩岸的雙向包機，2008 年國民黨上台後開始直航，都是兩岸合作有益的好例子。[35] 在政治上體面地解決統獨衝突，不僅可以緩解台灣內部的衝突，而且可以加快中國的民主化進程。理想主義會說，海峽兩岸人民都能夠沿著相互理解和共同發展的路子思考。

中美關係也是如此。這裡有幾個例子。在 1990 年代，關於是否應該對中國侵犯人權的行為實施制裁，人們進行了許多辯論。這場辯論也告訴我們美國和中國都從彼此的正常關係中受益了多少。例如，美國 100 家最大公司的 CEO 組織美國商會估計，結束中國最惠國地位將使美國失去 10 萬個工作崗位。美國政府還需要為美國公司在中國創造機會，它不想失去在中國這個龐大市場的份額。事實上，到 1996 年，可口可樂等美國公司已經佔據了中國軟飲料市場 70%的份額，波音和麥克唐納道格拉斯等公司已經佔據了民航市場 70%的份額。五百家最大的美國公司中有兩百家已經在中國投資，其餘的公司與中國有間接聯繫（胡安鋼 1999：420-421）。儘管美國的服裝和紡織廠以及工人受到來自中國和其他地方的低價進口商品的傷害，但美國人也享受了更便宜的進口商品，以充分利用他們手中的美元。正如美國貿易代表米奇‧坎特（Mickey Kantor）所說，我們不想

---

[35] 在這部分作為一篇關於融合障礙的論文發表在《問題與研究》上之前，一位評審觀察到了政策制定中現實政治的地緣經濟變化。在中美關係中，「中國可能是（美國的）地緣政治對手，但同時也可能是地緣經濟夥伴」。這就解釋了為什麼布希總統警告台灣民進黨政府不要走分裂道路，而是鼓勵兩岸進行對話。事實上，這正是世界主義和理想主義對現實主義的反駁。正如評審所觀察到的那樣，邦聯式的聯邦不是零和博弈，而是多和博弈。這樣的和解利大於弊。邦聯式的聯邦對台灣和大陸都具有吸引力。但人們仍然需要被說服。這是最難的部分。儘管如此，還是有一線希望。評審對中華人民共和國可能不接受聯邦解決方案的擔憂在過去可能比今天更合理。【當然 2025 年的情況已經和十多年前又大不相同了：事情在向評審擔憂的方向發展。】已經發生的一些事件表明，中華人民共和國在考慮所有可能性，包括聯邦解決方案和承認中華民國。但事態發展也表明，中國政府很難做到這一點，就像台灣很難想與中國統一一樣。

把玩具從小孩手中拿走。在那場爭端中,玩具被從推薦的制裁商品清單中刪除(Rourke and Clark 1998:206,209-211)。儘管兩國之間存在種種困難,但中美經濟關係還是得到了蓬勃發展(見 Levine 1994:85-87)。

換言之,即使從現實主義的角度來看,「建設性的交往」也比遏制要好,因為遏制會導致更多的無知、猜疑和不信任,從而導致危險的關係。但是,如果付出足夠的努力的話,人們還是能夠相互理解的。[36] 連亨廷頓(Huntington 1993:49)都主張增加不同文化之間的理解,確定西方文明和其他文明之間的共性元素,以便人們可以學會彼此共存(另見 Levine 1994:89-90 關於同一個觀點的討論)。

另一方面,中國也從與美國的正常關係中受益。在 2000 年代初,美國是中國最大的出口市場,進口佔中國出口的 40%,正如美中安全審查委員會在其 2002 年年度報告的執行摘要中告訴我們的那樣。[37] 1990 年代,對外貿易佔中國國民生產總值的三分之一以上(Levine 1994:85)。此外,美國和其他國家還為中國的現代化建設提供了資本投資和技術發展,我們前面提到過這一點。同時,應該理解,雖然中國是美國最大的出口國,但美國是世界上最大的出口國。1999 年,創造這些出口產品雇用了美國勞動力總數的 13% 左右(見 Rourke 和 Boyer 2002:3)。這是可以理解的,因為美國在世界生產總值中所佔的份額比中國大得多,事實上是佔世界上份額最大的國家。例如,1993 年,美國佔世界生產總值的比重為 27.1%,而中國僅為 2.5%,不僅遠小於美國,而且遠低於日本(16.7%)、德國(8.1%)和其他歐盟國家(22.8%)。俄羅斯佔 1.5%的

---

[36] 這就是為什麼即使是布希政府也以某種方式意識到了接觸的重要性,並至少會實行一種「con-gagement」,即在安全問題上「遏制」,在經濟問題上「接觸」(Jiann-fa Yan 2004:101)。但如果真是這樣的話,布希可能應該在這兩件事上都要有更多的接觸。譯註:拜登政府的對華政策三原則,即該競爭時就競爭,能合作時就合作,須對抗時就對抗,應該是現實主義和理想主義的結合。

[37] 見 www.uscc.gov,上網日期 2005 年 2 月 23 日。

份額，世界其他地區佔 21.3%（見 Kegley 和 Wittkopf 1996：169）。【2021 年上半年，美國佔全球 GDP 份額的 25%，中國佔 19.5%，歐盟佔 16.4%。】

頁163 　　在台中美關係中，一個民主邦聯不僅基於彼此的【經濟】利益，而且基於理想主義所定義的根本人性和人對人的關切，這將有助於改善中國的人權狀況。人權問題一直是制約中美關係正常發展的關鍵問題之一。一個民主邦聯將有助於推動中國朝著民主和尊重人權的方向發展。這也將緩解美國的其他擔憂，例如大規模殺傷性武器的擴散以及台灣與大陸之間的地區衝突。台灣不會被一個「極權共產主義」國家所「吞噬」。美國和中國之間將有更多的信任和信心。中美之間的競爭，就像美國、日本、德國、英法之間的競爭一樣，是世界上兩個關鍵大國之間的良性競爭。

　　作為國家利益的損失，美國將失去向台灣出售武器的機會，但正如美國政府一直聲稱的那樣，一個和平的亞洲對美國來說可能是一個更大的國家利益。和平與繁榮是每個國家外交政策中最重要的兩個價值觀。在台灣與大陸的關係中，美國只想通過和平手段來決定台灣的未來，正如 1979 年《台灣關係法》所述（見 Rourke and Clark 1998：214-215，217），這是美國每屆政府自那時以來一直在堅守的原則。這正是一個民主邦聯的宗旨。在美國以及台灣和中國的政治文化中，現實主義與理想主義之間的衝突可能會在邦聯中得到協調。

　　總而言之，就像社交性和世界主義一樣，政治理想主義反對人們無法跨越文化和政治界限的想法，反對政治現實主義所描繪的零和博弈。相反，人與人之間能夠相互理解並欣賞彼此的差異。各國確實相互依賴，互惠互利超過相互衝突。那麼邦聯式的聯邦是很有可能的。

　　然而，問題在於，政治現實主義與社交性、理想主義和世界主義之間很難協調起來。正如跨越文化界限和克服偏見和歧視性態度一樣，個人需要付出巨大的努力才能認識到彼此的人性。Cornel West（1994）感歎美國的白人難以認識到美國黑人的人性。其實所有人在看待不同種族和（亞）

文化出身的人時都面臨著這一困難。或多或少地就像我們前面引用的 Anthony Lake 所說的那樣，在人性改變之前，對彼此的猜疑，而不是對彼此人性的認可，將仍然是人類關係的核心。但人類的未來取決於我們能在多大程度上改變這一點。[38]

四、自由民族主義：對個人族群民族主義的進一步思考

正如我們在整本書中所討論的，也正如 Tamir（1993：79）明確指出的那樣，自由主義是一種強調個人自由和個人自治的重要性並竭力保護它們的理論，而民族主義則強調「民族文化成員身份和歷史連續性的崇高，以及將一個人的當前生活和未來發展視為[與相同族群團體中的]其他人共用的經驗之重要性」。因此，自由民族主義「在不忽視其他人類價值的情況下培養族群的理想，族群理想需要和其他價值放在一起來權衡」。換句話說，它是一種既宣導文化身份的重要性，又不犧牲自由主義理想的民族主義（另見 MacCormick 1999：174-177，183-187）。這就是我們在第一章中所說的個人族群民族主義。這種民族主義是社交性、社會聯盟、世界主義和理想主義在國家建構方面的合乎邏輯的應用。我們現在將進一步研究這種民族主義，不僅作為反駁政治現實主義的論點的總結，而且作為政治現實主義和理想主義的綜合理論來分析。

正如二十世紀向我們展示的大量例子一樣，民族主義確實有足夠的能量來設置文化障礙、助長不寬容、助長群體利己主義、傲慢的愛國主義、種族主義暴政和種族滅絕。但民族主義也「提供了一套值得尊重和認真考慮的道德價值觀」（Tamir 1993：93），包括歸屬感和道德義務，以及其

---

[38] 正如 Robert Gilpin 所指出的，歸根結底，「經濟上的相互依存並不能保證合作將戰勝衝突；一個具有共同價值和世界觀的全球共同體尚未取代國際無政府狀態」（引自 Dougherty and Pfaltzgraff 2004：85）。在這方面仍需作出更多的努力。

成員之間的關懷和合作，或者如 Tamir 所說的「群體的道德」。它是一個「意義的積極來源——有時甚至是靈感——以及一大群人之間作出相互承諾的源泉」（Calhoun 1997：126；另見 Smith 1995：149, 155-156）。這是它理想主義的一面。

因此，自由民族主義將文化共同體的民族主義理想和強調個人權利和個人自由的自由主義價值觀結合在一起。正如鄭永年（2001a：26，368）所說，它將民族主義和主權在民的觀點結合在一起。因此，自由民族主義要求寬容和尊重自己群體成員和群體外其他成員的多樣性（Tamir 1993：90）。這也是我們上面討論的社交性，它承認個人和社區之間的緊張關係，但也承認個人和國家兩者變革和發展的需要。

如果說社會性和世界主義為我們提供了邦聯的基本哲學思想，那麼自由民族主義則通過關注民族主義的兩個主要問題來推進這一論點：對民族自決的文化解釋以及除民族國家之外還存在的各種政治安排，以滿足個人的民族自決權。我們現在將討論這兩個問題。

民族自決是指人民擺脫外國統治而獨立的權利，即他們在自己居住和占多數的領土上建立主權國家的權利。Tamir（1993：73-74）說，民族自決權的理由基於以下六個方面。簡而言之，1）一個國族的成員資格是個人身份的構成因素；2）賦予個人權利以保護個人利益是正當的；3）要維護他們的國族身份，就必須給予他們盡可能充分的機會來表達這種身份認同；4）這需要一個共用的公共空間，一個社區；5）這個公共領域或政治安排既是合作的地方，也是他們可以表達自己的地方，反映他們的歷史、文化、宗教和語言；6）只有當成員和非成員都承認他們是人類行動和創造力的自主源泉時，群體才能充分實現其民族自決權，而且「緊跟著這種承認的是一系列政治安排，使民族成員能夠在盡可能少的外部干預下發展其民族生活」。

但是，這種對主權的主張主要是保護個人文化特性的主張，並不等同於對政治主權的要求。在一個族裔群體多於國家、大多數國家都是多民族

的世界裡，對民族自決的文化解釋是維護自己利益的一種更實際的方式。此外，它使各個族群都能受益，因為它在一個跨國經濟、戰略和生態合作日益增加的世界中更好地保留了他們的文化獨特性（見 Tamir 1993：57-58）。一個國族離不開另一個國族。

鑒於對民族自決的這種文化解釋，民族主義的目標可以在各種政治安排中得到滿足，包括但不限於民族國家。對 Tamir（1993：75）來說，這些可能包括「建立國家機構，形成自治社區，或建立聯邦或邦聯國家」。根據自由民族主義理論，聯邦或邦聯應該比分離更可取（Bauböck 2000：236-238）。只要個人能夠確保他們有機會參與其社區的國民生活，民族群體就可以找到在他們的具體情況下所發生問題的最佳解決辦法。

那麼，這種對民族自決的文化解釋，或者說自由民族主義，對於中國大陸和台灣之間可能建立的邦聯這樣一種政治安排，有什麼啟發呢？這樣的政治安排如何能夠滿足個人的民族自決權？這是我們討論的第二個問題。我們在下文列出了對這個政治安排的六個啟發。

首先，由於個人有權離開他們出生的國家並建立新的國家歸屬（見 Tamir 1993：87），他們當然可以並且有權選擇生活在邦聯中。如果他們不選擇這種方式，那他們也有同樣的不選擇的權利。

其次，「一個民族一個國家」是一個無法實現的理想，因為不同民族的成員往往「如此緊密地混合在一起，以至於不可能賦予每個民族一個獨立的國家」（Tamir 1993：142）。在台灣，「跨族群」婚姻的比率很高。據估計，50%在 1950 年至 1960 年間出生的「大陸人」（現居住在台灣）、80%在 1960 年至 1970 年間出生的「大陸人」，都來自不同血統的父母，即父母一方在大陸出生，一方在台灣出生（Chang Mau-kuei 2003）。越來越難以區分誰是「大陸人」，誰是台灣人。[39] 從文化、歷

---

[39] 移民局的一名官員告訴我，2003 年在台灣出生的孩子中，每八個中就有一個是由大陸新娘所生。這或許可以解釋為什麼以陳建銘為首的台灣團結聯盟的立委們想要提出立法，阻止中國

史和經濟角度來看，台灣與中國大陸之間的分離既困難又代價高昂。

第三，人們可能認為，只有有效的獨立國家才能確保民族自決。但歷史常常表明，這種信念最終阻礙了民族願景的實施：政治家的自私野心往往壓倒了真正的國族利益。少數民族也經常發現民族國家比一個鬆散的組織更具壓迫性（Tamir 1993：143；另見 MacCormick 1999：186）。畢竟，塞爾維亞人、克羅埃西亞人和穆斯林在奧斯曼帝國甚至鐵托統治下都相對和諧地生活著，直到民族主義者們有機會竭力地表現自己（見 Stille 2003）。在中國大陸和台灣的歷史上，我們也經常看到民族國家對少數民族的壓迫，無論這些壓迫者是中國人還是日本人。奧地利-匈牙利的多民族民主聯邦就是被泛斯拉夫和泛德意志民族主義所摧毀的（Bacher 1998）。正如 Tamir（2000：254）引用 Marshall Cohen 的話說，如果沒有建立這些國家，許多生命就可能會被挽救。[40]

第四，全球化要求各國在處理社會、經濟和生態問題方面加強協調。區域組織比民族國家更有能力做到這一點（見 Tamir 1993：150-154）。我們早些時候曾討論過台灣與中國大陸之間的社會和經濟互動。2003 年的 SARS 危機進一步說明了中國大陸和台灣之間合作的可能性和缺乏合作可能產生的問題。

第五，區域合作「允許個人區分他們的偏好，而不是將所有偏好聚集在一個不可分割的範圍內」（Tamir 1993：154-155）。邦聯將使台灣海峽兩岸的個人能夠更充分地維護自己的身份。他們會發現自己「屬於不同的

大陸人民獲得永久居留權，更不用說台灣公民身份了，因為他們擔心這些人可能會「滲透」到台灣社會中，影響台灣政治，從而削弱台灣人的意識（見 2003 年 5 月 1 日《自由時報》的一系列文章）。

[40] 誠然，正如一位評審告誡的那樣，我們不應該將帝國浪漫化。看看 19 世紀中葉滿族人在揚州做了什麼，或者清朝對準噶爾蒙古人做了什麼，或者穆斯林在昆明地區發生了什麼。但是，我們可以將這些不幸的事件視為帝國建構的一部分，也就是我們在這裡批評的民族國家建構中有問題的那一部分。換言之，一個為各民族提供充足機會的鬆散邦聯比一個受到嚴格控制的民族國家更有利於人類發展。

社區，並與不同群體的成員分享偏好」。我們將看到更充分發展的個人。這可能是公平處理台灣所謂的「省籍問題」的唯一出路（【關於之前喧囂一時的省籍問題，】見張茂桂 1994；王甫昌 2002）。全球化要求台灣和中國大陸相互合作，但這種合作將對台灣意識的建立產生負面影響（Chang Mau-kuei 2001）。邦聯是台灣人維持其多重身份的一種方式。

第六，如果個人所屬群體的成員以及其他群體的成員都不認為自己或者自己的民族是自治的，並且不以一個自主的成員或國家對待之，那麼這個個人或國家就不是完全獨立的（見 Tamir 1993：74）。由於各種原因，中國大陸和世界上大多數國家都沒有將台灣視為完全獨立自主的國家，而且在不久的將來也不太可能這樣做。台灣與中國大陸的互動也不像對待另一個主權國家那樣。換言之，在台灣【中華民國】眼中，中國大陸也不是完全獨立的。這使兩者都處於不太理想的境地。邦聯作為一種類似於歐盟的新政治秩序，將超越主權國家（見 MacCormick 1999：191），它可能是解決台灣沒有能夠獨立、中國大陸沒有能夠統一這個問題的唯一方法。

五、結論

從政治現實主義的角度來看，人們確實難以跨越文化、亞文化和政治的壁壘，不同群體中的個人可能無法完全理解彼此。在文化間、國家內、國家間的關係中，對「他者」的刻板印象和過度概括將盛行，從而阻止了對來自其他文化的人們進行任何在較大程度上有意義和有同理心的理解。因此，偏見和歧視性態度將主導跨文化關係。與這種困難相伴而生的還有一種堅定的信念，即每個人或每個國家都是為了實現自身利益的最大化，他們將不惜一切代價和一切手段，包括使用暴力來達到這個目的。

這種政治現實主義指出了像邦聯式的聯邦這樣的聯盟的困難，因為每個人或每個國家都只關心他／她／自己的利益，他們可能會發現這個需要

雙方都做出犧牲的邦聯式的聯邦對自己不利。根據這種觀點，正是這些政治和經濟利益，最終決定台灣與中國大陸之間的衝突或合作的路徑。[41] 政客們將繼續使用在道德上可疑的手段，尤其是暴力，來實現他們認為在道德上是好的目的。台灣和中國大陸將各自努力獲取他們認為是自己應得的東西。任何有關各方都不會對可能的邦聯式的聯邦充滿熱情，因為這將意味著他們將犧牲掉一些主權所給予他們的權力。至少他們不會支持邦聯式的聯邦的安排，除非是出於某種暴力的迫使。中國大陸的軍事威脅和台灣方面將美國拖入可能的軍事衝突，就是朝著這個方向的努力。

然而，社交性、社會聯盟、世界主義和政治理想主義則會爭辯說，未來可能不會那麼黯淡，因為人們在本質上是善良的，可以學會有同理心。我們人類有能力通過協調我們做自己的願望和我們屬於一個群體的願望來管理利益衝突。我們既要奮鬥，又要讓步。我們既堅持維護我們的國族利益，但同時又要準備向其他國族讓步，因為只有這樣做，我們才能成為更完整的人或更完整的國族。

我們確實從合作中受益。台灣和中國大陸之間的關係基本上是好的。【這是在 15 年前。】因此，在台海兩岸建立邦聯式的聯邦的可能是存在的，因為各方可以看到這種聯盟的人性化和好處。而且獨木不成林，沒有他人的個體不是一個完整的個體。所有各方都會看到，建設性的接觸比遏制或「冷」或「熱」戰更有利，這種聯盟符合各方對和平、穩定和繁榮的內心渴望。正如自由民族主義或個人族群民族主義所主張的那樣，通過這種方式，我們可以在強調個人權利的自由主義價值觀和強調社區福利的民族主義／族群價值觀之間架起橋樑。合作總比分開好。所有這些理論都將為一個邦聯提供支持，這個邦聯將有可能同時滿足民族主義和民主的需求，這是實現中國現代史上知識份子夢想的一步（見鄭永年 2001b）。

---

[41] 張茂桂、林滿紅、林濁水等受訪者在 2003 年的訪談中也表達過同樣的觀點。

除了上述各種理想主義的論點外，全球化進程還增進了不同文化和國族之間的理解，因為民族和民族之間、國家和國家之間的聯繫和融合更加緊密。誠然，正如亨廷頓（Huntington 2000，2004）提醒我們的那樣，全球化也可能重新激活世界上的民族關係和民族主義的暴亂。汪宏倫（Wang Horng-luen 2000）也描述了全球化進程中台灣民族主義興起時同樣的現象。但同樣真實的是，更多的超國家或全球身份和全球性協會正在逐漸削弱族群、民族主義和民族國家的作用（見 Badie 2002; Goldmann et al. 2000：10-11、16-18; Smith 1998：213-220; Tønnesson and Antlöv 1996：2，23）。[42] 全球傳播也使一個初期的世界公共領域成為可能，這意味著國家無論如何都失去了一些主權（Habermas 1992：18）。台海兩岸的情況也是如此。在社交性、社會聯盟、世界主義、政治理想主義和自由民族主義的基礎上，發展聯盟和世界公民身份的可能性更大。政治理想主義可能不僅僅是一種理想。

但問題依然存在，個人或國家並不總是遵循社交性、社會聯盟、世界主義和政治理想主義的原則。相反，他們傾向於遵循政治現實主義。換言之，個人和國家確實在時刻關注著自己的利益，他們試圖通過一方主宰、一方順從來最大化這些利益。正如亨廷頓在關於民族認同的討論中指出的那樣，他們將不斷需要一個敵人或「他者」來定義他們是誰。當今世界族群紐帶的振興和民族主義的暴亂就是這種企圖的例子。在全球化進程中，台灣和中國民族主義的興起也發生了同樣的現象。

的確，個性和民族性的力量將繼續存在。在一個以個體性、流動性和多元身份為特點的現代社會中，族群利益和個人利益仍然是我們生活中的

---

[42] 另見 Huntington（2004）的著作《我們是誰？》，其中討論了美國身份如何以類似的方式受到這種全球化進程的影響，儘管他似乎不認為這種影響是一件可取的事情。

主要因素（王甫昌 2002：14；另見張旭東 2003）。[43] 當我們評估區域主義（即文化和政治差異）和世界主義、現實主義和理想主義在國家內部和國際關係中的影響時，我們會發現區域主義和現實主義在現實世界中的作用往往更大。這將使邦聯式的聯邦的實現更加困難，因為邦聯式的聯邦主要訴諸於一個人的人性而不是主權，正如我們之前指出的那樣，人性在現實生活中是脆弱的。

儘管如此，全球的同質性和相互依存性或許同樣強勁。挑戰在於如何協調這些力量，以便使人類的利益能夠最大化。這需要建立一個民主和世界主義的公民身份。如果像哈貝馬斯（Habermas 1992：17）所說，「只有民主公民身份才可以為世界公民的形成鋪平道路」，那麼只有民主公民身份才能為邦聯公民身份的形成鋪平道路。如果像 Brown（2004：211-250）所分析的那樣，社會政治經驗使得台海兩岸在過去形成了不同的國族身份認同，那麼正是新的社會政治經驗將會幫助台海兩岸形成一個新的國族認同。這又把我們帶回到國家和知識份子的重要作用上來，我們將在最後一章中總結討論這個問題。因為知識份子和國家對協調我們迄今為止所說的各種衝突、構建一個公平公正的社會和一個新的國族認同負有最大的責任。

---

[43] 再次，亨廷頓（2004）在《我們是誰？》一書中討論了美國公眾，尤其是白人，如何反對全球化和多元文化主義，以保護他們自己的民族和族群利益。譯註：在 2025 年的今天，這個問題顯得異常突出。

第八章　結論：台灣和大陸中國往哪裡去？
——國家和知識份子在塑造兩岸的國族認同中能做什麼

　　我們在前幾章分析了各種民族主義以及國家和知識份子在台灣和大陸的國族建構中所扮演的角色。我們還研究了兩岸未來可能的政治安排，並討論了構建一個邦聯式的聯邦的障礙。根據我們的文化和政治現實主義的分析，這種融合的確存在困難，但是社交性、世界主義和自由民族主義等理論卻指出融合是可能的。理論自然不是現實，但它們如何能夠成為現實呢？誰是使之成為現實的社會行為者？於是我們又回到了國家和知識份子的問題上來了。是他們創造了理論，並將理論與政治聯繫起來，推進了政策的實施，並影響了社會變革。在這最後一章，我們將一方面回到國家的作用上來，另一方面回到有機、專業和批判型知識份子的作用上來。我們將總結他們如何在我們書中分析的所有因素的約束下塑造台海兩岸的國族認同。

頁171

一、國家的重要作用

　　正如我們在整本書中所展示的那樣，國家在塑造任何地方的未來方面都起著至關重要的作用。清廷對台灣和大陸各少數民族的政策，反映了他們的文化觀念和「民族」觀念。日本殖民統治者在台灣試圖將其變成日本帝國的一部分，並將台灣人轉變為日本臣民，這也是典型的集體族群民族主義。國民黨和中共都試圖按照自己的民族主義形象構建國家，他們也是

在遵循著集體族群民族主義。他們只取得了有限的成功。儘管如此，國家在塑造國族方面確實擁有巨大的力量。像台灣【中華民國】這樣的自由民主國家可以將國家塑造成一個強調個人權利的國家，或者一個強調集體族群權利的國家，或者有時是此，有時是彼。一個專制國家可能嚴重地壓迫少數民族。但是，正如我們在第一章強調的那樣，通常不會有一個純粹只遵循一種民族主義的國家。在大多數情況下，國家包含不止一種民族主義的元素。

儘管如此，也許是時候讓中國大陸政府重新思考鄧小平在 1989 年所說的話了（引自 Suisheng Zhao 2004：160）：

> 真正說起來，國權比人權重要得多。貧弱國家、第三世界國家的國權經常被他們侵犯。他們那一套人權、自由、民主，是維護恃強凌弱的強國、富國的利益，維護霸權主義者、強權主義者利益的。我們從來就不聽那一套……。[1]

也許中共應該聽聽這套東西，因為不談論人權、自由和民主才是在幫助和保護有錢人和強者群體的利益。在中國，正是這些個人和團體在利用自己的優勢欺負弱者，追求自己的利益。他們是中國的政治精英和經濟精英，其中大多數是中共幹部。鄧所倡導的「國權高於人權」的觀念（另見 Hughes 2006：131）是有問題的；正如個人族群民族主義所說的那樣，這兩種權利都應該得到保護。

中共國家已經朝著民主化方向採取了一些措施，例如村民選舉和人權的保護，積極處理企業虐待民工的案件等等。但需要改進的空間仍然很大。國家的行為方式在很大程度上決定了政府正在構建一個什麼樣的國

---

[1] 譯註：這是 1989 年 11 月 23 日鄧小平在會見南方委員會主席、坦桑尼亞革命黨主席尼雷爾時的談話部分，載於鄧小平文選第三卷。

第八章

結論：台灣和大陸中國往哪裡去？──國家和知識份子在塑造兩岸的國族認同中能做什麼

家，是一個更集體族群民族主義還是更個人族群民族主義的國家。現在是中共兌現 65 年前承諾的時候了。【現在已經 80 年了。】毛澤東在 1944 年 6 月 12 日說：「我重複說一句，我們很需要統一，但是只有建築在民主基礎上的統一，才是真統一」（笑蜀 1999：5 引用毛在《解放日報》上發表的講話）。

我們已經分析了中國大陸和台灣未來可能的國家形式。不同類型的國家可能追求不同的未來。一個民進黨領導下的國家追求統一的可能性較小，正如我們在陳水扁執政八年中所看到的那樣。【後來的民進黨政權也是如此。】但是，馬英九領導下的國民黨政權可能會追求一個不同的未來，因為他們並不反對一個中國的原則，雖然這個中國絕對不會是中華人民共和國。像我們在第三章討論過的中華民國教育部等政府部門，可以根據他們自己的民族主義，在建構他們自己想要的國族方面大顯身手。此外，台灣正在建構什麼樣的國家，會影響中共會建構什麼樣的國家，反之亦然。

除了政府機構的權力外，總統的位置也是一個強大而有影響力的講壇，總統和副總統幾乎總是擁有大量的聽眾，如果她／他們願意，他們每天都可以對民眾施加影響。無論他們說什麼，都可能深深地印在人們的腦海中，並長期影響他們的思想。例如，陳水扁總統批評 2002 年台北市長候選人馬英九是在用香港腳走香港路，會將台灣像香港那樣變成中國的一部分，在人們心中成功地灌輸了中華人民共和國統治下的香港的負面形象。人們不太可能輕易擺脫這些負面的印象，因為大多數人很少接觸香港，也沒有方法和時間來幫助自己做出更獨立的判斷。【不過由於中國政府的行為，這個負面形象今天已經比較明顯了】。正如張亞中（2000：123）所指出的，海峽兩岸國家領導人對公眾輿論的引導可能比公民社會、社會運動更重要。這些人代表國家。他們可以利用國家的力量來追求他們的願景，就像官方民族主義那樣（Anderson 1991：159）。我們已經看到李登輝和陳水扁以及他們各自的政府在過去十年中在培養台灣意識方

頁173

面所發揮的作用。我們也看到了中共國家及其領導人,如鄧小平、胡錦濤、朱鎔基、李肇星、沙祖康等人的行為,以及他們如何對兩岸關係和國族認同的形成所產生的積極或消極的影響。

然而,國家在塑造國族認同方面的權力總是受到由企業、社會運動、大眾媒體和各種其他組織所構成的公民社會和公共領域所制約。在所有這些組織中,知識份子——有機的、專業的或批判的——總是在發揮著重要作用。因此,歸根結底,這些知識份子與國家之間的互動才是重要的。因此,就有了我們對知識份子所發揮的重要作用的討論。

二、有機知識份子的重要作用及其困境

正如我們在書中所討論的,有機知識份子的作用至關重要,因為他們總是和權力聯繫在一起,無論這個權力是社會運動還是政府機構。他們為權力者創造理論、充當權力者的代言人、傳播權力者的意識形態,並充當他們的領導骨幹。中國社會科學院台灣研究所的很多研究員就是這樣的知識份子;對岸台灣社的許多成員也是有機知識份子。他們是有黨派傾向的,所以他們的研究不應該被當作專業的研究來衡量審視。然而,正如我們前面所討論的,由於他們也是知識份子,他們也會受到批判性話語文化的審視,儘管其程度不及對專業和批判型知識份子那樣嚴格。但是,由於他們遵循責任倫理,他們可能會受到責任倫理的審視,但程度比批判性話語文化要輕。

這種【對知識和權力的】雙重效忠可能導致有機知識份子發展出一種雙重或分裂的人格。也就是說,我們可能會發現他們的著作中有相互矛盾的論點。他們既要堅持黨的路線,又要努力做到專業。如果他們在政府任職,他們可能會發現他們不能做所有他們認為正確的事情。曾任台灣大陸事務委員會主任、時任民進黨主席的蔡英文在接受採訪時談到她對大陸政

結論：台灣和大陸中國往哪裡去？——國家和知識份子在塑造兩岸的國族認同中能做什麼

策的看法。她說如果我是教授，我可能有自己的偏好。但是，如果我是一個需要制定政策的政府官員，我就不能【完全】按照自己的觀點來做事（陸鏗、馬西屏 2001：207）。她只是台灣和中國大陸的眾多例子之一。

他們想做什麼和他們能做什麼之間的衝突是他們不是總能成功解決的困境。他們可能不得不忍受這種困境，並在兩種可能性之間掙扎，除非他們再變成一個專業或批判的知識份子，比如教授。但是，在尋找處理這種衝突的方法時，有機知識份子找到了他們認為是改變社會並幫助管理國族認同衝突的最佳方式。也就是說，他們通過在政府任職或參與社會運動來影響政府決策。與專業和批判型知識份子相比，他們更有可能與國家或社會運動一起掌控歷史的車輪（見 Weber 1946：115）。他們傾向於堅持集體族群民族主義。

三、專業知識份子的重要作用

正如我們在前幾章討論台灣和中國大陸的知識份子時所提到過的，專業知識份子在他們的研究中有義務提供對自己個人的黨派觀點來說，是方便的和不方便的事實，並分析問題的各個方面，無論是歷史研究，還是對統一、獨立或邦聯的時事分析。道德倫理強調堅持某些價值觀，不使用在道德上可疑的手段來實現自己的目標，立場需要更加客觀，這就是專業人士所遵循的原則。例如，在研究中國大陸或台灣的歷史時，他或她不能忽視相關的歷史事實。他／她們在為台灣和中國大陸的未來提出論點時，需要提供和分析對立的觀點。最後是由選民和政治家來決定他們最終想做什麼。在國族認同問題上存在相當大的混亂時，專業知識份子有義務從專業的角度對這個問題進行一些澄清。

舉一個更具體的例子，研究民族主義的專業知識份子應該說明國族建設在多大程度上以及何時是集體族群民族主義的（民族和／或族群的集體

頁175 利益優先於個人利益）或者是個人族群民族主義的（強調個人和民族的權利和義務）。根據這些討論和澄清，政治家或選民將更有能力確定他們是否更喜歡中華人民共和國、「一國兩制」、中華民國、台灣共和國、聯邦、邦聯、還是後兩者的混合體。

正如我們在本書中所做的那樣，專業人士也有義務揭示這些解決方案所依據的價值觀和哲學基礎。他或她還可以指出價值觀的衝突及其後果。他／她也可能有自己的看法，但這種意見應該基於現有的個人喜歡或不喜歡的事實。這種意見始終是試探性的，因為隨著新證據的出現，專業人士必須不斷修改自己的判斷。誠然，一些知識份子如此專業，以至於失去了批判型知識份子的熱情，而批判型知識份子是社會的良心，要對自己的文化進行反思。但在台灣和中國大陸的案例中，問題在於知識份子往往過度參與黨派政治，以至於他們把自己的角色從專業轉變為有機，從而讓聽眾、觀眾感到困惑，使他們的判斷力受到損害。

這可能是腦力勞動的常態，即專業、有機和批判三個角色之間的可變性。但是，我們對這個複雜性了解得越多，智力工作的品質就越好。正如我們前面所討論的，只強調日本在台灣殖民時期當地人的抗日運動，同時忽視日本在台灣的現代化努力，對我們理解台灣海峽這段共同的歷史是沒有幫助的。同理，只讚美日本文明，而不承認日本帝國主義對亞洲的大規模侵略，造成那裡千百萬人的痛苦和死亡，這也是不客觀的。知識份子可能根據當時的需要，在專業角色和有機角色之間穿梭，但他們需要在自己的腦海中清楚每個場合都採用了哪個角色，這也需要讓他們的同行看清楚的。

四、批判型知識份子的重要作用

正如我們在整本書中對他們所分析的那樣，批判型知識份子具有專業

結論：台灣和大陸中國往哪裡去？──國家和知識份子在塑造兩岸的國族認同中能做什麼

的一面，但他們關注弱勢群體的命運，以至於他們對當權者變得非常具有批判性，無論後者是國家還是社會運動。他們是社會的良心。在國族認同問題上，他們傾向於堅持個人族群民族主義，因為這個民族主義為個人和族群權益提供了最大的保障。批判性知識份子沒有先入為主的統一、獨立或邦聯的立場，而是首先以專業人士的身份分析各種替代方案，然後確定哪種形式可能對大街上的普通人最有利。

批判性知識份子遵循道德倫理，堅持人權、自由和民主的普世價值，不會使用在道德上任何可疑的手段來實現他們的目標。然而，正如我們在書中所討論的，他們的困境在於，他們在影響歷史前進的方向上不如有機知識份子有效。正如專業知識份子的情況一樣，他們的工作對於平衡有機知識份子的工作來說至關重要，但他們有遠見卓識的意見很難讓有權力者聽到。像專業人士一樣，他們不認為組織社會運動、將他們的想法傳達給普通大眾【並把他們組織起來進行集體行動】是他們的工作。否則，他們就會成為有機知識份子。但是要讓有權者聽從他們的批評就很難了。

頁176

儘管如此，由於中國和台灣都有尊重知識份子觀點的傳統，他們的寫作也將進入一個有機知識份子也會進入的領域【比如大眾傳媒】。[2] 正如我們在第五章中所討論的，這三種知識份子都是認識論共同體的一部分。作為知識份子，他們將共同影響歷史的走向，無論用哪種方式。

五、知識份子作用的比較總結分析

讓我引用戴國煇、葉芸芸（2002：65-66，333-334，362-364，381-384）的話來結束關於知識份子作用的討論。他們擔心政治會妨礙對

---

[2] 譯註：批判型知識份子影響公眾輿論、影響主政者決策的一個更直接的途徑是像公共知識份子那樣在大眾傳媒上發聲。需要注意的是他們的發言應該建立在事實的基礎上，並盡量避免自己的黨派觀念對事實的判斷。他們在做公共知識份子時所扮演的是一個社會良心的角色。

事件各方面問題的研究。他們說，在對 228 的研究中，人們經常受到自己政治的影響，以至於他們會挑選自己所需要的東西，而忽視了全域的情況。更糟糕的是，他們會把這個當作「學術判斷」。但是，他們的判斷與其說是學術性的，不如說是政治性的，因為這不是在研究了所有材料，包括那些對他們的觀點來說不方便的事實之後得出的結論。

在研究兩岸關係時，如果對事實進行更充分的考量，就會得出這樣的結論：正如日本帝國主義不代表所有日本人一樣，中國共產黨也不代表所有中國人。不是所有國民黨黨員都來自中國大陸。像現在的台灣獨立運動那樣，讓河洛語【閩南話】成為國語（儘管官方立場是幾乎每一種民族語言都被視為官方語言）不會得到客家人、原住民和大陸籍人的積極支持。同樣，228 事件中的暴徒確實唱著日本歌曲，詛咒中國人，就像日本人詛咒他們一樣，稱他們為「支那人」或「清國奴」，他們還揮舞著日本刀。但是，在日本統治了五十年，被剝奪了自己的語言和表達方式之後，他們還能用什麼來發洩憤怒呢？

因此，雖然政治光譜兩端的有機知識份子在調查 228 事件的相關問題時都可能會表現出自己的個人偏見，但專業知識份子【或者說知識份子的專業角色】必須尋找所有能夠找到的事實，包括和自己觀點相左的事實，然後對所有能找到的數據進行研究後做出自己的學術判斷。另一方面，批判型知識份子在研究這些問題時將關注社會中最弱勢群體的命運，並表明他們對正義和公平的關注。以對 228 事件紀念碑的研究為例（見戴國煇、葉芸芸 2002：372），有機知識份子，或者說知識份子的有機方面，會根據他們的黨派政治，關注紀念碑的政治意義。專業知識份子會側重於紀念碑作為學術研究的意義；例如，它們對來自不同背景的人的意義是什麼？它們可能對子孫後代產生什麼影響？批判型知識份子會問，這些紀念碑是只紀念台灣精英，還是也包括在動亂中喪生的普通人，無論這些人是台灣人還是大陸人。畢竟，他們也是有血有肉的人。這樣的分析也適用於知識份子的其他工作與他們在其中扮演的角色。對中國 1989 年民主運動的研

第八章 233
結論：台灣和大陸中國往哪裡去？——國家和知識份子在塑造兩岸的國族認同中能做什麼

究也是如此。

其中一位作者葉芸芸討論了她在採訪台灣共產黨老黨員蘇新時了解到的情況。蘇新參加了此次事件，後來逃到了中國大陸（見戴國煇、葉芸芸 2002：382）。她說，當她要求他確認一些事件時，他的回答往往涉及一個完整的「血和淚」的故事。她意識到，這只是一個像你我這樣的普通人，與傳說中的不同，尤其是那些超人或非人的共產主義者的傳奇故事。她發現，他關於日本殖民台灣和日本投降後不久的故事與她自己父親的敘述不謀而合，儘管她曾預計他們的故事會大不相同，因為這兩個人來自對立的政治立場。她意識到跨越自己的情感和主觀界限的重要性。這是一個批判型知識份子在她或他的工作中會做的事情，當然專業人士也應該這樣做。

總之，這裡有必要全文引用 Smith（1998：57）的話來重申知識份子角色的重要性：

> 即使東歐模式沒有普遍意義，即使文化民族主義有時僅處於次要地位，至少在最初是這樣，那麼我們仍然可以令人信服地認為，對於一個新國族來說，要想在民眾中取得持久且有眾多人支持的成功，並在一個由競爭性國家組成的世界中保持自己的地位，知識份子和專業人士可以發揮重要的——也許是至關重要的作用。除了宣傳、倡導、和傳播的迫切需求之外，知識份子和專業人士是唯一對國族這一理念有著恆久興趣的階層，並且只有他們才有能力在自治事業中將其他階級帶到社區團結的平台上。只有他們才知道如何用公民身份來呈現民族主義的自我解放理想，以便使所有階級在原則上都會理解團結和參與的好處。只有他們才能提供與其他階層的社會和文化聯繫，而這種聯繫對於將民族理想轉化為大家都追隨的實際綱領是必要的。這並不是要否認其他精英或階層（如官僚、神職人員和軍官）的重要性，這些人也可以對特定民族主義的文化視野和政

頁 178

治方向產生強大的影響。但是，儘管這些「領導階級」可能在不同時期的運動之間甚至在運動內部發生變化，而不會危及運動的成功，但專業人士和知識份子的關鍵作用必須保持不變，否則運動將面臨瓦解的風險。

我們或許可以說，Smith 的知識份子就是我們的批判型知識份子和有機知識份子，他的專業人士和神職人員是我們的專業知識份子，他的官僚和軍官也可以是我們的有機知識份子。[3] 這些有機知識份子是政治家的候選人，他們一直是國家的重要組成部分。很多時候，尤其是當他們成為政治家時，他們就代表了國家。他們與國家一起通過發明新傳統來進行國族主義的社會工程，例如為民族主義的目的而發展中小學教育，發明公共儀式以及大規模生產公共紀念碑（Hobsbawm 1984：13-14，271）。專業知識份子和批判型知識份子起著平衡力量的作用，從這個意義上說，他們與有機知識份子和國家一起，也掌控著國族主義乃至民族和國家發展的歷史車輪。知識份子和國家在人們的國族認同形成方面發揮著至關重要的作用。他們有能力防止或促進台灣和中國之間可能發生的災難。

六、結論

正如 Stanley Henig（2002）在對歐洲一體化的分析中指出的那樣，歸根結底，內部問題和外部事件，或者他所謂的歷史的「決定性時刻」，才可能是決定邦聯式聯邦成敗的關鍵因素。然而，話雖如此，我們仍然必須指出，協調個體與人性、現實主義與理想主義的努力對於在台海兩岸促成

---

[3] 譯註：關於 Smith 所說的知識份子和我們書裡所講的知識份子的對應，原文有些模糊，譯文做了一點澄清。

結論：台灣和大陸中國往哪裡去？——國家和知識份子在塑造兩岸的國族認同中能做什麼

一個邦聯式的聯邦而不是戰爭來說至關重要。這種和解可以定義那個決定歷史的「時刻」。國家和知識份子正是定義和解、從而定義歷史時刻、從而定義歷史的行為者。

兩岸關係確實正處在十字路口上。雙方能否協調在文化和政治上的分歧？作為這種和解的一個例子，邦聯式的聯邦是否有可能？如果對個人和國族利益的追求不能被對自由主義／世界主義利益的追求所平衡，那麼正如政治現實主義所預測的那樣，該地區可能不得不看到更多的暴力和破壞。挑戰在於如何跨越文化、亞文化和政治的界限，調解自由主義／世界主義和國族利益之間的力量，從而實現像邦聯式的聯邦這樣的和解，並最大限度地實現人類和個體的利益。這並不容易，但並非不可能。雙方都需要做出比現在更大的努力。一個好的開端是除了經濟交流之外，擴大兩岸文化、社會、政治交流，鼓勵兩岸不同知識份子之間的對話，以促進對彼此差異的理解和體諒。國家和知識份子是變革的推動者，他們會對這樣的發展起到幫助或阻礙的作用。只有這些交流與對話得到加強，我們才能看到【現在仍然應該是】備受關注的台海和平條約簽訂的可能性。

頁179

在討論中美關係時，李侃如（Kenneth Lieberthal）觀察到，「如果你讓悲觀主義者——那些認為美國和中國將不可避免地成為敵人的人——來推動政策，那麼結果將是他們預測到的結果」（見 Lohr 2005）。同樣的道理，如果你讓現實主義者在台灣海峽兩岸推動政策，結果也將是他們所期望的。誰來定義那個歷史性的決定時刻，他們如何定義這個時刻，是一個至關重要的問題。因此，國家和知識份子的作用是非常重要的，他們在台海兩岸的國族認同衝突和形成中的互動是非常重要的，所以他們在台灣和大陸往哪裡去的問題上所發揮的作用也是非常重要的。

參考文獻

中文參考文獻（以姓氏筆劃多少為序）

小林善紀（Kobayashi Yoshinori）（2001）《台灣論：新傲骨精神》。台北：前衛出版社。

大前研一（Ohmae Kenichi）（2003）（著），趙佳誼、劉錦繡、黃碧君（譯）《中華聯邦》，台北：商周出版。

王飛凌（2001）〈中華悲劇：海峽兩岸即將來臨的民族主義大衝突〉。載於林佳龍、鄭永年（編）《民族主義與兩岸關係》，第 409-431 頁。台北：新自然主義股份有限公司。

王甫昌（1996）〈台灣反對運動的共識動員：一九七九至一九八九兩次挑戰高峰的比較〉。《台灣政治學刊》(1)129-210。

王甫昌（2001）〈民族想像，族群意識與歷史：《認識台灣》教科書爭議風波的內容與脈絡分析〉。《台灣史研究》8(2)145-208。

王甫昌（2002）《當代台灣社會的族群想像》。台北：國立台灣大學。

王國琛（1995）《一個中國與兩岸統一》。台北：環宇出版社。

王輯思（2004）〈美國全球戰略的調整及其對中美關係的影響〉。2004年 6 月 13 日在北京中國國際關係工作坊上發表的文章。

王力雄（1998）《天葬：西藏的命運》。紐約：明鏡出版社。

王力雄（1999）〈西藏：二十一世紀中國的軟肋〉。《大公報》3 月 31 日。

王力雄（2000）〈達賴喇嘛是西藏問題的鑰匙〉。《中國之春》，10 月、11 月號。

王平（1999）〈無規矩不成方圓：有中國特色的民族政策和法規體系〉。

載於吳仕民、王平（編）《民族問題概論》，第 226-253 頁。成都：四川人民出版社。

王晴佳（2002）《台灣史學五十年（1950-2000）：傳承，方法，趨向》。台北：麥田出版社。

王曉波（2001）《台灣意識的歷史考察》。台北：海峽學術出版社。

王曉波（2002）《交鋒：統獨論戰三十年》。台北：海峽學術出版社。

王逸舟（2004）〈全球化與當今世界：對全球政治及中國外交的幾點思考〉。2004 年 6 月 13 日在北京中國國際關係工作坊上發表的文章。

王元化（1999）〈對於五四的再認識答客問〉。載於余英時等著《五四新論》，第 67-86 頁。台北：聯經出版公司。

毛澤東（1940）《新民主主義論》，中文馬克思主義文庫 https://www.marxists.org/chinese/maozedong/marxist.org-chinese-mao-194001.htm，上網日期 2024 年 9 月 7 日。

毛澤東（1945）《論聯合政府》，中文馬克思主義文庫 https://www.marxists.org/chinese/maozedong/marxist.org-chinese-mao-19450424.htm 上網日期 2024 年 9 月 7 日。

中央社（2007）〈游批憲法一中 謝系立委：黨主席率先開打 2008〉。中央社 2007 年 2 月 5 日。

包瑞嘉（Richard Baum）（2008）〈全球化、經濟相互依賴和政治自主：以臺灣為例〉，載於郝志東（編）《國家認同與兩岸未來》，第 323-350 頁。澳門：澳門大學出版中心。

石茂明（1999）〈民族問題與公民：日常生活中的民族關係問題〉。載於吳仕民、王平（編）《民族問題概論》，第 342-360 頁。成都：四川人民出版社。

史明（1980）《台灣人四百年史》第三卷。加州聖何塞：蓬島文化公司。

史明（1998）《台灣人四百年史》第一卷。台北：草根文化出版社。

石齊平（2003）〈中華邦聯：台灣的出路？〉。載於大前研一（著）、趙

佳誼、劉錦繡、黃碧君（譯）《中華聯邦》，第 238-245 頁。台北：商周出版。

史文（Swaine, Michael）（2003）〈美中關係好轉與臺灣問題〉。《戰略與管理》，第三期，第 46-50 頁。

江宜樺（1998）《自由主義，民族主義與國家認同》。台北：揚智文化。

江宜樺（2001）新國家運動下的台灣認同〉。載於林佳龍、鄭永年（編）《民族主義與兩岸關係》，第 181-215 頁。台北：新自然主義股份有限公司。

江宜樺（2004）〈圓桌論壇發言〉。載於廖炳惠、黃英哲、吳介民、吳睿人（編）《重建想像共同體——國家、族群、敘述：國際學術研討會論文集》，第 301-307 頁。台北：行政院文化建設委員會出版。

何飛鵬（2003）〈從閏八月到中華聯邦〉。載於大前研一（著）、趙佳誼、劉錦繡、黃碧君（譯）《中華聯邦》，第 10-23 頁。台北：商周出版。

何家棟（2000）〈中國問題語境下的主義之爭〉，《戰略與管理》6：101-111。

亨廷頓（2002）《文明的衝突與世界秩序的重建》，周琪、劉緋、張立平、王圓（譯）。北京：新華出版社。

李丁讚（2004）〈市民社會與公共領域在臺灣的發展〉。載於李丁讚、吳乃德（編）《公共領域在臺灣：困境與契機》，第 1-59 頁。台北：桂冠圖書有限公司。

李敖（1997）〈序〉。載於李敖、陳境圳（著）《你不知道的二二八》，第 1-10 頁。台北：新新聞文化實業股份有限公司。

李華新（1999）〈歷史的期待：民族地區經濟和社會發展問題〉。載於吳仕民、王平（編）《民族問題概論》，第 254-279 頁。成都：四川人民出版社。

李廣均（2001）〈有關戰後台灣民族主義社會性格的幾點思考〉。載於林

佳龍、鄭永年（編）《民族主義與兩岸關係》，第 111-146 頁。台北：新自然主義股份有限公司。

李明賢（2007）〈馬：執政後將與北京簽和平協議〉。《自由時報電子版》，2007 年 2 月 4 日。

李書璇（2004）〈台聯推動脫掉 ROC 台灣正名走出去，立委們不只撕下身上國旗還把台灣地圖道具上的「中華民國」字眼拔除象徵「台灣」出頭天〉。《台灣日報》，2004 年 10 月 2 日。

李順德（2005）〈中國熱壞選情？謝揆指示近期重啟正名計畫〉。《聯合報》，2005 年 5 月 9 日。

李順德（2005）〈謝長廷：推動引進大陸高科技人才〉。《聯合報》，2005 年 2 月 17 日。

李順德（2006）〈法律去中國化 政院通過首例〉。《聯合報》2006 年 10 月 26 日。

李筱峰（1994）《吾輩是狗》。台北：前衛出版社。

李筱峰（1995）《統獨 14 辯：如何與人辯論台獨問題》。台北：玉山社出版實業股份有限公司。

李澤厚、劉再復（1999）。《告別革命：二十世紀中國對談錄》。台北：麥田出版股份有限公司。

李祖舜（2004）〈軍購撂狠話 游揆：你打臺北我打上海〉。《中時晚報》，2004 年 9 月 25 日。

沈丁立（2003）〈評「新帝國論」及其缺失〉。載於任曉、沈丁立（編）《保守主義理念與美國的外交政策》，第 159-173 頁。上海：三聯書局。

沈松僑（1997）〈我以我血薦軒轅──黃帝神話與晚清的國族建構〉。《臺灣社會研究季刊》，第 28 期。

沈松僑（2002）〈近代中國民族主義的發展：兼論民族主義的兩個問題〉。《政治與社會哲學評論》，第 3 期，第 49-119 頁。

宋強、張藏藏、喬邊（等）（1996）《中國可以說不》。香港：明報出版社。

宋強、張藏藏、喬邊（等）（1996）《中國還是能說不》。北京：中國文聯出版社。

汪宏倫（2001）〈台灣為何要「自找麻煩」〉。載於林佳龍、鄭永年（編）《民族主義與兩岸關係》，第267-301頁。台北：新自然主義股份有限公司。

辛本健（2004）〈美國新保守派與布什政府的「新帝國大戰略」〉。《二十一世紀雙月刊》4：4-15。

余英時（1988）《文化評論與中國情懷》。臺北：允晨文化實業股份有限公司。

范淩嘉（2006）〈馬：兩岸終極統一須人民同意〉。《聯合報》2006年2月14日。

金鐘（2003）〈當代中國知識份子的論政傳統〉，www.alliance.org.hk/June4/Intmeeting/kl.html。

林佳龍（2001）〈台灣民主化與國族形成〉。載於林佳龍、鄭永年（編）《民族主義與兩岸關係》，第217-266頁。台北：新自然主義股份有限公司。

林勁（1993）《台獨研究論集》。台北：海峽學術出版社。

林滿紅（2001）〈日本殖民時期臺灣與香港經濟關係的變化——亞洲與世界關係調動中之一發展〉。《中央研究院近代史研究所集刊》，第36期。

林滿紅（2002）《晚近史學與兩岸思維》。台北：麥田出版社。

林美容（1996）《台灣文化與歷史的重構》。台北：前衛出版社。

林同濟（1980）〈士的蛻變〉。載於周陽山（編）《知識份子與中國》，第45-52頁。台北：台北時代出版公司。

奇培東（2005）〈反分裂法標誌兩岸關繫晉新時期〉。《澳門日報》2005

年3月31日，A7。

邵宗海（2006）《兩岸關係》。台北：五南圖書出版股份有限公司。

邵宗海（2008）〈「臺灣本土意識」與兩岸談判之探討〉。載於郝志東（編）《國家認同與兩岸未來》，第351-368頁。澳門：澳門大學出版中心。

吳國光（2001）〈中國民族主義的歷史變遷〉。載於林佳龍、鄭永年（編）《民族主義與兩岸關係》，第317-334頁。台北：新自然主義股份有限公司。

吳介民（2019）《尋租中國：台商、廣東模式與全球資本主義》。台北：台大出版社。

吳乃德（1999）〈家庭社會化和意識型態：台灣選民政黨認同的世代差異〉。《台灣社會學研究》，No. 3。

吳乃德（2003）〈台灣終極價值的追尋與建立〉。在凱達格蘭學院4月12日會議發表的文章。

吳叡人（2001）〈台灣非是台灣人的台灣不可〉。載於林佳龍、鄭永年（編）《民族主義與兩岸關係》，第43-109頁。台北：新自然股份有限公司。

吳儀（2003）〈吳儀在第56屆世界衛生大會總務委員會審議涉台提案時的發言〉。見 https：//www.chinanews.com.cn/n/2003-05-20/26/305025.html，上網日期2024年9月8日。

周婉窈（1997）〈美與死——日本領台末期的戰爭語言〉。載於黃富三、古偉瀛、蔡采秀（主編）《台灣史研究一百年：回顧與研究》，第85-99頁。台北：中央研究院台灣史研究所籌備處出版。

後藤乾一（1997）〈台灣與東南亞（1930-1945）〉。載於黃富三、古偉瀛、蔡采秀（主編）《台灣史研究一百年：回顧與研究》，第69-83頁。台北：中央研究院台灣史研究所籌備處出版。

胡鞍鋼（1999）《中國發展前景》。杭州：浙江人民出版社。

胡適（1948）〈自由主義〉。中學語文教學資源網 http：//www.ruiwen.com/news/20510.htm, 上網日期：2009 年 5 月 22 日。

柯志明（2001）《番頭家：清代台灣族群政治與熟番地權》。台北：中央研究院社會學所。

南方朔（2003）〈一種積極的新態度〉。載於大前研一（著）、趙佳誼、劉錦繡、黃碧君（譯）《中華聯邦》，第 246-260 頁。台北：商周出版。

施添福（1990）〈清代台灣「番梨不諳耕作」的緣由：以竹塹地區為例〉。《中央研究院民族學研究所集刊》，第 69 期，第 67-91 頁。

施正鋒（2003）《台灣民族主義》。台北：前衛出版社。

施正鋒（2000）〈吳濁流的民族認同──以「亞細亞的孤兒」作初探〉，載於《竹塹文獻雜誌》2000/01，總第 14 期。

施正鋒（2014）〈楊基銓的認同觀〉，發表於台灣教授協會主辦「台灣政治主體性與認同的建立──楊基銓先生逝世十週年紀念研討會」，台北：台大醫院國際會議中心 401 室，2014/10/4。

施正鋒（2016）〈陳逸松的民族認同觀〉，發表於「陳逸松及其時代座談會」，台南：台灣文學館國際會議廳，2016/5/27.

施明德（1990）《囚室之春》。台北：敦理出版社。

修淑芬（2004）〈大陸新娘投書 取得身份證 仍被跟監〉。《中時晚報》2004 年 6 月 1 日。

高凌雲（2006）〈去中國化華僑變成海外人民〉。《聯合晚報》，2006 年 10 月 8 日。

高文謙（2003）《晚年周恩來》。香港：明鏡出版社。

郝志東（2000）〈九十年代的民族主義和中國的知識份子〉。載於林崗、陳衛星（編）《台海兩岸的發展前景》，第 148-162 頁。香港：亞洲科學出版社。

郝志東（2008a）〈也談西藏問題的實質：在感性和理性之間掙扎〉。載

於郝志東（著）《走向民主與和諧：澳門、台灣與大陸社會進步的艱難歷程》，第 255-282 頁。澳門：九鼎文化傳媒公司。

郝志東（2008b）《走向民主與和諧：澳門、台灣與大陸社會進步的艱難歷程》。澳門：九鼎文化傳媒公司。

郝志東（2023）〈1949 年以來中小學教科書洗腦內容、方式與功能簡析〉。載於宋永毅、夏明（編）《洗腦：毛澤東和後毛時代的中國與世界》，第 254-289 頁。美國華憶出版社。

徐永明、范雲（2001）〈「學作」台灣人：政治學習與台灣認同的變遷軌迹，1986-1996〉。《台灣政治學刊》5：3-63。

馬英九（2005）〈這是中華民國的關鍵年代──參選國民黨黨主席聲明〉。《中國時報》，2005 年 4 月 3 日。

時殷弘（2003）〈中國的外部困難和新領導集體面對的挑戰〉。《戰略與管理》，第三期，第 34-39 頁。

孫中山（1967）《國父全集》。台北：中華民國各界紀念國父百年誕辰籌備委員會。

唐樹備（2002）〈台灣參加聯合國都可以談〉。《海峽評論》144：41-44。

笑蜀（編）（1999）《歷史的先聲：半個世紀前的莊嚴承諾》。汕頭：廣東汕頭大學出版社。

徐迅（1998）《民族主義》。北京：中國社會科學出版社。

陳春生（2000）《台灣主權與兩岸關係》。台北：翰蘆圖書出版有限公司。

陳重生（2005）〈台聯靜坐落幕 斬胡溫「頭」嗆聲〉。《中國時報》，2005 年 3 月 16 日。

陳獨秀（1919）〈《新青年》罪案之答辯書〉。鳳凰網站 http://book.ifeng.com/special/wusiwenrenpu/list/200905/0501_6351_1135146.shtml，上網日期 2009 年 5 月 22 日。

陳銘城、施正鋒（等）（2000）《台灣獨立建國聯盟的故事》。台北：前衛出版社。

陳其（2001）〈中國中學歷史教學中的愛國主義教育和國際主義教育：1949-1999〉。載於林佳龍、鄭永年（編）《民族主義與兩岸關係》，第335-364頁。台北：新自然主義股份有限公司。

陳小沖（1991）〈一九三七──一九四五年台灣皇民化運動述論〉。載於廈門大學台灣研究所（編）《台灣研究十年》，第493-516頁。台北：博遠出版有限公司。

陳儀深（1999）〈從兩國論風波看臺灣建立新國的處境〉http://yam.org.tw.announce/9911/docs/03.html，上網日期2003年4月13日。

陳毓鈞（2001）《中美台風雲錄：從兩岸糾葛到中美較量》。香港：海峽學術出版社。

陳志勇（2001）《一個台灣人的詩篇》。台北：新台灣研究文教基金會。

張茂桂（2001）〈民族與國家，文化與政治〉，載於《台大社會學刊》(29)293-9。

張茂桂（2002）〈台灣是多元文化國家?!〉，載於《文化月報，三角公園》，3月15日，第13期。

張茂桂、吳忻怡（2000）〈關於民族主義論述中的認同與情緒〉。載於林佳龍、鄭永年（編）《民族主義與兩岸關係》，第147-180頁。台北：新自然主義股份有限公司出版。

張亞中（2000）《兩岸統合論》。台北：生智文化實業有限公司。

張亞中、李英明（2000）《中國大陸與兩岸關係概論》。台北：生智文化實業有限公司。

張毓芬、張茂桂（2003）〈從公娼事件看臺灣反對運動與國族問題〉。載於張茂桂、鄭永年（編）《兩岸社會運動分析》。台北：新自然主義股份有限公司出版，第175-234頁。

張家棟（2003）〈淺論新保守主義及對美國對華政策的影響〉。載於任

曉、沈丁立（編）《保守主義理念與美國的外交政策》，第 345-364 頁。上海：三聯書店。

張銘（2003）〈宗教文化與美國外交中的道德理想主義〉。載於任曉、沈丁立（編）《保守主義理念與美國的外交政策》，第 253-270 頁。上海：三聯書店。

張明雄（2000）《台灣現代小說的誕生》。台北：前衛出版社。

張旭東（2003）〈民族國家理論與當代中國〉。免費論文網 http://www.100paper.com/100paper/wenhua/dangdaizhongguo/20070622/23181.html，上網日期 2009 年 5 月 23 日。

張雪忠（2004）〈防止臺灣問題出現最壞局面的對策思考〉。《戰略與管理》3：7。

張振峰（2005）〈908 台灣國運動正式成立，史明疾呼建立台灣民族主義對抗「中華民族主義」併吞台灣的野心〉。《台灣日報》2005 年 5 月 30 日。

張政哲（2000）《邁向台灣國》。台南：人光出版社。

郭紀舟（1995）《一九七〇年代台灣左翼啟蒙運動：〈夏潮〉雜誌研究》。東海大學歷史研究所碩士論文。

郭紀舟（1999）《70 年代台灣左翼運動》。台北：海峽學術出版社。

許世楷、施正鋒（編）（2001）《台灣前途危機管理》。台北：前衛出版社。

凌志軍、馬立誠（1999）《呼喊：當今中國的五種聲音》。廣州：廣州出版社。

陸鏗、馬西屏（2001）《別鬧了，登輝先生：專訪相關人物談李登輝》。台北：天下遠見出版股份有限公司。

唯色（2007）〈坐火車回拉薩的流水帳〉。博訊 at www.boxun.com，上網日期 2007 年 2 月 21 日。

許紀霖（1997）《尋求意義》。上海：上海三聯書店。

許覺民（2000）《追尋林昭》。武漢：長江文藝出版社。

葛永光（1991）《文化多元主義與國家整合：兼論中國認同的形成與挑戰》。台北：正中書局。

葛永光（2008）〈新臺灣人的理念及其對兩岸關係的啟發〉。載於郝志東（編）《國家認同與兩岸未來》，第 1-19 頁。澳門：澳門大學出版中心。

黃國樑（2005）〈邱太三告別秀 女記者：想念你的小酒窩！〉。《聯合晚報》，2005 年 4 月 1 日。

黃嘉樹（2004）〈臺灣問題走向〉。北京中國國際問題研究工作坊發言，2004 年 6 月 13 日。

黃明堂（2005）〈中國化街名 台東市說不〉。《自由時報》電子版 2005 年 9 月 15 日。

黃偉力（2005）〈臺灣人不是中國人〉。《台灣日報》2005 年 7 月 30 日。

黃宣範（1993）《語言，社會與族群意識——台灣語言社會學的研究》。台北：文鶴出版有限公司。

黃耀萍（1999）〈徹底解決民族問題的必備條件：少數民族幹部的培養和使用〉。載於吳仕民、王平（編）《民族問題概論》，第 280-299 頁。成都：四川人民出版社。

黃以敬（2007）〈官員看法——國教司：本土師資有待提升〉。《自由時報》電子版，2006 年 2 月 7 日。

黃昭堂（又稱黃有仁，English name：Ng Yuzin Chiautong）（1993）《台灣民主國之研究》。台北：福爾摩斯研究會。

黃忠榮（2002）〈有人策動大陸新娘 圖影響總統大選〉。《自由時報》2002 年 12 月 2 日。

彭明敏文教基金會（編）（1994）《彭明敏看臺灣》。台北：遠流出版實業股份有限公司。

湯熙勇（1997）〈戰後初期台灣省政府的成立及人事布局〉。載於黃富三、古偉瀛、蔡采秀（主編）《台灣史研究一百年：回顧與研究》，第125-149頁。台北：中央研究院台灣史研究所籌備處出版。

喜安幸夫（1989）《台灣抗日秘史》。台北：武陵出版社。

葉啟政（2004）〈一塊被撕裂的土地：臺灣人失落的國族認同迷思〉。載於廖炳惠、黃英哲、吳介民、吳睿人（編）《重建想像共同體——國家、族群、叙述：國際學術研討會論文集》，第315-343頁。台北：行政院文化建設委員會出版。

溫貴香（2005）〈謝揆上街政院提兩階段條件說，第一階段採柔性勸說第二階段則視情勢演變決定〉。《台灣日報》2005年3月11日。

楊國樞（1989）〈我們為什麼要組織澄社?〉。《中國時報》6月22日。

楊盛龍（1999）〈歷史留下的印記：中國民族問題的特點〉。載於吳仕民、王平（編）《民族問題概論》，第182-204頁。成都：四川人民出版社。

蔡佳禾（2003）〈擺動中的回歸：保守主義思潮對G.W.布什政府的對外政策的影響〉，載於任曉、沈丁立（編）《保守主義理念與美國的外交政策》，第177-198頁。上海：上海三聯書店。

蔡玲、馬若孟（Ramon H. Myers）（1998）《中國第一個民主體系》，羅珞珈（譯）。台北：三民書局出版。

廖承志（1982）〈廖承志致蔣經國先生信〉。中華人民共和國政府網 https：//www.gov.cn/test/2006-02/28/content_213310.htm，上網日期2024年9月7日。

廖家生（1999）〈公開而鮮明的旗幟：中國處理民族問題的基本原則〉。載於吳仕民、王平（編）《民族問題概論》，第205-225頁。成都：四川人民出版社。

趙彥寧（2003）〈移民、國家與社會科學研究——以「大陸新娘」的研究為例〉。《台灣社會學會通訊》。200301（48期）。

劉義周、田芳華（2003）〈台灣民眾國家認同的類型〉。中央研究院中山人文社會科學研究所會議論文，6月3日。

劉夢溪（1996）〈總序〉。載於劉夢溪（編）《錢基博卷》，第1-76頁。石家莊：河北教育出版社。

劉榮、李欣芳、王平宇、詹士弘（2006）〈游錫堃：我是華裔台灣人〉。《自由時報》2006年9月30日。

劉曉波（1997）〈九十年代中國的極端民族主義〉。《北京之春》，第一期。

潘一寧（2003）〈試析美國極端保守思想對中美關係的影響〉。載於任曉、沈丁立（編）《保守主義理念與美國的外交政策》，第325-344頁。上海：三聯書店。

潘忠歧（2003）〈略論美國保守勢力在美國對台政策中的作用〉。載於任曉、沈丁立（編）《保守主義理念與美國的外交政策》，第387-405頁。上海：三聯書店。

閻學通（2004）〈武力遏制台獨法理獨立的利弊分析〉。《戰略與管理》3：1-5。

鄭浪平（1995）《強權大陰謀》。台北：商周文化實業股份有限公司。

鄭永年（2001a）〈中國新一波民族主義〉。載於林佳龍、鄭永年（編）《民族主義與兩岸關係》，第21-40頁。台北：新自然主義股份有限公司。

鄭永年（2001b）〈中國的民族主義和民主政治〉。載於林佳龍、鄭永年（編）《民族主義與兩岸關係》，第365-387頁。台北：新自然主義股份有限公司。

鄭永年（2003）〈政治改革與中國國家建設〉。原載於《戰略與管理》2001年第2期，後載於論文天下網，該網現在已不可見。

錢永祥（2004）〈【圓桌論壇】發言〉。載於廖炳惠、黃英哲、吳介民、吳睿人（編）《重建想像共同體——國家、族群、敘述：國際學術研

討會論文集》，第 298-300 頁。台北：行政院文化建設委員會出版

瞿海源（1999）〈澄社十年〉，《當代》，5月1日。

瞿海源（2002）《針砭：瞿海源評論集》。台北：圓神出版有限公司。

戴國煇、葉芸芸（2002）《愛憎二二八：神化與史實——解開歷史之謎》。台北：遠流出版事業股份有限公司。

盧建榮（1999）《分裂的國家認同：1975-1997》。台北：麥田出版社。

盧義輝（2001）《台灣意識的多面向：百年兩岸的民族主義》。台北：黎明文化實業股份有限公司。

蕭新煌（1989）《社會力：臺灣向前看》。台北：自立晚報文化出版部。

蕭新煌（1999）《新臺灣人的心》。台北：月旦出版社股份有限公司。

蕭阿勤（1999）〈1980 年代以來台灣文化民族主義的發展：以「台灣（民族）文學」為主的分析〉。《台灣社會學研究》(3)1-51。

蕭功秦（1999）〈為什麼我反對激進民族主義〉。《二十一世紀》8 月號，54：134–137。

簡後聰（2002）《台灣史》。台北：五南出版股份有限公司。

謝泳（2003）〈我們有沒有自由主義傳統？〉。《中國報導周刊》https://www.china-week.com/html/2425.htm，上網日期：2024 年 9 月 8 日。

謝正一（1995）《一個中國與統獨大戰》。台北：環宇出版社。

龍應台（2004）〈向核心價值邁進——超越台灣主義〉。世紀沙龍 www.ccforum.org.cn，上網日期 2004 年 5 月 7 日。

魏鏞（2002）〈邁向民族內共同體：台海兩岸互動模式之建構，發展與檢驗〉。《中國大陸研究》45(5)1-55。

羅志田（1998）《民族主義與近代中國思想》。台北：東大圖書股份有限公司。

羅志田（2003）〈中國現代史上的自由主義〉，《二十一世紀》網路版 https://www.cuhk.edu.hk/ics/21c/media/articles/c074-200209121.pdf，上網日期 2024 年 9 月 7 日。

羅伊，丹尼（Denny Roy）（著），何振盛、杜嘉芬（譯）（2004）《台灣政治史》。台北：台灣商務印書館。

嚴家其（1992）《第三共和：未來中國的選擇》。台北：時報文化出版企業有限公司。

英文參考文獻

Adams, Jonathan. 2009. "Exuberance in Taiwan as Ties with China Warm." *The New York Times*, at http://www.nytimes.com/2009/05/14/business/global/14bulls.html?ref=world, last accessed on May 14, 2009.

Anderson, Benedict. 1991. *Imagined Communities: Reflections on the Origin and Spread of Nationalism*. Revised edition. London and New York: Verso.

Arrigo, Linda Gail. 2002. Personal conversations and email exchanges in October 2002.

Bacher, John. 1998. "The Collapse of the Austro-Hungarian Empire." Pp. 98-119 in *Separatism: Democracy and Disintegration*, edited by Metta Spencer. New York: Rowan & Littlefield Publishers, Inc.

Badie, Bertrand. 2002. "A World without Sovereignty: The End of the Nation-State?" A talk given at Academia Sinica, sponsored by the Taipei Branch of the French Center for the Study of Modern China. September 30.

Bauböck, Rainer. 2000. "Why Secession Is Not Like Divorce." Pp. 216-244 in *Nationalism and Internationalism in the Post-Cold War Era*, edited by Kjell Goldmann, Ulf Hannerz and Charles Westin. London and New York: Routledge.

Bernstein, Richard and Ross H. Munro. 1997. *The Coming Conflict with China*. New York: Knopf.

Blumer, Herbert. 1969. *Symbolic Interactionism: Perspective and Method*.

Berkeley: University of California Press.

Bol, Peter. 1995. "Chao Ping-wen (1159-1232): Foundations for Literati Learning." Pp.115-144 in *China under Jurchen Rule: Essays on Chin Intellectual and Cultural History*, edited by Hoyt Cleveland Tillman and Stephen H. West. Albany: State University of New York Press.

Bologh, Roslyn Wallach. 1990. *Love or Greatness: Max Weber and Masculine Thinking — A Feminist Inquiry*. London: Unwin Hyman.

Breuilly, John. 1993. *Nationalism and the State*, 2nd edition. Chicago: The University of Chicago Press.

Brown, Melissa J. 2004. *Is Taiwan Chinese? The Impact of Culture, Power, and Migration on Changing Identities*. Berkeley: University of California Press.

Cabestan, Jean-Pierre. 2003. "Cross-Strait Tensions and Their Impact on Taiwan's Domestic Politics and Security Policy." A paper presented at the conference on Perspectives on Cross-Strait Relations: Views from Europe, Taipei, Taiwan, December 8-9, 2003.

Calhoun, Craig. 1997. *Nationalism*. Buckingham: Open University Press.

Carter, Ralph G.. 1998. "Congress and Post-Cold War U.S. Foreign Policy." Pp. 108-137 in *After the End: Making U.S. Foreign Policy in the Post-Cold War World*, edited by James M. Scott. Durham: Duke University Press.

Chang Mau-kuei. 1993. "Middle Class and Social and Political Movements in Taiwan: Questions and Some Preliminary Observations." Pp. 121-176 in *Discovery of the Middle Classes in East Asia*, edited by Hsin-Huang Michael Hsiao. Taipei: Institute of Ethnology, Academia Sinica.

------. 1994. "Toward an Understanding of the *Sheng-chi Wen-ti* in Taiwan: Focusing on Changes after Political Liberalization. Pp. 93-150 in *Ethnicity in Taiwan: Social, Historical, and Cultural Perspectives*, edited by Cheng Chung-min, Chuang Ying-chang, and Huang Shu-min. Institute of

Ethnology, Academia Sinica.

------. 2003. "Understanding Contending Nationalistic Identities: Reading Ernest Gellner and Benedict Anderson from Taiwan." Forthcoming in *Democratization and Identity Conflicts: Political Transitions and Cultural Difference in East and South-East Asia,* edited by Susan Henders. New York: Cambridge University Press.

------. 2006. "Taiwanese Nationalism and Democratic Values." pp. 231-254 in Hsin-Huang Michael Hsiao (ed.) *Asian New Democracies: The Philippines, South Korea and Taiwan Compared.* Taipei: Taiwan Foundation for Democracy.

Cheek, Timothy. 1997. *Propaganda and Culture in Mao's China: Deng Tuo and the Intelligentsia.* New York: Oxford University Press.

Chen, Edward I-te. 1972. "Formosan Political Movements Under Japanese Colonial Rule, 1914-1937." *Journal of Asian Studies* 31(3)477-497.

Cheng, Joseph and Kinglun Ngok. 2004. "Chinese Nationalism and Sino-US Relations: the NATO Bombing of the Chinese Embassy in Belgrade." Pp. 85-104 in Leong H. Liew and Shaoguang Wang (eds.*), Nationalism, Democracy and National Integration in China.* London and New York: RoutledgeCurzon.

Cheng, Yinghong. 2008. "Liberalism in Contemporary China: Ten Years after Its 'Resurface'", *Journal of Contemporary China*, 17:55, 383-400.

Chiu, Hungdah (ed.). 1973. *China and the Question of Taiwan: Documents and Analysis.* New York: Praeger Publishers.

Copper, John F. 1996. *Taiwan: Nation-State or Province?* Boulder, Colorado: Westview Press.

Coser, Lewis A. 1965. *Men of Ideas: a Sociologist's View.* New York: Free Press.

Dai Qing. 1994. *Wang Shiwei and "Wild Lilies:" Rectification and Purges in the Chinese Communist Party*, 1942-1944. Armonk, New York: M.E. Sharpe.

Dittmer, Lowell and Samuel S. Kim 1993. "In Search of a Theory of National Identity." pp. 1-31 in *China's Quest for National Identity*, edited by Lowell Dittmer and Samuel S. Kim. Ithaca: Cornell University Press.

Domes, Jürgen. 1999. "Electoral and Party Politics in Democratization." pp. 49-66 in *Democratization in Taiwan: Implications for China*, edited by Steve Tsang and Hung-mao Tien. Hong Kong: Hong Kong University Press.

Donnet, Pierre-Antoine. 1994. *Tibet: Survival in Question*. Translated by Tica Broch. London and New Jersey: Zed Books Ltd.

Dougherty, James E. and Robert L. Pfaltzgraff, Jr.. 2004. *Contending Theories of International Relations: A Comprehensive Survey*, 5th ed., English reprint edition by Pearson Education Asia Limited and Peking University Press.

Duara, Prasenjit. 1995. *Rescuing History from the Nation: Questioning Narratives of Modern China*. Chicago: The University of Chicago Press.

------. 1996. "De-Constructing the Chinese Nation." Pp. 31-55 in *Chinese Nationalism*, edited by Jonathan Unger. Armonk, New York: M.E. Sharpe.

Dworkin, Ronald. 2002. "The Threat to Patriotism." *The New York Review of Books*. 49(3), February 28, www.nybooks.com/articles/15145, last accessed on May 22, 2009.

Ferrante, Joan. 2000. *Sociology: The United States in a Global Community*. Belmont, CA: Wadsworth/Thomas Learning.

Fitzgerald, John. 1999. "Administration and Autonomy: A History of Bureaucratic Provincialism in 20th Century China." Pp. 91-131 in *Imagining China: Regional Division and National Unity*, edited by Shu-min Huang and Cheng-kuang Hsu. Taipei: Institute of Ethnology, Academia Sinica.

French, Howard W. 2003. "Japan Faces Burden: Its Own Defense." *The New York Times,* July 22.

Friedman, Edward. 1995. *National Identity and Democratic Prospects in Socialist China.* Armonk, New York: M.E. Sharpe.

------. 1996. "A Democratic Chinese Nationalism?" Pp. 169-182 in *Chinese Nationalism*, edited by Jonathan Unger. Armonk, New York: M.E. Sharpe.

------. 1999. "Comment on 'Nationalistic Feelings and Sports.'" *Journal of Contemporary China* 8(22)535-538.

Fromson, Murray. 2001. "Commerce Narrows The Taiwan Strait." *Los Angeles Times*, June 19.

Gardella, Robert. 1999. "From Treaty Ports to Provincial Status, 1860-1894." Pp. 163-200 in *Taiwan: A New History*, edited by Murray A. Rubinstein. Armonk, New York: M.E. Sharpe.

Geertz, Clifford. 1996. "Primordial Ties." Pp. 40-45 in *Ethnicity*, edited by John Hutchinson and Anthony D. Smith. Oxford: Oxford University Press.

Gellner, Ernest. 1983. *Nations and Nationalism.* Oxford: Basil Blackwell.

------.1997. *Nationalism*. New York: New York University Press.

Goffman, Erving. [1963] 1999. "Stigma and Social Identity." Pp. 56-75 in *Social Deviance: Readings in Theory and Research.* Upper Saddle River, NJ: Prentice Hall.

Goldman, Merle. 1981. *China's Intellectuals: Advise and Dissent.* Cambridge: Harvard University Press.

Goldmann, Kjell, Ulf Hannerz and Charles Westin. 2000. "Introduction: Nationalism and Internationalism in the Post-Cold War Era." Pp. 1-21 in *Nationalism and Internationalism in the Post-Cold War Era*, edited by

Kjell Goldmann, Ulf Hannerz and Charles Westin. London and New York: Routledge.

Gouldner, Alvin. 1979. *The Future of Intellectuals and the Rise of the New Class*. New York: Seabury Press.

Greenfeld, Liah. 1992. *Nationalism: Five Roads to Modernity*. Cambridge, Massachusetts: Harvard University Press.

------. 2000. "Democracy, Ethnic Diversity and Nationalism." Pp. 25-36 in *Nationalism and Internationalism in the Post-Cold War Era*, edited by Kjell Goldmann, Ulf Hannerz and Charles Westin. London and New York: Routledge.

Gries, Peter Hays. 2004. *China's New Nationalism: Pride, Politics, and Diplomacy*. Berkeley: University of California Press.

Habermas, Jürgen. 1992. "Citizenship and National Identity: Some Reflections on the Future of Europe." *Praxis International* 12(1)1-19, April.

------. 1996. *Between Facts and Norms: Contribution to a Theory of Law and Democracy*. Cambridge MA: MIT Press.

Hao, Zhidong. 2003a. *Intellectuals at a Crossroads: The Changing Politics of China's Knowledge Workers*. Albany: SUNY Press. 本書中文版見台北致知學術出版社 2019 年版《十字路口的知識份子：中國知識工作者的政治變遷》。

------. 2003b、"What Can We Do with Individual and Institutional Racism and Sexism in the Tenure and Promotion Processes in American Colleges and Universities?" *Race, Gender, & Class* 10(3)126-144.

------. 2009. *Macau History and Society*. Hong Kong: Hong Kong University Press. 本書已經由原出版社於 2020 年出了第二版。

------. 2023. "What Kind of Nation-State Do They Want to Build: Chinese Intellectuals and Nationalism in Contemporary China." *China Knowledge*

Network, No. 21, May 2023.

Harrell, Stevan. 1999. "The Role of the Periphery in Chinese Nationalism." Pp. 132-160 in *Imagining China: Regional Division and National Unity*, edited by Shu-min Huang and Cheng-kuang Hsu. Taipei: Institute of Ethnology, Academia Sinica.

He, Baogang. 2001. "The Question of Sovereignty in the Taiwan Strait: Relaxing Peking's Policy of Opposition to Taiwan's Bid for UN Membership." *China Perspectives*, no. 34 (March/April 2001): 7-18.

He, Baogang and Guo Yingjie. 2000. *Nationalism, National Identity and Democratization in China.* Aldershot: Ashgate.

Henig, Stanley. 2002. *The Uniting of Europe: From Consolidation to Enlargement,* 2nd edition. London and New York: Routledge.

Hickey, Dennis V. 2006. "The high Cost of Excluding Taiwan from the WHO." Pp. 68-84 in Edward Friedman (ed.) *China's Rise, Taiwan's Dilemmas and Internatoinl Peace*. New York: Routledge.

Hillman, Ben. 2004. "Chinese nationalism and the Belgrade embassy bombing." Pp. 65-84 in Leong H. Liew and Shaoguang Wang (eds.*), Nationalism, Democracy and National Integration in China*. London and New York: RoutledgeCurzon.

Himmelfarb, Gertrude. 1996. "The Illusions of Cosmopolitanism." Pp. 72-77 in Joshua Cohen (ed.) *For Love of Country: Debating the Limits of Patriotism*. Boston: Beacon Press.

Hobsbawm, E.J. 1984. "Introduction: Invention of Traditions" and "Mass-Producing Traditions: Europe, 1870-1914." Pp. 1-14, 263-307 in *The Invention of Tradition,* edited by Eric Hobsbawm and Terence Ranger. Cambridge: Cambridge University Press.

------. 1992. *Nations and Nationalism Since 1780: Programme, Myth, Reality.*

Second edition. New York: Cambridge University Press.

Hsiao, Hsin-Huang Michael. 2006. "Recapturing Asian New Democracies and Putting Taiwan in Its Place." Pp. 3-14 in Hsin-Huang Michael Hsiao (ed.) *Asian New Democracies: The Philippines, South Korea and Taiwan Compared*. Taipei: Taiwan Foundation for Democracy.

Hsiau A-chin. 2000. *Contemporary Taiwanese Cultural Nationalism*. London and New York: Routledge.

Huang, Teh-fu and Ching-hsin Yu. 1999. "Developing a Party System and Democratic Consolidation." Pp. 85-100 in *Democratization in Taiwan: Implications for China*, edited by Steve Tsang and Hung-mao Tian. Hong Kong: Hong Kong University Press.

Hughes, Christopher. 1997. *Taiwan and Chinese Nationalism: National Identity and Status in International Society*. Routledge: London and New York.

------. 1999. "Democratization and Beijing's Taiwan Policy." Pp. 130-147 in *Democratization in Taiwan: Implications for China*, edited by Steve Tsang and Hung-mao Tian. Hong Kong: Hong Kong University Press.

------. 2006. *Chinese Nationalism in the Global Era*. New York: Routledge.

Huntington, Samuel P. [1993] 2000. "The Clash of Civilizations?" Pp. 21-43 in Lawrence E. Sneden (ed.) *Globalization and Conflict*, vol. II. Dubuque, Iowa: Kendall/Hunt Publishing Company. Originally published in 1993, *Foreign Affairs* 72(3)22-49.

------. 2004. Who Are We? *The Challenges to America's National Identity*. New York: Simon & Schuster 2004.

Jacobs, J. Bruce. 2006. "One China, Diplomatic Isolation and a Separate Taiwan." Pp. 85-109 in Edward Friedman (ed.) *China's Rise, Taiwan's Dilemmas and International Peace*. New York: Routledge.

Kahn, Joseph. 2003. "China Pushes North Korea and U.S. Talks." *The New York*

Times, July 18.

Karmel, Solomon M. 1995. "Ethnic Tension and the Struggle for Order: China's Policies in Tibet." *Pacific Affairs.* 68(4)485-508.

Kegley, Jr. Charles W. and Eugene R. Wittkopf. 1996. *American Foreign Policy*. 5th ed. Boston: Beford/St. Martin's.

------. 1997. *World Politics: Trend and Transformation.* 6th ed. New York: St. Martin's Press.

Kerr, George H. 1992. *Formosa Betrayed*. Upland, CA: Taiwan Publishing Co.

Kilpatrick, William H. 1935. "Limitations upon Academic Freedom for Public School Teachers," *Teachers College Record,* vol. 37.

Kinderman, Gottfried-Karl. 2003. "Cases of Successful Rapprochement and Integration and a Roadmap to Cross-Strait Rapproachement." A paper presented at the conference on Perspectives on Cross-Strait Relations: Views from Europe, Taipei, Taiwan, December 8-9, 2003.

Knapp, Ronald G. 1999. "The Shaping of Taiwan's Landscapes." pp. 3-26 in *Taiwan: A New History*, edited by Murray A. Rubinstein. Armonk, New York: M.E. Sharpe.

Kristof, Nicholas D. 2003. "Missing in Action: Truth," *The New York Times*, March 6.

------. 2008. "Rejoin the World," *The New York Times,* November 2.

Kuo, Tai-chun and Ramon H. Myers. 2004. "Peace Proposal One: The China Commonwealth Model." Pp. 189-193 in Steve Tsang (ed.) *Peace and Security Across the Taiwan Strait*. New York: Palgrave MacMillian.

Lai Tse-han, Ramon H. Myers and Wei Wou. 1991. *A Tragic Beginning: The Taiwan Uprising of February 28, 1947*. Stanford, CA: Stanford University Press.

Lamley, Harry J. 1999. "Taiwan Under Japanese Rule, 1895-1945: The

Vicissitudes of Colonialism." Pp. 201-260 in *Taiwan: A New History*, edited by Murray A. Rubinstein. Armonk, New York: M.E. Sharpe.

Levenson, Joseph R. 1965. *Confucian China and Its Modern Fate: A Trilogy*. Berkeley: University of California Press.

Levine, Steven I. 1994. "Sino-American Relations: Testing the Limits of Discord." Pp. 77-93 in *China and the World: Chinese Foreign Relations in the Post-Cold War Era*, edited by Samuel S. Kim. Boulder: Westview Press.

Lewellen, Ted C. 1995. *Dependency and Development: An Introduction to the Third World*. Westport, Connecticut/London: Bergin & Garvey.

Lieven, Anatol. 2002. "The Push for War." *London Review of Books* 24(19), Oct. 3.

Lin Yu-sheng. 1979. *The Crisis of Chinese Consciousness: Radical Antitraditionalism in the May Fourth Era*. Madison: Wisconsin University Press.

Lipset, Seymour Martin. 1994. "The Social Requisites of Democracy Revisited." *American Sociological Review* 59(1)1-22.

Liu, I-chou. 1999. "The Development of the Opposition." Pp. 67-84 in *Democratization in Taiwan: Implications for China*, edited by Steve Tsang and Hung-mao Tian. Hong Kong: Hong Kong University Press.

Lodén, Torbjörn. 1996. "Nationalism Transcending the State: Changing Conceptions of Chinese Identity." Pp. 1-39 in *Asian Forms of the Nation*, edited by Stein Tønnesson and Hans Antlöv. London: Curzon.

Lohr, Steve. 2005. "Who Is Afraid of China Inc.?" *The New York Times*. July 24.

Lord, Winston. 2003. Interview by Ann Thurston at Voice of America. See http://forum.cc.org.cn April 11, 2003. Original message dated April 9.

MacCormick, Neil. 1999. *Questioning Sovereignty: Law, State, and Nation in the European Commonwealth*. Oxford: Oxford University Press.

Malraux, Andre. 1990. *Man's Fate*, translated by Haakon M. Chevalier. New York: Vintage International.

Mannheim, Karl. 1936. *Ideology and Utopia: An Introduction to the Sociology of Knowledge*. New York: Harcourt.

Mengin, Françoise. 1999. "State and Identity." Pp. 116-129 in *Democratization in Taiwan: Implications for China*, edited by Steve Tsang and Hung-mao Tien. Hong Kong: Hong Kong University Press.

Merton, Robert Merton. 1968. *Social Theory and Social Structure*. New York: Free Press.

Müller, Jan-Werner. 2007. *Constitutional Patriotism*. Princeton University Press.

Ng-Quinn, Michael. 1993. "National Identity in Premodern China: Formation and Role Enactment." Pp. 32-61 in *China's Quest for National Identity*, edited by Lowell Dittmer and Samuel S. Kim. Ithaca: Cornell University Press.

Nussbaum, Martha C. 1996. "Patriotism and Cosmopolitanism," "Reply." Pp. 2-20, 131-144 in Joshua Cohen (ed.) *For Love of Country: Debating the Limits of Patriotism*. Boston: Beacon Press.

Omi, Michael and Howard Winat. 1998. "Racial Formations." Pp. 13-22 in *Race, Class, and Gender in the United States: An Integrated Study*, 4th edition, edited by Paula S. Rothenberg. New York, NY: St. Martin's Press.

Paltiel, Jeremy T. 2001. "Dire Straits: Rescuing the Taiwan Problem from the Zero-sum Game of International Sovereignty." *China Perspectives*, no. 34 (March/April 2001): 19-34.

Patterson, George N. 1960. "China and Tibet: Background to the Revolt." *The*

China Quarterly, No. 1 (Jan. - Mar.), pp. 87-102.

Peng Ming-min. 1972. *A Taste of Freedom: Memoirs of a Formosan Independence Leader*. New York: Holt, Rinehart and Winston.

Phillips, Steven. 1999. "Between Assimilation and Independence: Taiwanese Political Aspirations Under Nationalist Chinese Rule, 1945-1948." Pp. 275-319 in *Taiwan: A New History*, edited by Murray A. Rubinstein. Armonk, New York: M.E. Sharpe.

Pye, Lucian W. 1996. "How China's Nationalism Was Shanghaied." Pp. 86-112 in *Chinese Nationalism*, edited by Jonathan Unger. Armonk, New York: M.E. Sharpe.

Rawls, John. 1993. *Political Realism.* New York: Columbia University Press.

------. 1999. *A Theory of Justice*. Revised edition. Cambridge, Massachusetts: The Belknap Press of Harvard University Press.

Rourke, John T. and Mark A. Boyer. 2002. *World Politics: International Politics on the World Stage, Brief*, 4th edition. McGraw-Hill/Dushkin.

Rourke, John T. and Richard Clark. 1998. "Making U.S. Foreign Policy toward China in the Clinton Administration." Pp. 201-224 in James M. Scott (ed.) *After the End: Making U.S. Foreign Policy in the Post-Cold War World*. Durham: Duke University Press.

Rubinstein, Murray A. 1999. "Political Taiwanization and Pragmatic Diplomacy: The Eras of Chiang Ching-kuo and Lee Teng-hui, 1971-1994." Pp. 436-480 in *Taiwan: A New History*, edited by Murray A. Rubinstein. Armonk, New York: M.E. Sharpe.

Said, Edward. W. 1994. *Representations of the Intellectual*. New York: Pantheon.

Scarry, Elaine. 1996. "The Difficulty of Imagining Other People." Pp. 98-110 in Joshua Cohen (ed.) *For Love of Country: Debating the Limits of Patriotism*.

Boston: Beacon Press.

Schlesinger, Arthur. 2007. "Folly's Antidote." *The New York Times,* op-ed page. January 1.

Schmitt, Eric. 2003. "Japan Authorizes Troops for Iraq." *The New York Times,* July 27.

------. 2005. "Rumsfeld Warns of Concern about Expansion of China's Navy," *New York Times* February 18.

Schwarcz, Vera. 1986. *The Chinese Enlightenment? Intellectuals and the Legacy of the May Fourth Movement of 1919.* Berkeley: University of California Press.

Schumpeter, A. Joseph. 1976. *Capitalism, Socialism and Democracy.* London: George Allen and Unwin.

Sciolino, Elaine. 2003. "Seeking Unity, Europe Drafts a Constitution." *The New York Times,* June 15.

Scott, James M. and A. Lane Crothers. 1998. "Out of the Cold: The Post-Cold War Context of U.S. Foreign Policy." Pp. 1-25 in *After the End: Making U.S. Foreign Policy in the Post-Cold War World*, edited by James M. Scott. Durham: Duke University Press.

Shepherd, John R. 1993. *Statecraft and Political Economy on the Taiwan Frontier, 1600-1800.* Stanford: Stanford University Press.

------. 1999. "The Island Frontiers of the Ch'ing, 1684-1780." Pp. 107-132 in *Taiwan: A New History*, edited by Murray A. Rubinstein. Armonk, New York: M.E. Sharpe.

Simmel, Georg. 1950. *The Sociology of Georg Simmel*, edited by Kurt Wolff. New York: The Free Press.

Smith, Anthony D. 1995. *Nations and Nationalism in a Global Era.* Cambridge: Polity Press.

------. 1998. *Nationalism and Modernism: A Critical Survey of Recent Theories of Nations and Nationalism.* London and New York: Routledge.

Smith, Warren W. 1996. *Tibetan Nation: A History of Tibetan Nationalism and Sino-Tibetan Relations*. Boulder, Colorado: Westview Press.

Spencer, Metta. 1998. "Introduction," "Conclusion." Pp. 1-6, 307-317 in *Separatism: Democracy and Disintegration*, edited by Metta Spencer. New York: Rowan & Littlefield Publishers, Inc.

Stainton, Michael. 1999. "The Politics of Taiwan Aboriginal Rights." Pp. 27-44 in *Taiwan: A New History*, edited by Murray A. Rubinstein. Armonk, New York: M.E. Sharpe.

Stille, Alexander. 2003. "Historians Trace an Unholy Alliance: Religion and Nationalism." *The New York Times,* May 31.

Stolberg, Sheryl Gay and Adam Nagourney. 2003. "Democrats Split on Challenging Iraq Arms Hunt." *The New York Times*, June 14.

Swarns, Rachel L. 2003. "Illegal Aliens Can Be Held Indefinitely, Ashcroft Says" *New York Times*, April 26.

Tamir, Yael. 1993. *Liberal Nationalism.* Princeton, New Jersey: Princeton University Press.

------. 2000. "Who Is Afraid of a Global State." Pp. 244-267 in *Nationalism and Internationalism in the Post-Cold War Era*, edited by Kjell Goldmann, Ulf Hannerz and Charles Westin. London and New York: Routledge.

Thornton, John L. 2008. "Long Time Coming: The Prospects for Democracy in China." *Foreign Affairs,* January and February.

Tien, Hung-mao and Tun-jen Cheng. 1999. "Crafting Democratic Institutions." Pp. 23-48 in *Democratization in Taiwan: Implications for China*, edited by Steve Tsang and Hung-mao Tien. Hong Kong: Hong Kong University Press.

Tønnesson, Stein and Hans Antlöv. 1996. "Asia in Theories of Nationalism and National Identity." Pp. 1-39 in *Asian Forms of the Nation*, edited by Stein Tønnesson and Hans Antlöv. London: Curzon.

Townsend, James. 1996. "Chinese Nationalism." Pp. 1-30 in *Chinese Nationalism*, edited by Jonathan Unger. Armonk, New York: M.E. Sharpe.

Tsang, Steve. 2004. "Peace Proposal Two: The Chinese Union Model." Pp. 195-208 in Steve Tsang (ed.) *Peace and Security Across the Taiwan Strait*. New York: Palgrave MacMillian.

Tu, Wei-ming. 1991. "Cultural China: The Periphery as the Center." *Daedalus* 120(2) (Spring).

Van Ness, Peter. 2002. "Hegemony, Not Anarchy: Why China and Japan Are Not Balancing US Unipolar Power." *International Relations of the Asia-Pacific,* Vol. 2, No. 1.

Wagner, Michael. 2003. "Possibilities for 'a more perfect union.'" *Citizens Centre Report Magazine* March 3.

Wakabayashi, Masahiro. 2006. "Taiwanese Nationalism and the "Unforgettable Others." Pp. 3-21 in Edward Friedman (ed.) *China's Rise, Taiwan's Dilemmas and International Peace*. New York: Routledge.

Walker, Edward W. 1998. "Negotiating Autonomy: Tatarstan, Asymmetrical Federalism, and State Consolidation in Russia." Pp. 227-252 in *Separatism: Democracy and Disintegration*, edited by Metta Spencer. New York: Rowan & Littlefield Publishers, Inc.

Wang, Chen-main. 1999. *The Life and Career of Hung Ch'eng-ch'ou (1593-1665): Public Service in a Time of Dynastic Change*. Association for Asian Studies. Monograph and Occasional Paper Series. No. 59.

Wang, Horng-luen. 2000. "Rethinking the Global and the National: Reflections on National Imaginations in Taiwan." *Theory, Culture & Society* 17(4)93-

117.

Wang, Ming-ke. 1999. "From the Qiang Barbarians to the Qiang Nationality: The Making of a New Chinese Boundary." Pp. 43-80 in *Imagining China: Regional Division and National Unity*, edited by Shu-min Huang and Cheng-kuang Hsu. Taipei: Institute of Ethnology, Academia Sinica.

Wang, Peter Chen-main. 1999. "A Bastion Created, A Regime Reformed, An Economy reengineered, 1949-1970." Pp. 320-338 in *Taiwan: A New History*, edited by Murray A. Rubinstein. Armonk, New York: M.E. Sharpe.

Wang, Vincent Wei-cheng. 2006. "Taiwan's Participation in International Organizations." Pp. 149-173 in Edward Friedman (ed.) *China's Rise, Taiwan's Dilemmas and International Peace*. New York: Routledge.

Watson, James L. 1993. "Rites or Beliefs? The Construction of a United Culture in Late Imperial China." Pp. 80-103 in *China's Quest for National Identity*, edited by Lowell Dittmer and Samuel S. Kim. Ithaca: Cornell University Press.

Weber, Max. 1946. *From Max Weber: Essays in Sociology*, edited by H. H. Gerth and C. Wright Mills. New York: Oxford University Press.

Wellman, David T. 1977, 1993 (2nd edition). *Portraits of White Racism*. Cambridge University Press.

West, Cornel. 1994. *Race Matters*. New York: Vintage Books.

Wills, John E., Jr. 1999. "The Seventeenth-Century Transformation: Taiwan Under the Dutch and the Cheng Regime." Pp. 84-106 in *Taiwan: A New History*, edited by Murray A. Rubinstein. Armonk, New York: M.E. Sharpe.

Wong, Edward. 2008. "Tibetans Reaffirm a Conciliatory Approach to China." *The New York Times,* November 23.

Wu Nai-teh. 1994. "Convergence or Polarization? Ethnic Political Support in the Post-Liberalization State." Pp. 151-168 in *Ethnicity in Taiwan: Social, Historical, and Cultural Perspectives*, edited by Chen Chung-min, Chuang Ying-chang, and Huang Shu-min. Taipei: Institute of Ethnology, Academia Sinica.

Xu, Mingxu. 1998. "Complete Autonomy: The Best Approach to Peaceful Resolution of the Tibet problem." *Journal of Contemporary China*. 7(18)369-378.

Yack, Bernard. 2000. "The Myth of Civic Nationalism." *National Post*. July 1.

Yan, Jiann-fa. 2004. "Taiwan's Bottom Line." Pp. 99-110 in Steve Tsang (ed.) *Peace and Security Across the Taiwan Strait*. Palgrave MacMillian: New York.

Yang, Andrew Nien-Dzu. 2004. Pp. 168-188 in Steve Tsang (ed.) *Peace and Security Across the Taiwan Strait*. Palgrave MacMillian: New York.

Zakaria, Fareed. 2008. *The Post-American World*. New York, London: W. W. Norton & Company.

Zhao, Suisheng. 2004. *A Nation-State by Construction: Dynamics of Modern Chinese Nationalism.* Stanford, California: Stanford University Press.

索　引

Aborigines 原住民 13, 18, 27-28, 81-4, 122, 176

Affirmative action 平權法案 18, 21, 101-02, 125

Anti-Secession Law 反分裂法 106-07, 117, 141, 196

Article 100 of the Criminal Code 刑法第 100 條 51

Association for Relations across the Taiwan Strait (ARATS) 海協會 104

Beiqing Chengshi 悲情城市 184

Bentu Shetuan 本土社團 192

Cai Pei-huo (Ts'ai Pei-ho) 蔡培火 32, 35

Cairo Conference 開羅會議 103, 130, 194

Chang, Mau-kuei Michael 張茂桂 70

Chen Duxiu 陳獨秀 89-92

Chen Kuiyuan 陳奎元 101, 190

Chen Ming-tai 陳明台 47

Chen Shao-ting 陳少廷 47

Chen Shui-bian 陳水扁：on confederation 136 支持邦聯; on independence 關於獨立問題 3, 57, 185; on "one state on each side of the Strait" 關於一邊一國 55, 128; on *si bu yi meiyou* 四不一沒有 57; on the ROC 關於中華民國 121, 149

Chen Xiu-xi 陳秀喜 185

Chen Yi 陳儀 38-40

Cheng She 澄社(Taipei Society) 70-71

Chiang Bing-kun 江丙坤 141

Chiang Ching-kuo 蔣經國 39, 41, 45, 48

Chiang Kai-shek 蔣介石 39-40, 87, 91, 103

Chiang Wei-shui 蔣渭水(see Jiang Wei-shui).

China Tide Association (CTA) 夏潮 60
China Unification League (CUL) 中國統一聯盟 60
Chinese Communist Party (CCP) 中國共產黨：and critical intellectuals 和批判型知識份子 112-116; and freedom 和自由 94; and its organic intellectuals 和它的有機知識份子 108-112; early views on China's political system and a confederation 早期對中國政治制度和邦聯的觀點 90, 130-33, 190; minority policies 的民族政策 98-102, 190; nationalism 的民族主義 97; on democracy and human rights 關於民主和人權的觀點 172, 194; on the Three Principles of the People 關於三民主義的觀點 91; one country, two systems 的一國兩制 127; Taiwan policy 的台灣政策 103-107, 185
Chinese national identity 中國國族認同：in modern times 在現代 82-94; in pre-modern times 在前現代 77-82; under the CCP rule 在中共統治下 97-107; *Zhonghua minzu* 中華民族 14
Chinese nationalism 中國民族主義(see also Chinese Communist Party 也見中國共產黨, Kuomingtang 國民黨, and nationalism 民族主義)：stages 階段 189
Chinese Taipei 中華台北 3, 127, 186
Chiu Hungdah 邱宏達 131
Chu Anping 儲安平 94, 112
Chuang Kuo-Jung 莊國榮 188
Chuo Jung-tai 卓榮泰 141
Ci Xi, Empress Dowager 慈禧 86
Civic nationalism 公民民族主義：defined 16-17; and liberal nationalism 與自由民族主義 124; and the state 和國家 21, 25; in the KMT era 在國民黨時期 38-41, 50-53, 91; in the Japanese era 在日本人統治時期 28-29; collectivistic 集體公民民族主義 18-19, 88; individualistic 個人公民民族主義 17-19, 88; under the CCP 中

共的公民民族主義 90

Civilizational discontent 文明的不滿 157

Collectivistic ethnic nationalism 集體族群民族主義：and intellectuals 和知識份子 192; and organic intellectuals 和有機知識份子 108-112; and political realism 和政治現實主義 147, 150; and the state 和國家 21-24, 126-27; and the Self-Strengthening Movement 和洋務運動 83-84; in the Chen Shui-bian era 在陳水扁時期 55-58; defined 定義 16, 19, 113; in the early KMT era 在國民黨統治早期 38-41; in the Japanese colonial state 在日本統治時期 28-30; of the CCP 中共的 90, 97, 100, 105-106; of Chiang Kai-shek 蔣介石的 92; of Sun Yat-sen 孫中山的 88

Confederation 邦聯 (see also federation 也見聯邦條)：60; as the future of China 作為中國的未來 115, 118, 126, 132, 194, 198; as opposed to an empire 和帝國的對比 198; defined 定義 129; Chinese views on 中國人對邦聯的看法 130-131; examples 邦聯的例子 of 129, 194-195; opposed by Sun Yat-sen 孫中山反對 88; proposed by the CCP and later given up on 中共的計劃後來又否決了的 90, 99, 190; Taiwanese views on 台灣人的看法 131, 196

Con-gagement 在安全問題上遏制，在經濟問題上合作 198

Colonization 殖民化：Chinese 中國人的 57; internal 內部殖民化 102; Japanese 日本人的 6, 30, 46, 53

Cosmopolitanism 世界主義 159-161

Controversy of Rites 禮儀之爭 189

Critical intellectuals 批判型知識份子(see also intellectuals 也見知識份子條)：and individualistic ethnic nationalism 和個人族群民族主義：43-44, 112-116; defined 定義 22-24, 69-70, 177; dilemmas

困境 69-72; in China 在中國 112-117; in the KMT era 在國民黨時期 42-44; in the Lee Teng-hui and Chen Shui-bian era 在李登輝和陳水扁時期 70-72, 189; in the Japanese era 在日本時期 29-38; in the 1980s 在 1980 年代 43; the role of 角色 69-72, 175-176, 178

Cultural China 文化中國 133, 136-137

Cultural transformation 文化變遷 193

Culturalism 文化主義 (see also multiculturalism 也見多元文化主義) 77-82, 95, 97; *yi xia zhi bian* 夷夏之辯 78

Culture of Critical Discourse (CCD) 批判性話語文化 64, 70, 173

Dalai Lama, the 達賴喇嘛 101-102, 107, 115; meeting with Mao 會見毛 130; on the relationship between Tibet and China 對西藏和中國關係的看法 132, 135-136; on the Tibetan revolt in 1959 關於 1959 年的暴動 190

Dang Wai 黨外 16, 42-44, 47, 112, 184

Daxue Zazhi 大學雜誌 43

Democracy 民主：and authoritarianism 和維權 183; and nationalism 和民族主義 194; the CCP's views 中共觀點 194

Democracy movements 民主運動 (see also Taiwan independence movement 也見台獨運動)：as an independence movement 作為獨立運動的 182, 185; *Dang Wai* and other movements in Taiwan 黨外和其他運動 16, 41-42, 44, 51, 184-185; Democracy Wall Movement in China 中國的民主牆運動 112; of 1989 in China 1989 年的 16, 112

Democratic Progressive Party (DPP) 民進黨 47-48, 50-52, 186; and TSU 和台灣團結聯盟 61; on independence 對獨立的觀點 58-59, 73, 128, 149, 172; on the 1992 consensus 對九二

索　引　273

共識的看法 191; statements on Taiwan's future 關於台灣前途的聲明 55

Deng Xiaoping 鄧小平：on confederation 關於邦聯的看法 190; on human rights 關於人權的看法 172; on "one country, two systems" 關於一國兩制 104, 127, 130

De-Sinicization 去中國化：49-73; by academic societies 學術團體的 53-54; in lssiterature 文學上的 47

Diaoyutai Island 釣魚台列嶼 (the Senkakus) 43, 60, 184

Ethnocentrism 本族中心主義 17, 144

Federation 聯邦 (see also confederation)：as a way out for China 作為中國的出路 126; Chinese views on 中國人在這個問題上的觀點 130-131; defined 定義 129; European Union as example of 歐盟的案例 ix-xi, 129; 130

Federation and confederation hybrid 聯邦和邦聯的混合體：and critical intellectuals 和批判型知識份子 24; arguments for 贊成的觀點 155-167; as possible future of China 作為中國可能的未來 1-2, 119, 125-126, 128-29, 132; European Union as 作為歐盟模式 130; features of 特點 133-138; obstacles to 139-155 障礙; U.S. constitutional arrangements 美國的憲政安排 194

Fei Xi-ping 費希平 131

Fei Xiaotong 費孝通 185

5-17 Statement 五一七聲明 105

Formosa, the journal 美麗島雜誌 44, 185

Formosa TV (Minshi) 民視 60

Formosan Association for Public Affairs 台灣人公共事務會, FAPA 45

Formosan Incident 美麗島事件 47, 185

Gandhi 甘地 69, 113

Getting its history wrong is part of

being a nation（弄錯歷史是國族建構的一部分）62
Gezai xi 歌仔戲 121
Guidelines for National Unification 國統綱領 51-53, 55, 57, 73, 128, 131
Globalization 全球化：52, 166, 168, 194, 199

Hau Pei-tsun 郝柏村 50
Hong Chengchou 洪承疇 79
Hong Kong 香港 45, 83, 111, 117, 154; as an example of unification 作為一個統一的樣板 104, 196; as part of a confederation 作為邦聯的一部分 131-137, 194; Chen Shui-bian on 陳水扁談香港 173
Hou Hsiao-hsien 侯孝賢 184
Hsiao, Hsin Huang Michael 蕭新煌 65, 74, 187-188, 196
Hsieh Chang-ting 謝長廷 56, 58, 141
Hu Jintao 胡錦濤：106, 113, 127, 173, 196; four points 胡四點 106-107; on the 1992 consensus 九二共識 191

Hu Shih 胡適 24, 90-92, 112, 120; on liberalism 談自由 93-94, 124, 133
Hundred Day Reform 百日維新 83-86, 98
Huntington, Samuel, and the clash of Civilizations 亨廷頓和文明衝突：2, 146, 153-154, 162, 168, 193, 195, 197-199

Idealism 理想主義 139, 155, 161-164, 167; constructive engagement 建設性的接觸 162
Individualistic ethnic nationalism 個人族群民族主義 (see also liberal nationalism 也見自由民族主義)：and confederation 和邦聯 137; and critical intellectuals 和批判性知識份子 43-44, 112-116, 175-176; and CCP state's Taiwan policy 和中共的台灣政策 103-107, 113; and CCP's earlier national policies 和中共早期的民族政策 90; and cosmopolitanism 和世界主義 160; and Hundred Day Reform 和百日維新 85-

86; and May 4 Movement 和五四運動 92-94; and sociability 和社交性 156; and the state 和國家 21；defined 定義 18, 150; in mainland China 在大陸中國 76; in Taiwan in the 1990s 在1990年代的台灣 51-59

Inner Mongolia 內蒙古 3, 88-89, 118, 130, 135

Intellectuals 知識份子 (see also critical, organic, and professional intellectuals 也見批判、有機和專業型知識份子條)：and nationalism 和民族主義 24; as epistemic communities 作為一個知識社群 192; defined 定義 22-25; dynamic role playing 動態角色的扮演 192; ethics 倫理 23-25; the role of 角色 176-178; topology 類型 24

Japanization 日本化 (see also resistance against Japanese colonization 抵抗殖民運動；*Kominka* 皇民化) 27-29; and the Aborigines 原住民 184; Japanese casualties 日本人的傷亡 183

Jian Dashi 簡大獅 30

Jian Xi-jie 簡錫堦 70-71

Jiang Peng-jian 江鵬堅 47

Jiang Wei-shui (Chiang Wei-shui) 蔣渭水 32-37; views on federation or confederation with Japan 和日本組成一個聯邦或邦聯的觀點 194

Jiang Zemin 江澤民：104, 127, 136, "eight points" 江八點 viii; 在台灣不駐軍 no PLA troops on the island xii

Jiao Ba Nian 噍吧哖 (Xi Lai An 西來庵) 30-31

Junzheng 軍政, *Xunzheng* 訓政, *Xianzheng* 憲政 91-92

Kang Youwei 康有為 80, 85, 92, 161

Ke Tie Hu 柯鐵虎 30

Kominka 皇民化（也見 Japanization 日本化）35-37

Kuomintang (KMT)國民黨：and the ROC 和中華民國 149; and 2-28 uprising 和228事件 38-40; China policy 中國政策 60-

61; civic reform 和公民改革 92; *Guidelines for National Unification* 國統綱領 51; martial law 戒嚴 43; National Assembly 國民大會 50-51; national heroes 民族英雄 189; national identity conflicts 國族認同衝突 38-42; on 1992 consensus 九二共識 191; on the status of Taiwan 台灣地位 103; reorganization 重組 91; split 分裂 50; view for the future 對未來的看法 58; warmer relationship with the mainland 緩和與大陸的關係 127

Lao san ju (three old principles) 老三句 105

Lee Teng-hui 李登輝：and Bushido 和武士道 36; and First National Assembly 和第一次國民大會 51; on Diaoyutai Island 論釣魚島 60; on independence or unification 論統獨 50, 197; on federation and confederation 論聯邦和邦聯 196; on 1992 Consensus 論九二共識 191; 論千島湖搶劫案 Qiandaohu robbery 196; on special state to state relationship 論特殊的國與國關係 52; on Taiwan as a "life community" and the New Taiwanese 論台灣生命共同體與新台灣人 14, 58；"six points" 李六點 191;

Li Datong 李大同 116

Li Hongzhang 李鴻章 84

Li Huan 李煥 50

Li Zhaoxing 李肇星 143, 145, 173

Liang Qichao 梁啟超 32, 80, 85-86, 92-93, 119, 189, 191

Liao Chengzhi 廖承志 104

Liao Wen-yi 廖文毅 12, 45

Liberalism 自由主義 16, 65, 86; in a hybrid of federation and confederation 在聯邦和邦聯的混合體中 133-137; in liberal nationalism 在自由主義的民族主義中 124-126, 164-167; in the nationalist discourse 在民族主義的話語中 112, 120, 194; of the May 4 Movement 在五四運動中 92-95

Liberal nationalism 自由主義的民族主義 (see also individualistic ethnic nationalism 也見個人族群民族主義)：124-126, 164-167; and confederation 和邦聯 165-167; defined 定義 164

Lien Chan 連戰 131

Lin Bai-tang 林白堂 45

Lin Cheng-lu 林呈祿 34

Lin Li-cheng 林李成 30

Lin Mao-sheng 林茂生 40-41

Lin Shaomao 林少貓 30

Lin Xian-tang (Lin Hsien-tang) 林獻堂 32, 34-37, 191

Lin Yi-xiong 林義雄 45, 185

Lin Zhao 林昭 112

Lin Zheng-jie 林正傑 131

Liu Shipei 劉師培 79

Liu Yongfu 劉永福 31

Lu, Annette 呂秀蓮 121-122, 145

Lu Xun 魯迅 90, 92

Luo Longji 羅隆基 94, 112,

Ma Ying-jeou 馬英九 58, 61, 149, 172-173

Macau 澳門 77-78, 82, 117, 189; as part of a confederation 作為邦聯的一部分 131-137

Mao Zedong 毛澤東：on confederation 論邦聯 190; on democracy and unification 論民主和統一 97, 172; on the difference between the CCP and KMT 論國共之不同 91; on Taiwan 論台灣 127, 130; on Tibet 論西藏 130

Mainland Affairs Council 大陸委員會 51-52, 141, 174

May 4 Movement 五四運動 89-95

Mencius 孟子 82, 86, 93

Methods of research 研究方法 9

Minority-Han relations 民、漢關係(see also Chinese Communist Party, Tibet, and Uyghur 也見中共、西藏、維吾爾等條) 98-103

Minority policies 民族政策 (see also Chinese Communist Party 也見中共) 98-102, 190

Monaludao 莫那魯道 30

Mudan She Incident 牡丹社事件 81, 189

Multiculturalism 多元文化主義

18, 97, 125, 199

Nation 國族 (see also federation, confederation, national identity, and nationalism 也見詞條聯邦、邦聯、國族認同及民族主義)：and nation-state 與民族國家 13-15, 80-81, 119-126, 166, 182; and national hero 與民族英雄 75-76, 189; and national ideals 與國族理想 164; and national state 與民族的國家 5, 13, 182; and state 與國家 20; building and division 國族建構與分離 2, 13, 15, 18, 28, 84, 198; building in the Republican era 民國時期的國族建設 87-95; building by the KMT state 國民黨的國族建設 38-41; building in the CCP era 共產黨的國族建設 97-118; Chinese 中華國族 78, 103-104, 182; defined 國族定義 16, 62, 86, 181, 193; features 181; identity with a 民族認同 11-12; inspiring love and hatred 激發愛與恨 4-5; nationality 國族、國籍 75-80, 99-103, 189-90

National Assembly 國民大會 50-51,

National identity 國族認同(see also Chinese and Taiwanese national identity 也見中國和台灣國族認同)：and language 與語言 56; and rectification of names 與正名 56-57; and textbooks 與教科書 57; and the passport issue 與護照 55and self-determination 與民族自決 165; conflicts in the Chen Shui-bian era 陳水扁時期的 54-59; defined 定義 11-15, 17, 119, 126; needing an enemy 需要一個敵人 168; of minorities in China 中國少數民族的 12; in the Japanese era 日本統治時期的 31-35

National interests 國家利益 17, 110, 139, 147-155, 166, 168, 178

National Unification Council 國統會 51, 57, 73, 186

Nationalism 民族主義 (see also 也見 civic nationalism 公民民族主義, collectivistic ethnic nationalism 集體族群民族主義, individualistic ethnic nationalism 個人族群民族主義, liberal nationalism 自由民族主義, national identity 國族認同, and patriotism 愛國主義)：and democracy 與民主 194; and independence 與獨立 3; and 與知識份子 intellectuals 24-25; and language 與語言 11, 19, 34-36, 40, 56, 66-67, 89-91, 98, 121-122, 140-142, 176, 182-183, 185; and patriotism 與愛國主義 4-5, 181-182; and religion 與宗教 182; and the state 與國家 16, 20-22, 193; and 與戰爭 war 2; Chinese nationalism in the KMT era 國民黨時期的中國民族主義 40-42; Chinese and Taiwanese nationalism 中國和台灣的民族主義 29-37, 45-47, 50-138, 187, 189; cultural 文化民族主義 46-47, 177, 193; defined 13, 15, 193; double-edged sword 雙刃劍的 5; features in mainland China and Taiwan 在中國和台灣的特點 120-124; history of 的歷史 182; importance of 的重要性 2-6; in the U.S.在美國 4; its idealistic aspect 的理想主義一面 164; kinds of 的種類 15-20

New Party, the 新黨 131

New People's Society 新民會 34

92 Consensus 九二共識 104, 191

"One country, two systems" 一國兩制 104, 127, 130

Organic intellectuals 有機知識份子(see also intellectuals 也見知識份子條)：and nationalism 與民族主義 23; defined 定義 22-23, 178; dilemma of 困境 62-66, 173-174; ethics of 倫理 23, 62-69; in China 在中國 91, 108-112, 116-17; in the Japanese era 在日治時期 37, 72; in the KMT era 在國民黨統治時期 41, 44-45, 49-61; of Chinese nationalism 中國民族主義的 60-61, 108-112; of the Taiwanese nationalist movement 台灣民族主義運動的 45-48, 59-60, 186, 188; role of 59-61, 173-174

Patriotism 愛國主義 4-5, 181; American 美國的 4; Chinese 中國的 4, 104, 181-182; constitutional 憲政 76

People First Party 親民黨 (PFP)：57, 60-61, 63, 187

Peng Ming-min 彭明敏 14, 46, 51, 122, 185

Professional intellectuals 專業知識份子 (see also intellectuals 也見知識份子條)：and nationalism 和國族主義 24; defined 的定義 24; dilemmas of 的困境 66-69; important role of 的重要角色 174-175; role in mainland China 在大陸的角色 116-117; role in Taiwan 在台灣的角色 66-69

Qian Qichen 錢其琛 131

Qiandaohu robbery 千島湖搶劫案 194

Qingren 清人 27, 184

Qiu Fengjia 丘逢甲 31

Race and ethnicity 種族與族群 195

Racism 種族主義 5, 79, 81, 94, 144, 146

Realism, political 政治現實主義 147-151

Resistance against Japanese colonization 對日本殖民的反抗 (see also Japanization)：30-35

Rumsfeld, Donald 唐纳德‧拉姆斯菲爾德 141, 195

Self-determination 民族自決：2, 90, 99, 125, 164-166; CCP on 中共的觀點 190; defined 定義 165

Self-Strengthening Movement 自強運動/洋務運動 83-86, 88-89, 98

Sha Zukang 沙祖康 145, 107, 173

Shih Ming-teh 施明德 44-46, 71, 131, 184

Si bu yi meiyou 四不一沒有 55, 57, 106

Social union 社會聯盟 155, 158-159, 161, 164, 167-168

Sociability 社交性/合群性 155-

156

Socialism 社會主義 17, 43-44, 61; and the Three Principles of the People 和三民主義 86-89; humanist 人文主義/人道主義的 42; Marx's 馬克思的 156-157

Soong, James 宋楚瑜 57, 141, 149

Sovereignty 主權 12, 15, 86, 112, 181; in a confederation 在邦聯中的 129-135, 148, 164-165, 168-169; of China 中國的 84, 94, 104-107; of the Chinese 中國人的 126, 129, 189; of Diaoyutai Islands 釣魚島的 60, 184; of Macau 澳門的 77; of Taiwan 台灣的 52, 55, 61, 186

State, the 國家 (see also intellectuals 也見知識份子條)：20-22; and intellectuals 和知識份子 24, 192; and nationalism 和國族主義 16, 28-29, 32; and war 和戰爭 2; the CCP state 中共國家 97-107, 116, 127-128, 132, 172-173, 190; Chinese state(s) and *Tianxia* 中國和天下 77-78, 80; defined 定義 12, 82, 147-148; democratic state 民主國家 125-126; the DPP state 民進黨國家 128; federal and confederal state 聯邦和邦聯 (see federation and confederation); forms of state for China 中國的國家形式 126-133; in the views of liberalism 民族主義眼中的國家 94; in the views of Mencius 孟子眼中的國家 82; the KMT state 國民黨國家 38-41; losing sovereignty in globalization 在全球化中喪失主權 168; nation-state 民族國家 13-15, 119-124, 166, 182; the role of 的角色 171-173, 178-179; under Chen Shui-bian 陳水扁治下的國家 54-59; under Lee Teng-hui 李登輝治下的國家 52

Straits Exchange Foundation (SEF) 海基會 52, 104

Sun Yat-sen 孫中山 90-92; and the Communists 和共產黨 97-98, 119; on confederation 論邦聯 130, 134, 154, 161; on Taiwan 論台灣 103; Three Principles of the People 三民主

義 87-89, 157; three stages of government 民主政府三階段 91

Taiwan 台灣：stationary (unsinkable) aircraft carrier 不沉的航空母艦 xii, 197; status 地位 103, 130, 187

Taiwan Association of University Professors (TAUP) 台灣教授協會 52, 59

Taiwan Communist Party 台灣共產黨 33-34

Taiwan Cultural Association 台灣文化協會 32-33

Taiwan independence movement 台獨運動 (see also the Democratic Progressive Party 也見民進黨) 15, 23, 31, 176; and Chen Shui-bian 和陳水扁 57; and its organic intellectuals 及其有機知識份子 45-48; and KMT 和國民黨 50; and Lee Teng-hui 和李登輝 197; arguments for 台獨理論 121-23, 141; defined 定義 185-86, 191-92; response from China 中國反應 106, 109, 113; uppression of 被鎮壓 40-41, 73, 183

Taiwan-Mainland relations 台海關係(see also other entries related to nationalism 也見有關民族主義的詞條)：cultural and political barriers 文化和政治的障礙 196

Taiwan People's Party 台灣民眾黨 32-33

Taiwan Republic 台灣共和國 31

Taiwan Solidarity Union 台灣團結聯盟 54, 59-61, 149, 197-198

Taiwan Tribune 台灣公論報 45, 60

Taiwanese national identity 台灣國族認同：before 1895 1895 年之前 28; in the Lee Teng-hui and Chen Shui-bian eras 李登輝和陳水扁時代 49-74; in the Japanese era 日本人統治時代 31-38; in the KMT era 國民黨時代 38-48

Taiwanese nationalism 台灣民族主義：see the Democratic Progressive Party, nationalism,

and Taiwan independence movement 見民進黨、民族主義、台獨運動等詞條。
Taiwanese Pen Club 台灣筆會 52
Taiwanese spirit 台灣精神 184
Tang Jingsong 唐景崧 (T'ang Ching-sung) 31
Tang Shubei 唐樹備 105
Tao Bai-chuan 陶百川 131
Tibet 西藏：2-3, 7; culture 文化 193; discrimination against Tibetans 對藏人的歧視 143-144; future 未來 135, 137; heroes 76; Mao's view on 毛的觀點 130; protests 抗議活動 68; nation-state identification 國族認同 14; national identification 民族認同 12; relationship with the Han 與漢人的關係 78, 88, 90, 99, 123, 132, 189-190; religion 宗教 125; revolt 暴動 2, 189; state identification 國家認同 13; status 地位 99-103, 114-116
Three Principles of the People 三民主義 5, 86-89, 131, 157
Treaty of Shimonoseki 馬關條約 28

2-28 Uprising 二二八事件 38-40; deaths 死亡人數 184
Tsai Ying-wen 蔡英文 55, 174
Tu Cheng-sheng 杜正勝 53, 57, 66

United Nations 聯合國 3, 13, 45, 104, 129, 184-185
United States (US) 美國：commission reports 111, 152; constitutional arrangements of the federation 關於聯邦的憲政安排 194; identity 認同 199; interests across the Taiwan Strait 在台海的利益 151-154; invading Iraq 侵略伊拉克 181; nationalism 民族主義 4; relations with China 對華關係 198; role in cross-Strait relations 在兩岸關係中的作用 viii, xiii; Taiwan Relations Act (TRA) 台灣關係法 xii, 111, 163
Uyghur (see also Xinjiang) 維吾爾 12, 99-100, 120-122, 124, 182,

Wai sheng ren 外省人 182
Wang Guowei 王國維 92-93

Wang Jin-pin：王津平 12, 60, 187
Wang Lixiong 王力雄 114-117, 120, 125, 143,
Wang Tian-deng 王添燈 40
Wang Tuo 王拓：12, 43
Wang Yu-teh 王育德 12, 45; on the term "Mandarin speaking groups" 論北京話群體 182
Wang Xiaodong 王小東 109, 144
Wang Zuo-rong 王作榮 131
Weber, Max 韋伯 67-68, 174, 188; ideal types 理想型分類 9; on the state 論國家 12, 147-148, 156
Wei Se 唯色 102, 116
Wen Jiabao 溫家寶 110, 194
WHO 世界衛生組織 3
World Federation of Taiwanese Associations 世界台灣同鄉會聯合會 or WFTA 46
World Taiwanese Association 世界台灣同鄉聯合會 55
World Taiwanese Congress 世界台灣人大會 45
World United Formosans for Independence 台灣獨立建國聯盟 or WUFI 45

Worldism 世界大同 80, 160
Wu Yi 吳儀 105-107, 127, 145
Wu Zhen-nan 吳振南 45
Wu Zhuo-liu 吳濁流 34, 37, 47

Xia Chao 夏潮 43-44, 60
Xiangtu literature 鄉土文學 42, 44, 47, 184
Xie Xue-hong 謝雪紅 33, 39-40, 42, 45
Xinjiang 新疆 (see also Uyghur 也見維吾爾條) 3, 7, 88, 99, 135
Xin san ju 新三句 (three new principles) 105

Yan Fu 嚴復 92-93
Yan Xuetong 閻學通 109
Yang Fan 楊帆 109
Yang Kui 楊逵 37, 42-43
Ye Shi-tao 葉石濤 47
Yeh Chi-Jeng 65, 142
Yu Deng-fa 于登發 42
Yu Ji-zhong 于紀忠 131
Yu Luoke 遇羅克 112
Yu Qingfang 余清芳 31
Yu Shyi-kun 遊錫堃 56, 58, 121, 149

Yuan Shikai 袁世凱 87-88, 91
Yue Fei 岳飛 75-76, 79-80, 118, 182

Zeng Guofan 曾國藩 80
Zhan Zhen 詹震 30
Zhang Zhou and Quan Zhou 漳州和泉州 80
Zhang Taiyan 章太炎 79, 90, 92, 189

Zhang Zhidong 張之洞 83-84
Zhao Bingwen 趙秉文 79-80
Zheng Chenggong 鄭成功 27
Zheng Nan-rong 鄭楠榮 183
Zhong Zhao-zheng 鍾肇政 34, 47
Zhou Enlai 周恩來 115
Zhu Gao-zheng 朱高正 131
Zhu Rongji 朱鎔基 107, 145, 173
Zuo Zongtang 左宗棠 84

> 國家圖書館出版品預行編目(CIP)資料
>
> 台灣和中國大陸往何處去：國族認同、國家和知識份子/
> 郝志東作；郝志東譯. -- 初版. -- 臺北市：元華文創
> 股份有限公司,2025.05
> 　面；　公分
> 　ISBN 978-957-711-444-0 (平裝)
>
> 1.CST: 兩岸關係 2.CST: 國族認同
>
> 573.09　　　　　　　　　　　　　　　　　114005252

台灣和中國大陸往何處去──國族認同、國家和知識份子

著 ‧ 譯　郝志東

發 行 人：賴洋助
出 版 者：元華文創股份有限公司
聯絡地址：100 臺北市中正區重慶南路二段 51 號 5 樓
公司地址：新竹縣竹北市台元一街 8 號 5 樓之 7
電　　話：(02) 2351-1607　　傳　真：(02) 2351-1549
網　　址：https://www.eculture.com.tw
E－mail：service@eculture.com.tw
主　　編：李欣芳
責任編輯：立欣
行銷業務：林宜葶

排　　版：菩薩蠻電腦科技有限公司
出版年月：2025 年 05 月 初版
定　　價：新臺幣 500 元

ISBN：978-957-711-444-0 (平裝)

總經銷：聯合發行股份有限公司
地　　址：231 新北市新店區寶橋路 235 巷 6 弄 6 號 4F
電　　話：(02)2917-8022　　傳　真：(02)2915-6275

版權聲明：

　　本書版權為元華文創股份有限公司(以下簡稱元華文創)出版、發行。相關著作權利(含紙本及電子版)，非經元華文創同意或授權，不得將本書部份、全部內容複印或轉製、或數位型態之轉載複製，及任何未經元華文創同意之利用模式，違反者將依法究責。

　　本著作內容引用他人之圖片、照片、多媒體檔或文字等，係由作者提供，元華文創已提醒告知，應依著作權法之規定向權利人取得授權。如有侵害情事，與元華文創無涉。

■本書如有缺頁或裝訂錯誤，請寄回退換；其餘售出者，恕不退貨■